포크너를 위하여

국립중앙도서관 출판시도서목록(CIP)

포크너를 위하여 / 지은이: 김욱동. -- 서울 : 이숲, 2013
  p. ;   cm

참고문헌 수록
ISBN 978-89-94228-60-0 03840 : ₩14000

포크너(인명)[Faulkner, William Cuthbert]
미국 현대 소설[美國現代小說]
평론[評論]

843.509-KDC5
813.52-DDC21   CIP2013000854

포크너를 위하여

김욱동 지음

나의 두 번째 사랑, 포크너

윌리엄 포크너는 나한테는 두 번째 사랑이었다. 첫사랑인 어니스트 헤밍웨이는 작품의 수도 그렇게 많지 않을뿐더러 문장이 간결하여 적어도 표면적으로는 비교적 쉽게 읽을 수 있었다. 물론 그렇게 생각한 것은 착각에 지나지 않았지만, 대학원에서 영문학을 전공할 무렵만 해도 헤밍웨이는 쉽게 '정복'할 수 있다는 자신감이 들었다. 그러나 포크너는 작품의 수도 헤밍웨이보다는 세 배는 많은 데다, 문체가 까다롭고 난해하여 읽어내기가 여간 힘들지 않았다. 걸쭉한 남부 흑인 사투리도 작품을 읽는 데 적잖이 걸림돌이 되었다. 흑인 사투리는 사전에 나와 있지도 않아서 문맥으로 짐작하는 도리밖에는 달리 방법이 없었다. 한마디로 읽고 또 읽어도 무슨 뜻인지 모를 때가 적지 않았다.

여성에 빗대어 말하자면, 헤밍웨이는 비교적 접근하기 쉬운 상대였다. 내가 바라는 대로 쉽게, 조금 '헤프다' 싶을 만큼 호락호락 넘어왔다. 한편 포크너는 헤밍웨이와는 달리 무척 도도한 데다, 오만하여 접근하기가 어려웠다. 요즈음 젊은이들이 즐겨 쓰는 표현을 빌려 말하자면 '까칠하다'고나 할까. 냉랭하게 찬바람이 부는 것이 접근은커녕 말 한번 붙여보기도 쉽지 않았다. 그래서 나는 첫사랑과 헤어진 뒤 그 난해하기로 이름난 포크너를 두 번째 사랑으로 택했던 것이다.

내가 대학원에 다니던 1970년대 초 무렵만 해도 아직도 일본 식민지 시대의 유산이 남아 있어서 그런지 외국 문학을 연구해도 오직 한 작가만을 전공하는 경향이 강하였다. 그래서 누구는 제임스 조이스가 자기 전공 작가이네, 누구는 T. S. 엘리엇이 자기 전공이네, 또 누구는 헤밍웨이가 자기 전공이네 하고 어느 특정 작가에 말뚝을 박았다. 만약 다른 사람이 그 작가에 관해 논문을 쓰거나 발표라도 하면 눈을 흘기기 일쑤였다. 그런데 어찌 된 영문인지 포크너는 아무도 자기 영역이라고 선뜻 말뚝을 박는 사람이 없었다.

내가 포크너를 전공 작가로 택한 데에는 이렇게 지적 자만심이 크게 작용하였다. 젊은 나이의 오기도 한몫했겠지만, 남이 좀처럼 택하지 않는 작가에 도전해보겠다는 오기가 발동했던 것이다. 그래서 미국에서 유학하면서 석사학위와 박사학위 논문을 모두 포크너에 관하여 썼다. 귀국해서는 학위 논문을 조금 손질하여 영어로『무의 가장자리』(서울대 미국문학연구소, 1986)를 출간하고, 우리말로『포크너: 삶의 비극적 의미』(서울대 출판부)를 출간하기도 하였다. 그러나 나에게 포크너는 여전히 난해한 작가로 남아 있었다. 무엇보다도 그가 쓴 작품의 수가 엄청나다. 장편소설만도 스무 편 정도가 되고 단편소설도 백여 편이나 된다. 그야말로 일생을 두고 도전할 만한 작가라고 할 수 있다. 조이스는 언젠가 작품이 난해하고 수수께끼처럼 불가해한 것이야말로 작가가 불멸성을 보장받을 수 있는 유일한 길이라고 농담 아닌 농담을 한 적이 있다. 적어도 이 점에서는 포크너도 예외가 아닌 듯하다.

포크너에게 한 독자가 "선생님의 작품은 세 번을 읽어도 모르겠는데 어떻게 하면 좋겠습니까?"라고 물은 적이 있다. 그러자 마치 그 질문을 기다리기라도 했던 듯이 포크너는 "그러면 네 번을 읽으십시오."라고 잘라 말하였다. 이렇듯 그의 작품을 읽는 데에는 왕도가 없다. 이해될 때까지 계속 읽는 수밖에 없다. 영어를 모국어로 사용하는 독자가 세 번을 읽어도 모른다면, 영어가 제2 외국어인 우리 한국 사람들은 네 번, 아니 다섯 번을 읽어야 할 것 같다.

그렇다고 포크너에게 주눅이 드는 것도 그렇게 바람직하지 않다. 그를 쉽게 이해하기 위해서는 '난해한' 작가, '접근하기 어려운' 작가라는 선입관을 떨쳐버리는 것이 무엇보다도 중요하다. 포크너는 언젠가 조이스의 『율리시스』를 언급하면서 그 작품에 접근할 때에는 "마치 글을 읽을 줄 모르는 무식한 침례교 목사가 『구약성서』에 접근하듯이, 즉 믿음을 갖고서 접근해야 한다."라고 말한 적이 있다. 포크너의 이 말은 그의 작품에 접근하는 데에도 그대로 들어맞는다. 아무리 난해한 작품이라도 종교적 신념 같은 문학에 대한 뜨거운 정열 앞에서는 모든 장벽이 쉽게 무너질 것이다.

나는 얼마 전 『헤밍웨이를 위하여』(이숲)라는 책을 출간한 적이 있다. 주로 일반 독자들을 대상으로 그에 관한 작가론과 작품론을 쉽게 풀어서 쓴 책이다. 이번에는 그 책과 똑같은 형식으로 포크너에 관한 책을 썼다. 이 책에 "포크너를 위하여"라는 제목을 붙인 것은 바로 그 때문이다. 이 작은 책이 '포크너 문학'이라는 산봉우리에 오르려는 독자들에게 친절한 안내서 구실을 할 수만 있다면 저자로서는 이보다 더 기쁜 일이 없을 것이다. 끝으로 요즈음처럼 책을 출간하기 어려운 때 이 책의 출간을 선뜻 허락해주신 이숲 출판사 임왕준 주간님께 감사를 드린다.

2013년 2월 1일
해운대에서
김욱동

| 차례 |

책 머리에   5

제1장   '작은 거인' 윌리엄 포크너   11

제2장   신화적 왕국의 창조   143
                 『흙 속의 깃발』

제3장   시간과 실존   169
                 『고함과 분노』

제4장   삶과 죽음의 변주곡   197
                 『내 죽으며 누워 있을 때』

제5장   개인과 사회   225
                 『팔월의 빛』

제6장   야망과 절망   253
                 『압살롬, 압살롬!』

참고문헌   281

제1장

'작은 거인' 윌리엄 포크너

웬만큼 큼직한 지도가 아니고서는 아무리 눈을 씻고 들여다보아도 좀처럼 찾을 수 없는 작은 도시, 그러면서도 뭇 작가들에게 애틋한 향수를 불러일으키는 퍽 친근한 소도시가 있다. 바로 미국 미시시피 주 북부에 자리 잡은 옥스퍼드가 바로 그런 곳이다. 미국 테네시 주 멤피스에서 자동차를 타고 55번 고속도로를 따라 남쪽으로 60킬로미터쯤 달리면 '베이츠빌'이라는 조그마한 시골 읍에 닿는다. 이곳에서 다시 지방도로를 타고 동쪽으로 50킬로미터쯤 달리면 라피에트 군의 군청 소재지 옥스퍼드에 도착한다.

미국 남부 오지 중에서도 오지라고 할 이 조그마한 도시에 하필이면 왜 '옥스퍼드'라는 거창한 이름을 붙인 것일까. '명백한 운명'이라는 깃발을 내걸고 미국인들이 인디언 원주민을 몰아내며 서쪽으로 끊임없이 영토를 확장하기 불과 몇 해 전 백인들은 이 북부 미시시피 언덕에 삶의 터전을 마련한다. 그리고 영국뿐 아니라 세계에서 명성을 떨쳐온 옥스퍼드 대학교 같은

'올 미스(Ole Miss)'로 더 잘 알려진 미시시피 대학교 본관. 미국 남부 지방의 건축이 그러하듯이 고대 그리스 건축 양식으로 지은 이 건물은 남북전쟁 중에는 병원으로 사용되었다. 제1차 세계대전 참전 용사에게 준 특전으로 포크너는 1919~1920년에 이 학교에서 강의를 들었다.

대학을 설립하려는 원대한 꿈을 품고 황무지와 다를 바 없는 이 마을에 '옥스퍼드'라는 거창한 이름을 붙인다. 그로부터 13년 뒤, 그러니까 1848년 마을 사람들은 실제로 이곳에 미시시피 대학교를 설립한다. 흔히 '올 미스(Ole Miss)'라고 일컫는 이 대학은 미국에서도 비교적 일찍 설립된 주립 대학교에 속한다.

그로부터 13년 뒤인 1861년 미국은 흑인 노예제도를 두고 남북전쟁의 소용돌이에 휩싸인다. 전쟁이 일어나자 이 대학의 학생과 교수들은 대부분 남부군에 입대하여 싸움터로 떠났다. 1862년 북부군의 두 장군 율리시스 그랜트와 윌리엄 셔먼의 지휘 아래 북부 군대가 옥스퍼드를 점령했고, 1864년에는 앤드류 잭슨 스미스 장군이 다시 이곳을 점령하여 군(郡) 법원 건물을

옥스퍼드 시청 건물. 1885년 로마네스크 양식으로 건축되어 1936년 증축된 이 건물은 포크너 생존 시에 우체국으로 사용되었고 1975~1976년 개축되어 현재 시청이 들어섰다.

비롯한 읍내 광장에 서 있던 주요 건물들을 불태웠다. 한마디로 옥스퍼드는 건설한 지 30년도 채 되지 않아 잿더미가 되다시피 하였다. 미시시피 대학교의 본관 건물은 전쟁 중 부상당한 병사들을 치료하는 병원으로 사용되었다.

옥스퍼드의 역사는 1832년의 폰토톡 크릭 조약으로 거슬러 올라간다. 이 조약에서 미국 정부와 치커소 인디언 대표들은 미시시피 강을 중심으로 그 동쪽은 미국 정부가 차지하는 반면 인디언들은 강 서쪽으로 이주하기로 합의한다. 그래서 1936년 백인들은 인디언들이 떠난 이곳에 라피에트 군을 설립하였다. 그 이듬해에는 '존 마틴' '존 치섬' '존 크레이그'라는 세 개척자가 '호카'라는 인디언 여성으로부터 오늘날 옥스퍼드에 해당하는 땅을 매입함으로써 옥스퍼드의 화려한 역사의 첫 장을 열었던 것이다.

1. '우표딱지만 한 고향 땅' 옥스퍼드

옥스퍼드가 미국뿐 아니라 세상에 널리 알려지기 시작한 것은 윌리엄 포크너(1897~1962)가 1949년도 노벨문학상 수상자로 결정되면서부터이다. 이 수상 소식이 알려진 1950년 말까지만 해도 옥스퍼드는 미식축구로 유명한 미시시피 대학교가 있는 곳 정도로밖에는 별로 알려지지 않았다. 그러나 스웨덴 한림원이 "예술적으로 독특하고도 현대 미국 소설에 크게 기여한 공로"를 인정하여 포크너에게 노벨문학상을 수여하기로 결정했다는 소식이 매스컴을 타고 미국은 말할 것도 없고 지구촌 곳곳에 전해지자 온 세계의 시선이 이 조그마한 마을에 집중되었다.

영국 낭만주의 시인 조지 고든 바이런의 말을 빌리자면, 옥스퍼드 마을은 어느 날 아침, 잠에서 깨어나 보니 하루아침에 갑자기 유명해져 있었다. 조금 과장하여 말한다는 혐의가 없지 않지만, 옥스퍼드가 이렇게 유명해진 것은 그 보잘것없는 베들레헴이 예수 그리스도가 태어나면서 갑자기 유명해진 것과 같다고나 할까. 어찌 되었든 옥스퍼드 하면 포크너를, 포크너 하면 옥스퍼드를 자연스럽게 떠올릴 만큼 포크너와 이 남부 마을은 이제 샴쌍둥이처럼 떼려야 뗄 수 없이 하나가 되어버렸다.

포크너가 노벨문학상 수상자로 선정된 지 십여 년 뒤 옥스퍼드는 인권 운동의 요람으로 다시 한 번 매스컴의 주목을 받았다. 1962년 '제임스 메러디스'라는 흑인 청년이 미시시피 대학교에 지원했고, 이 대학은 오직 흑인이

1950년 12월 스웨덴 스톡홀름에서 구스타프 왕으로부터 노벨문학상을 받는 포크너. 노벨상 위원회는 그가 "현대 미국 소설에 강력하고도 예술적으로 특이하게 공헌한" 업적을 높이 평가했다.

라는 이유만으로 입학을 불허하였다. 그러자 그는 연방법원에 소송을 냈고, 뉴올리언스 연방법원은 그의 손을 들어주어 대학 당국에 그에게 입학을 허가할 것을 명령하였다. 존 F. 케네디 대통령의 개입으로 메러디스는 그해 가을 연방 경찰의 보호를 받으면서 입학 절차를 밟기 위해 옥스퍼드에 도착하였다.

그러나 '짐 크로' 법에 따라 여전히 흑백 분리 정책을 유지하던 옥스퍼드에서는 메러디스의 입학을 받아들일 리가 없었다. 그의 입학을 반대하는 시위가 일어났고, 시위는 곧 폭동으로 발전하였다. 심지어 분리 정책을 지지하는 수천 명의 시민이 무기를 들고 옥스퍼드에 들어와 그의 입학을 가로막았다. 폭동의 와중에 이 사건을 취재하던 프랑스 기자 한 사람과 라피에트 군

1962년 흑인으로서 미시시피 대학교에 최초로 입학한 제임스 메러디스를 기념하여 대학교 본관 건물 앞에 세운 문 위에는 '용기'라는 단어가 새겨져 있다. 존 F. 케네디 대통령의 개입으로 연방 경찰의 보호를 받으며 입학 절차를 마친 그는 미국에서 인종차별 철폐에 물꼬를 튼 인물로 꼽힌다.

의 주민 한 사람이 유탄에 맞아 사망하는 불상사가 일어났다. 그 이튿날 마침내 미 육군 부대가 학교에 진입하여 폭동을 진압하고 메러디스는 그날 아침 무사히 등록을 마칠 수 있었다. 이로써 그는 '미시시피 대학교에 입학한 최초의 흑인 학생'이라는 명예를 안았을 뿐 아니라 인종 분리 정책 철폐에 첫 물꼬를 튼 주인공이 되었던 것이다.

최근 미국의 일간지 『유에스에이 투데이』에 따르면 옥스퍼드는 미국에서 가장 훌륭한 대학촌 여섯 곳 가운데 하나로 꼽힌다. 또한, 미국에서 가장 살기 좋은 100대 소도시에 언제나 약방의 감초처럼 선정되기도 한다. 포크너가 활약하던 20세기 중엽에도 옥스퍼드는 미시시피 주에서 문화적 중심지와 다름없었다. 인구나 규모로 보자면 옥스퍼드는 미시시피 주의 주도(州都)인 잭슨과는 비교도 되지 않을 만큼 아주 작다. 잭슨은 명실공히 미시시피 주에서 행정과 상업 도시로서 확고한 위치를 차지하고 있다. 그러나 적어도 문화나 교육 면에서는 옥스퍼드가 미시시피 주에서 단연 첫손가락에 꼽힌다. 주 전체에서 교육 수준이 가장 높은 곳일 뿐 아니라 실업률도 제일 낮은 곳이다.

미국 남부의 소도시가 흔히 그러하듯이 옥스퍼드도 원형 광장을 중심으로 이루어져 있다. 둥그런 원을 중심으로 2층 건물들이 서 있고, 그 안에 크고 작은 가게들이 옹기종기 모여 있다. 광장에는 한때 포크너의 선조가 운영하던 은행인 퍼스트 내셔널 뱅크가 있는가 하면, 옥스퍼드 '지성의 전당'으로 포크너를 비롯한 남부 작가들의 작품을 주로 취급하는 스퀘어 서점이 있다. 변호사 사무실도 있고, 대도시의 편의점 규모밖에 되지 않는 조그마한 백화점도 있다. 포크너가 살던 무렵 사람들로 붐비던 철물점과 이발소는 이제 현대식 의상실과 시가 가게로 바뀌었다. 지금은 인구가 늘어 그런대로 활기를 띠지만, 불과 몇십 년 전만 해도 졸린 듯 나른하고 한산한 분위기였다.

옥스퍼드에는 원형 광장을 중심으로 동서남북으로 큰길이 나 있다. 북쪽으로는 할리 스프링스에 가는 도로가 뻗어 있고, 남쪽으로는 워터 밸리에 이르는 도로가 펼쳐진다. 동쪽으로는 튜펠로로 가는 도로가 있으며, 서쪽으로는 미시시피 대학교를 지나 베이츠빌에 가는 도로가 있다. 또 광장 한복판에는 수레바퀴의 중심축처럼 라피에트군 법원 건물이 굳게 자리 잡고 있다. 흰색 건물 지붕 위에는 큼직한 원형 시계가 네 방향을 향해 얼굴을 드러내고 있어 멀리서도 쉽게 시간을 알아볼 수 있다. 옛날에는 이 시계 종소리가 사방에 크게 울려 옥스퍼드 주민은 종소리만 듣고서도 시각을 알 수 있었다.

이 법원 건물을 두고 포크너는 『어느 수녀를 위한 진혼곡』(1951)에서

미시시피 주 옥스퍼드 광장에 있는 연방법원 건물. 연방법을 위반한 사람들의 재판은 이곳에서 이루어졌다. 여기서 멀리 않은 곳에 지방법원 건물이 있고, 앞에는 남북전쟁 때 전사한 남부 병사를 추모하는 기념비가 서 있다.

"생각에 잠겨 있고, 상징적이고, 육중하고, 구름처럼 높이 솟아 있으며, 바위처럼 견고하고, 모든 것을 지배하고 있다."라고 말한다. 법원 건물 앞에는 느릅나무 몇 그루가 서 있어 한여름 기온이 섭씨 37도를 웃도는 무더운 날에는 주민이 나무 그늘에 모여 앉아 담소하곤 한다. 자동차가 보편화하기 전에는 시골 사람들이 타고 온 말이나 노새를 이곳 나무에 매어두기도 하였다.

이 법원 건물 남쪽에는 남북전쟁 때 전몰한 병사를 추모하는 대리석 기념비가 우뚝 서 있다. 기념비 위쪽에는 세워총 자세를 하고 서 있는 남군 병사의 조상(彫像)이 놓여 있다. 그런데 이 남군 병사가 북쪽에 등을 돌린 채 남쪽을 향하여 서 있는 모습이 자못 상징적이다. 이 기념비에서는 남부가 북군한테 패배한 것을 아직도 인정하지 않으려는 태도를 읽을 수 있다. 비록 군사

옥스퍼드 광장에서 시내를 바라보고 앉아 있는 포크너 동상. 여유롭게 벤치에 앉아 파이프를 들고 있는 모습이 흥미롭다. 옥스퍼드 주민은 지역을 대표하는 세계적인 작가 포크너에 대한 자부심이 대단하다. 옥스퍼드의 영원한 주민이었던 그는 태어난 곳에서 불과 몇 블록 떨어지지 않은 곳에 묻혔다.

적으로는 패배했을망정 정신적으로는 아직 건재하다는 사실을 과시하는 상징적 몸짓이다.

 법원 건물 동쪽 편에는 옥스퍼드 시청 건물이 자리 잡고 있다. 시청 건물 입구 옆에는 벤치에 앉아 있는 포크너의 동상이 놓여 있다. 그런데 중절모자를 쓰고 다리를 꼰 채 오른손에 파이프를 들고 있는 모습이 무척 이채롭다. 살아 있을 때 그는 파이프 담배를 유난히 좋아하였다. 그는 언젠가 한 인터뷰에서 "나에게 종이와 술과 파이프 담배만 주면 언제든지 작품을 쓸 수 있다."라고 호언장담한 적이 있다. 지팡이가 제임스 조이스의 기호이고 술잔이 어니스트 헤밍웨이의 기호라면 담배 파이프는 포크너의 기호라고 할 만하다. 물론 포크너도 헤밍웨이 못지않게 술을 좋아하였다. 헤밍웨이처럼 알코올

포크너가 살면서 작품을 썼던 저택 로언 오크는 미시시피 주 옥스퍼드에 있다. 남북전쟁 전에 지은 이 집을 포크너는 『고함과 분노』의 인세로 구입했다. 지금은 미시시피 대학교에서 사들여 관리하고 있다.

중독 증세를 보여 병원에 입원하여 치료를 받은 적이 한두 번이 아니었다.

　이렇듯 옥스퍼드와 포크너가 서로 깊이 연관되어 있는 것은 평생 작품 활동을 한 그의 집이 바로 옥스퍼드 시내에 있기 때문이다. 광장에서 남쪽으로 사우스라마 애비뉴를 따라 2~3킬로미터 정도 내려가다가 서쪽으로 꺾어 들어가면 올드 테일러라는 조그마한 길거리가 나온다. 바로 이곳에 남북전쟁 이전에 그리스 건축 양식에 따라 지은 고가(古家) 한 채가 나온다. 남부의 과거 전통에 애틋한 향수와 함께 큰 자부심을 느끼던 포크너는 『고함과 분노』(1929)를 출간하면서 받은 인세의 일부로 1930년에 이 낡은 저택을 사들였다. 이 집을 개수한 뒤 '로언 오크(Rowan Oak)'라고 이름을 붙이고 무려 40여 년 동안 이 집에 살면서 작품의 산실로 사용하였다. 지금도 이 집에 들르면 한쪽 편 현관 앞 의자에 앉아 파이프 담배를 피우며 작품을 구상하는 포크너의 모습이 눈앞에 보이는 듯하다. 지금 이 저택은 미시시피 대학에서 사들여 역사적 유물로 보존하고 있다.

예술은 흔히 현실을 반영하거나 모방한다지만 포크너의 경우에는 거꾸로 현실이 예술을 반영하거나 모방하는 것 같다. 예를 들어 옥스퍼드 동쪽으로 '튜펠로'라는 조그마한 읍이 있다. 로큰롤의 제왕이요 미국 대중음악의 아이콘이라고 할 엘비스 프레슬리가 태어난 곳이라고 하면 아마 금방 고개를 끄덕일 것이다. 이곳에서 6번 국도를 타고 라피에트 군으로 들어오다 보면 '요크너퍼토퍼 군 입구'라는 초록색 교통 표지판이 보인다. 이 표지판은 크기와 모양 그리고 색깔에서 여느 다른 교통 표지판과 조금도 다르지 않다.

그런데 이 '요크너퍼토퍼' 군이란 실제 지역 이름이 아니라 지도나 GPS(위성추적장치)로는 도저히 찾아갈 수 없는 상상의 공간이요 허구적 지역이다. 그런데도 누군가 이렇게 작가가 상상력으로 빚어낸 허구적 공간을 교통 안내 표지판으로 세워놓은 것이다. 하버드 대학교 근처 찰스 강 다리에서도 이와 비슷한 광경을 목격할 수 있다. 포크너 작품을 좋아하는 어느 애호가가 "바로 이곳에서 퀜틴 콤슨이 자살했노라."라는 문장을 동판에 새겨 다리에 시멘트로 붙여놓았다. 흔히 포크너의 가장 대표적인 작품 가운데 하나로 꼽히는 『고함과 분노』에는 콤슨 집안의 큰아들 퀜틴이 하버드 대학교에 다니던 중 찰스 강에 몸을 던져 자살하는 장면이 나온다. 이 작품을 잘 모르는 사람들은 아마 실제 이 강

포크너의 작품 중에서 가장 실험적인 『고함과 분노』(1929)의 초판 표지. 작가는 이 작품을 "가장 위대한 실패작"으로 불렀다. 미국 소설사에 모더니즘 기법을 본격적으로 도입했다고 평가받는다.

어린 시절의 포크너. 이 무렵 관행대로 여자아이처럼 옷을 입었다. 그가 태어난 곳은 미시시피 주 뉴올버니로 다섯 살 때 옥스퍼드로 부모를 따라 이사하고 나서 줄곧 이곳에서 살았다.

에서 투신자살한 불쌍한 '퀜틴 콤슨'이라는 사람을 위해 이렇게 기념 동판을 만들어놓은 것으로 착각할지 모른다. 사정이 이 정도이고 보면 역사와 허구, 현실과 환상이 한데 뒤섞여 구별할 도리가 없다. 장주(莊周)가 꿈에 나비가 된 것일까, 아니면 나비가 꿈에 장주가 된 것일까?

포크너는 이렇게 옥스퍼드와 흔히 관련되어 있지만, 정확히 말하면 이곳에서 태어나지 않았다. 윌리엄 커스버트 포크너는 1897년 9월 25일 옥스퍼드에서 동북쪽으로 55킬로미터 조금 넘게 떨어진 유니언 군의 뉴올버니에서 4남 중 장남으로 태어났다. 이렇게 남자 동생들만 있다 보니 그는 평생 여동생이나 누나가 없는 것이 못내 섭섭하였다. 그의 아버지는 머리 포크너였고, 어머니는 모드 버틀러 포크너로 옥스퍼드에서 보안관 겸 세금 징수원을 지내던 찰스 버틀러의 딸이었다. 포크너의 외할아버지는 어머니가 여섯 살 때 세금으로 받은 것이 틀림없는 돈 5천 달러를 가지고 흑인 혼혈 여성과 함께 옥스퍼드를 떠난 뒤 영영 소식이 끊기고 말았다.

윌리엄 포크너의 이름은 그가 태어나기 8년 전 결투를 벌이다가 사망한 증조할아버지 윌리엄 클라크 포크너의 이름에서 따왔다. 물론 태어날 때의 그의 성(姓)은 Faulkner가 아닌 Falkner였다. 뒤에서 다시 자세히 언급하겠지만, 그가 북부 미시시피 지방에서는 명문으로 꼽히는 가문의 성을 버리고 전자의 성을 택한 것은 18년 뒤의 일이다. '가문'이라는 무거운 전통의 짐에서 벗어나 예술가로서 성장하기 위한 일종의 상징적 몸짓이었다. 조지 오웰이 '에릭 아서 블레어'라는 본래 이름을 버리고 현재의 이름으로 바꾼 것과 궤를 같이한다. 오웰은 선조의 이름에서 벗어나는 데 무려 30년이 걸렸다고 말한 적이 있다.

뒷줄 가운데 서 있는 포크너는 네 형제 중 장남이었다. 맨 앞에 있는 막냇동생 딘 스위프트는 포크너가 구입한 비행기를 타던 중 사망했고, 포크너는 이 사고로 평생 죄책감에 시달렸다.

갓 결혼한 뒤 미시시피 주 리플리에 있는 철도회사에 취직한 포크너의 아버지 머리 포크너는 1897년 이 마을의 클리블랜드 가(街)에 조그마한 집을 한 채 사들였다. 그리고 그의 첫 아들 윌리엄이 바로 이 집에서 태어났다. 이 집은 한때 목사관으로 사용되다가 1950년대에 철거되었고 지금은 그 자리에 표지판만 덩그러니 서 있다. 이 표지판에는 "작가요 미국 예술원 회원이며 1949년 노벨문학상 수상자인 윌리엄 포크너가 1897년 9월 25일 이곳에서 태어났다."라고 적혀 있다.

포크너는 동시대 작가 F. 스콧 피츠제럴드보다는 정확히 한 해 늦게, 어니스트 헤밍웨이보다는 두 해 먼저 태어났다. 그러니까 포크너는 피츠제럴드의 문학적 동생이요 헤밍웨이의 문학적 형인 셈이다. 이렇게 비슷한 시기에 태어났으면서도 포크너는 이 두 작가와는 여러모로 차이가 난다. 겉모습을 보면 피츠제럴드는 '미국 문단의 플레이보이'로 일컬을 만큼 용모가 뛰어나다. 체격이 우람한 데다 야성적인 헤밍웨이는 가히 '마초'의 상징이라

미시시피 주 뉴올버니에 있는 포크너 생가가 있던 자리. 한때 목사관으로 사용되다가 헐리고 현재의 건물이 들어섰다. 집 앞에는 "노벨문학상을 받은 작가 윌리엄 포크너가 이곳에서 태어났다."라고 쓰인 표지판이 서 있다.

고 할 만하다. 그러나 포크너는 어딘지 모르게 촌스럽고 왜소한 느낌이 든다. 그도 그럴 것이 키는 5피트 5인치, 그러니까 165센티미터 정도밖에 되지 않는다. 미국 사람의 평균 키가 175센티미터라는 점을 염두에 두면 그는 평균치에서도 한참 모자란다. 포크너의 몸무게도 125파운드, 겨우 56킬로그램으로 미국 평균 체중 66킬로그램에 크게 못 미친다. 그러나 예술적인 면에서 보면 포크너는 미국 문단의 거인으로 다른 동료 작가들 어깨 위로 우뚝 솟아 있다. 그의 옆에 나란히 놓고 보면 오히려 난쟁이처럼 보이는 작가들이 수두룩하다. 미국 문단뿐 아니라 세계 문학사에서도 이제 그를 빼고는 20세기 현대 문학을 말할 수 없게 되었다.

포크너는 다섯 살 때 부모를 따라 그의 선조가 처음 뿌리내린 옥스퍼드로 이사하였다. 그 뒤 몇 차례 영화 대본 일을 돕기 위해 잠시 할리우드에서 머문 것을 제외하고는 1962년 7월 6일에 사망할 때까지 거의 평생 이곳에서 살았다. 그래서 그런지 옥스퍼드 주민은 포크너를 자신의 고향 사람이라고 생각할 뿐, 뉴올버니 출신이라고는 좀처럼 생각하지 않는다. 옥스퍼드와 그 근처 어디를 가도 온통 포크너로 넘쳐난다. 체코의 프라하에서는 'K'라고 하면 종소리만 들어도 침을 줄줄 흘리는 파블로프의 개처럼 자연스럽게 프란츠 카프카를 떠올리게 된다. 마찬가지로 옥스퍼드에서는 'F'라는 소리만 들어도 으레 포크너를 연상하게 마련이다. 그만큼 포크너가 옥스퍼드에서 차지하는 몫은 크다.

옥스퍼드와 미시시피 대학교는 시쳇말로 포크너 한 사람으로 먹고살다시피 한다. 가령 포크너의 사진을 담은 온갖 그림엽서를 비롯하여 그와 관련한 포스터와 티셔츠와 열쇠고리, 그를 캐릭터로 이용한 기념품들이 가게마다 넘쳐 난다. 술집에 가도 벽에 그의 그림이 걸려 있고, 그와 조금이라도 관련이 있는 곳이라면 '성역'처럼 간주한다. 앞에서 이미 밝혔듯이 옥스퍼드 광장 한구석에 자리 잡은 스퀘어 서점에서는 포크너의 작품과 그와 관련한 온갖 서적, 그리고 남부 작가들의 작품을 전문으로 취급한다. 그런가 하면 미시시피 대학교에서는 해마다 포크너 국제 학술 대회를 개최하여 지구촌 곳곳에서 학자들을 모은다. 이 대학교에는 일반 도서관과는 별도로 '포크너 컬렉션'이라는 특별관이 따로 있을 만큼 그에 관한 관심과 자부심이 대단하다.

심지어 옥스퍼드 시내 선술집 화장실 벽에도 'William Fuckner'라는 낙서가 적혀 있을 정도이다. 'Faulkner'와 'Fuckner'가 발음이 서로 비슷한 점에 착안한 농담으로, 낙서치고는 참으로 기발한 낙서라고 할 만하다. 언어 감각은 말할 것도 없고 포크너의 작품에 대해 웬만한 지식이 있지 않고서는 도저히 만들어낼 수 없는 농담이다. 두말할 나위 없이 'fuck'란 이른바 '네 글자로 된 낱말'로 점잖은 사람이면 좀처럼 입에 올리지 않는 금기어요 외설어이다. 상스러운 말을 뜻하는 한국어 '육두문자(肉頭文字)'와 비슷한 말이다.

포크너의 작품 중에서 『성역』(1931) 같은 소설은 출간될 무렵 외설스럽다는 이유로 따가운 눈총을 받았다. 이 작품의 집필을 막 끝낸 뒤 포크너가 출판업자인 해리슨 스미스에게 원고를 보내자 해리슨은 그에게 "맙소사, 나는 이 작품을 출간할 수 없네. 우리 두 사람 모두 아마 감옥에 갇히게 될 걸세."라고 말했다고 전해진다. 이 소설에서 포크너는 '파파이'라는 성무능력자(性無能力者)가 여자 대학생을 마른 옥수수의 속대로 강간하는 모습을 묘사하고 있어 1930년대 초엽은 말할 것도 없고 요즈음 기준으로 보아도 가히 엽기적이고 충격적이라고 할 수 있다. 물론 포크너는 이 원고를 조금 수정하여 출간했지만, 작가를 바라보는 옥스퍼드 주민의 시선은 여간 따갑지 않았다. 비단 작품만이 아니고 실제 행동에서도 포크너는 여성 편력이 많았다. 옥스퍼드 주민을 비롯한 보수적인 남부 사람들의 관점에서 보면 포크너는 좋게 말하면 괴짜요, 나쁘게 말하면 남부의 이단아였던 것이다.

포크너가 살아 있을 때 옥스퍼드 주민이 그를 바라보는 태도는 이중적이고 복합적이었다. 그의 유명한 단편소설 「에밀리에게 장미를」(1930)에 등장하는 주인공 에밀리 그리어슨에 대한 태도와 같다고 할 수 있다. 제퍼슨 주민에게 에밀리는 과거의 화려한 전통을 상징하는 '기념비적인' 존재이면서도 시대착오적이어서 이제는 청산해야 할 '괴물 같은' 유산이기도 하다. 마찬가지로 옥스퍼드 주민은 한편으로는 옥스퍼드에서 포크너 같은 위대한 작가가 태어난 것에 자못 자부심을 느끼면서도, 다른 한편으로는 흑인을 옹호하는 발언을 서슴지 않거나 남부 사회의 전통과 관습을 깨뜨리는 등 '비남부적인' 행동을 일삼는 그를 못마땅하게 생각하였다. 한마디로 옥스퍼드 주민은 에밀리처럼 포크너에 대해서도 사랑과 증오가 한데 뒤섞인 이상야릇한 감정을 느꼈다.

포크너에 대한 주민의 이러한 태도는 20세기 초엽 그의 소년 시절로 거슬러 올라간다. 그는 옥스퍼드에서 유년시절과 소년시절을 보냈을 뿐 아니라

1987년 포크너를 기념하기 위하여 미국 체신부에서 발행한 우표. 포크너는 "우표 딱지만 한 고향 땅" 미시시피는 작품으로 충분히 쓸 만한 가치가 있다고 말했다. 그는 북부 미시시피 지방을 신화적 왕국으로 승화했다.

이곳에서 초등학교와 중학교 과정을 마쳤다. 1906년 초등학교 일 학년 과정을 마쳤을 때에는 이 학년을 건너뛰어 삼 학년으로 월반할 정도로 성적이 좋았다. 더구나 그림도 잘 그리고 글도 잘 써서 그야말로 장래가 촉망되는 수재였다. 그러나 상급반으로 올라갈수록 학업에 재미를 붙이지 못하였다.

1911~1912 학년도 포크너의 7학년 때 성적표. 특별히 잘하는 과목도 없고, 특별히 못하는 과목도 없다고 적혀 있다. 매달 사인한 포크너 어머니의 필적이 보인다.

조지프 블로트너가 쓴 포크너 전기에 따르면, 이 무렵 포크너와 같이 초등학교에 다닌 한 학생은 그를 두고 "내가 본 학생 중에서 가장 게으른 학생이었다. 글을 쓰고 자기 작품에 사용할 그림을 그리는 것 말고는 아무것도 하지 않으려고 했다."라고 회고한다. 그러면서 그는 "[포크너는 글을 쓰지 않고는 배길 수 없는 것 같았다. 글을 쓰는 것은 그의 강박관념이었다."라고 덧붙인다. 이 말을 입증이라도 하듯이 1911~1912년 성적표를 보면 글쓰기와 그림 성적은 '뛰어나다'고 평가되었던 반면, 수학과 문법 등은 '시원치 않다'라고 적혀 있다. 초등학교 오 학년 때부터는 아예 학교 수업에 빠질 때가 점차 많아졌다.

포크너는 중학교에 들어가서부터는 학업에 더욱 관심이 없었다. 옥스퍼드 고등학교에 진학해서도 운동 같은 과외 활동에 관심을 기울일 뿐 학업에는 별다른 흥미를 느끼지 못하였다. 수업을 빼먹는 횟수가 점점 늘어나더니 1914년 12월 결국 고등학교를 떠났다. 그 이듬해 다시 학교에 돌아왔지만, 삼 학년 때 미식축구를 하다가 코를 다치자 중퇴하고 말았다. 뒷날 포크너는 "나는 한 번도 공부를 좋아한 적이 없었다. 수업을 빼먹고 붙잡히지 않

어린 시절 포크너는 그림도 잘 그리고 글을 잘 짓는 수재로 인정받았지만, 중학교 때부터 학업에 흥미를 느끼지 못해 고등학교 때 중퇴했다.

을 만큼 머리가 크자마자 나는 학교에 가지 않았다."라고 술회한 적이 있다. '스놉스 3부작'의 두 번째 작품인 『읍내』(1957)에서 한 작중인물은 "결국 학교가 좋은 것은, 학교에 가지 않으면 휴일도 방학도 없기 때문이다."라고 말한다.

고등학교를 중퇴한 뒤 포크너는 옥스퍼드 광장 주변을 빈둥거렸다. 신발도 신지 않은 채 다 떨어진 헌 옷을 걸쳐 입고 할 일 없이 옥스퍼드 읍내를 배회하는 그는 동네 사람들로부터 건달 취급을 받기 일쑤였다. 실제로 마을 사람들은 그를 '무능한 백작'이라고 불렀다. 굳이 '백작'이라고 부르는 것은 그의 거만하고 고고한 듯한 태도 때문이고, '무능한'이라고 부른 것은 어려운 일은 도무지 하려고 들지 않고 빈둥거리기 때문이다. 어찌 되었든 옥스퍼드 주민들에게 그는 문제아요 사회 부적응자로밖에는 보이지 않았다. 불과 몇십 년 전만 해도 명성을 크게 떨치던 포크너 가문의 장손으로, 또 세 남동생의 맏형으로 모범이 되기에는 그는 모자라도 한참 모자랐다.

그러나 이러한 방황의 계절이 포크너에게는 결코 무익한 것만은 아니었다. 그는 이 무렵 이미 작가로서의 길을 모색하고 있었기 때문이다. 그는 윌리엄 셰익스피어를 비롯하여 미겔 데 세르반테스, 찰스 디킨스, 오노레 드 발자크, 조지프 콘래드, 헨리 제임스, 존 키츠, 퍼시 비시 셸리, 앨프리드 하

1919~1920년대 초엽 포크너가 미시시피 대학교에서 강의를 듣던 무렵 그가 그린 삽화. 그는 아직 성을 'Faulkner'가 아니라 'Falkner'로 표기하고 있다. 이 무렵 포크너는 시 창작과 함께 드로잉에 관심이 많았다.

우스먼, 찰스 스윈번, T. S. 엘리엇, 그리고 프랑스 상징주의 시인들의 작품을 탐독하였다. 프랑스 파리에서 문학 수업을 받던 시절 헤밍웨이가 닥치는 대로 책을 읽었듯이 포크너도 손이 닿는 책이라면 무엇이든지 읽었다. 뒷날 그가 쉰 살이 되던 1947년 미시시피 대학교 영문학과 학생들과 가진 한 모임에서 포크너는 작가에게 가장 좋은 훈련이 무엇이냐는 질문을 받은 적이 있다. 그러자 그는 "책을 읽어라. 읽고 또 읽어라! 모든 책을 읽어라. ─쓰레기 같은 책이건 고전이건, 좋은 책이건 나쁜 책이건 닥치는 대로 읽어라."라고 권한다. 그러면서 "목수는 목수 일을 배울 때 남이 일하는 것을 관찰하면서 일을 배운다."라고 덧붙인다.

그런가 하면 포크너는 옥스퍼드 주변에서 벌어지고 있는 갖가지 사건을 예리하게 관찰하였다. 가령 열한 살 되던 해 옥스퍼드 광장에서 백인들이

'넬스 패튼'이라는 흑인을 법에 호소하여 처벌하는 대신 사형(私刑)에 처하는 끔찍한 광경을 목격하였다. 뒷날 그는 이 이야기를 『팔월의 빛』(1932)을 비롯한 몇몇 작품에서 중요한 사건으로 다룬다. 또한 포크너는 읍내 광장의 벤치에 앉아 담소하는 노인들의 이야기에도 귀를 기울이며 예로부터 전해 내려오는 전설과 민담 그리고 대농장 시절의 옛 남부의 이야기에 관심을 두었다.

포크너의 장편소설『팔월의 빛』(1932) 초판 표지. 미국 남부의 인종, 종교, 여성 문제 등을 다룬 이 작품은 포크너 작품 중에서 가장 스케일이 크다. 『고함과 분노』와 『압살롬, 압살롬!』과 더불어 포크너의 3대 작품으로 평가받는다.

이렇듯 제도 교육은 포크너에게는 거추장스러운 예복처럼 왠지 걸맞지 않았다. 19세기 미국 작가 허먼 멜빌은 『모비딕』(1851)의 주인공 이시미얼의 입을 빌려 고래잡이를 하는 드넓은 바다를 두고 "나의 하버드 대학이요 예일 대학"이라고 부른 적이 있다. 작가 멜빌은 거친 바다와 싸우면서 인생 수업과 작가 수업을 쌓았기 때문이다. 학업을 포기하고 온몸으로 험난한 세파를 부딪치며 살면서 작가 수업을 받은 포크너에게는 학교 밖에서의 구체적인 일상 경험이 그의 "하버드 대학이요 예일 대학"의 역할을 하였다. 헤밍웨이에게 이탈리아 전선의 싸움터가 교육장의 구실을 한 것과 비슷하다.

미국의 현대 작가 중에서 아마 포크너만큼 제도 교육을 받지 않은 작가도 찾아보기 쉽지 않다. 그와 동시대에 작품 활동을 한 헤밍웨이도 최소한 고등학교는 졸업했으며, F. 스콧 피츠제럴드와 존 스타인벡 역시 대학 중퇴 정도의 학력은 있었다. 제2차 세계대전 이후에 활약한 미국 작가들은 거의 대부분 대학 교육을 받았으며 석사학위나 박사학위를 받은 작가도 더러 있다.

그런데 이러한 고학력이 그들에게는 오히려 상상력을 위축시키는 거추장스러운 족쇄가 된다. 대부분 작가는 제도 교육을 많이 받으면 받을수록 흔히 창작 에너지가 약화될 뿐 아니라 작가에게 무엇보다도 필요한 자유롭고도 생기에 넘치는 상상력이 위축된다. 다시 말해서 교육 수준이 높은 작가는 삶의 경험을 구체적이고 극적으로 형상화하는 대신 흔히 그것을 추상화하고 관념화하는 경향이 강하다. 또 체면이나 지적 소심성 때문에 작품의 소재 선택이나 표현 방법에서도 과감하지 못한 것이 사실이다. 그들의 작품을 읽을 때 흑설탕의 감칠맛보다는 어딘지 모르게 사카린 같은 인공 감미료 맛을 느끼게 되는 것은 바로 그 때문이다.

그러나 포크너는 이러한 지식인 작가들과는 근본적으로 다르다. 오히려 투박스럽고 때로는 무식하게까지 느껴지는 그는 아무런 제약도 받지 않고 늘 새로운 소재를 탐색하고 새로운 수법을 시도할 수 있었다. 역설적으로 들릴지 모르지만, 포크너의 '무식함'이 오히려 그를 위대한 작가로 만들었다고 해도 결코 틀린 말이 아닐 것이다. 한마디로 정상적인 제도 교육을 별로 받지 않았다는 점이 포크너에게는 약점이 아니라 오히려 강점이 되었다. 물론 결과를 보고 판단한다는 혐의가 짙지만, 학사학위나 석사학위를 걸머쥔 포크너를 상상하기란 아주 어렵다. 그것은 마치 마크 트웨인의 소설 『허클베리 핀의 모험』(1884)의 주인공 허클베리가 연미복을 입고 파티장에 들어가는 것과 같다.

포크너의 선조는 남부 역사에서 혁혁한 업적을 이룩한 명문 가문이었다. 흔히 '나이 많은 대령'으로 일컫는 증조할아버지 윌리엄 클라크 포크너는 멕시코 전쟁과 미국 남북전쟁에 참가하여 지휘관으로서 용맹을 떨쳤고, 남북전쟁 이후에는 북부 미시시피 지방에 철도를 건설하고 대농장을 경영하는 등 지방 유지로서의 그의 위치는 참으로 대단하였다. 그는 변호사로 개업하고 지방 정치에도 참여하는 한편, 『멤피스의 흰 장미』(1881)라는 장편소설과 『유럽 산책』(1882)이라는 여행기를 출간하여 문명(文名)을 날리기도 하였다. 마침내 1889년 미시시피 주 의회의원 선거에 출마했다가 선거 직전에 사업 경쟁자이며 정적(政敵)에게 살해되었다. 이렇게 북부 미시시피 지방에서는 거의 신화적인 존재였던 증조할아버지는 작가 포크너의 상상력에 상당한 영향을 끼쳤으며, 뒷날 그의 작품에 '존 사토리스'라는 인물로 등장한다.

흔히 '젊은 대령'으로 일컫는 포크너의 할아버지 존 웨슬리 톰슨 포크너는 선친의 가업을 이어받아 철도를 증축하고 옥스퍼드에 처음으로 퍼스트 내셔널 뱅크를 설립하여 사장을 역임하는 등 사업가로서의 위치를 확고히 하였다. 또한 변호사인 그는 미국 연방정부 검사보(檢事補)로 근무하였다. 이 밖에 남달리 공민 의식이 강한 존 포크너는 토지에 투자하고 석유회사와 오페라 하우스를 운영하고 말이나 마차를 빌려주는 세마업(貰馬業) 등에 손대기도 하였다. 이 무렵 그는 옥스퍼드에서 자동차를 소유하고 있는 몇 안 되는 주민 중 한 사람이었다. 이처럼 그는 점차 옥스퍼드에서 기반을 굳혀나갔다.

그러나 작가 포크너의 아버지 머리 포크너는 미시시피 대학교를 중퇴하고 집안에서 경영하는 철도회사에서 일하였다. 그 뒤 철도 회사의 경영권이 다른 사람한테 넘어가자 철도 일을 그만둔 뒤 이 직업 저 직업을 전전하는 신세가 되었다. 1902년 식구들을 데리고 뉴올버니에서 옥스퍼드로 이주한 그는 이번에는 옥스퍼드에서 부친이 하던 세마업에 손을 대었다. 뒷날 포크너는 "나는 아버지가 경영하는 마차 세놓는 집에서 자라다시피 했다. 사 형제 중의 맏이인 나는 어머니의 영향에서 쉽게 벗어날 수 있었는데, 아버지는 내가 세마업 일을 배우는 것이 좋겠다고 생각했기 때문이었다. 만약 자동차

옥스퍼드 광장 북쪽 상가 중앙 흰색 건물이 포크너의 할아버지 존 웨슬리 톰슨 포크너가 세운 은행이 있던 건물이다. 왼쪽 건물은 스퀘어 서점으로 포크너와 남부 작가들 작품을 전문으로 취급한다.

가 없었더라면 나는 어쩌면 마차 세놓는 직업을 갖게 되었을지도 모른다."라고 술회한 적이 있다. 머리 포크너는 세마업을 그만둔 다음에는 친지들의 힘을 빌려 가까스로 미시시피 대학교의 경영 관리인 겸 비서로 취직하였다. 그는 이 직장에서 평생 근무하다가 은퇴하였다.

 갈수록 태산이라는 말도 있고 또 용두사미라는 말도 있듯이 포크너 집안은 선대에는 북부 미시시피 지방에서 이름을 크게 떨친 명문 가문이었지만 이렇게 후대로 내려오면 올수록 점차 쇠퇴의 길을 걸었다. 그러다가 마침내 포크너 가문의 장손 윌리엄 포크너 대에 이르러서는 고등학교도 제대로 졸업하지 못하고 읍내를 빈둥거리는 '건달' 처지가 되고 말았다. 그러나 이것은 어디까지나 사회적·경제적 관점에서 말한 것일 뿐, 포크너는 문학가로서 미시시피 북부 지방은 말할 것도 미국과 전 세계에 걸쳐 그 이름을 크게 떨쳤던 것이다.

포크너는 고등학교를 중퇴한 1915년에는 제임스 스톤 '장군'의 사냥 캠프에서 곰 사냥을 하였다. 그 이듬해 1916년에는 잠시 할아버지가 사장으로 있던 옥스퍼드 퍼스트 내셔널 뱅크에서 경리 사무원으로 근무하기도 하였다. 물론 이 두 경험은 뒷날 그가 작품을 쓰는 데 소중한 밑거름이 되었음은 두말할 나위가 없다. 앞

미시시피 주 리플에 있는 포크너의 증조부 윌리엄 클라크 포크너의 대리석 상. 그는 북부 미시시피 지역에서 영웅 같은 존재였다. 주 의회 의원직에 출마했다가 정적에게 살해당했다.

의 경험을 바탕으로 그는 「곰」(1942)을 비롯한 작품을 집필하게 된다. 뒤의 경험은 1929년 그가 '사토리스'라는 제목으로 출간한 장편소설 『흙 속의 깃발』(1973)과 『정복되지 않는 사람들』(1938)에서 '사토리스 은행'과 관련한 사건으로 다시 태어나게 된다.

2. 영국 공군(RFA) 사관후보생 포크너

    윌리엄 포크너는 어렸을 적부터 같은 동네에 살던 '에스텔 올드햄'이라는 여성을 좋아하였다. 그녀의 아버지는 옥스퍼드에서 변호사로 개업하고 있었고, 그녀의 집은 포크너 집에서 몇 블록 떨어져 있지 않은 데다 나이도 서로 비슷하였다. 에스텔의 나이는 묘비에는 포크너와 마찬가지로 1897년에 태어난 것으로 새겨 있는데, 다른 문헌에는 그보다 한 해 먼저 태어난 것으로 기록되어 있기도 하다. 어찌 되었든 이 두 사람은 어렸을 적부터 소꿉친구처럼 친하게 지냈다. 에스텔은 어렸을 적에 포크너가 조랑말을 타고 길거리를 지나가는 것을 보고 크면 그와 결혼하겠다고 말했다고 전해진다.

    에스텔은 어린 시절부터 별이라는 그 이름만큼이나 옥스퍼드에서 큰 인기를 끌었다. 노래와 댄스를 잘하는 데다 파티 같은 사교모임을 즐겼다. 포크너의 한 동생의 표현을 빌리자면 에스텔은 "꿩처럼 예뻤다."고 한다. 미국의 꿩이 얼마나 예쁜지는 알 수 없어도 그녀는 같은 또래의 남학생들 사이에서 꽤 인기가 있었던 것만은 틀림없다. 피아노도 잘 치고 무용도 곧잘 하고 붙임성도 많았다. 포크너가 고등학교를 중퇴한 뒤에도 두 사람은 계속 허물없는 친구로 가깝게 지냈다.

    물론 사교성이 많은 에스텔은 나이가 들면서는 포크너 말고도 다른 남성들과도 사귀었다. 그중 하나가 미시시피 대학교 법과대학에 다니던 '코넬 프랭클린'이라는 청년이었다. 하와이 출신인 프랭클린은 에스텔에게 결혼하

포크너의 첫사랑 에스텔 올드햄. 변호사의 딸인 에스텔은 성격이 발랄하고 예능에 재능이 많아 남학생 사이에서 인기가 있었다.

자고 말할 정도였다. 법과대학을 졸업한 뒤 곧바로 하와이에서 변호사로 개업하기 위해 옥스퍼드를 떠났기에 에스텔은 그의 청혼을 농담으로밖에는 받아들이지 않았다. 그런데 그로부터 몇 달 뒤 프랭클린은 옥스퍼드로 그녀에게 약혼반지를 보내왔다. 에스텔의 부모는 프랭클린을 에스텔에게 어울리는 신랑감으로 생각하였다. 더구나 이 무렵 포크너는 시를 쓴답시고 일정한 직업도 없이 옥스퍼드 읍내와 미시시피 대학교 주변을 빈둥거리고 있었기에 에스텔의 부모로서는 딸이 그를 자주 만나는 것을 탐탁지 않게 여기던 차였다. 에스텔로서는 상황이 이렇게 발전한 이상 결혼하지 않겠다고 버틸 명분이 없었다. 결국 가족의 압력에 못 이겨 프랭클린과 결혼하기로 마음먹었다.

1918년 4월 18일 에스텔은 마침내 코넬 프랭클린과 결혼식을 올렸다. 누가 보아도 서둘러 결혼식을 치렀다는 인상을 주었다. 에스텔의 나이 겨우 스물한 살밖에는 되지 않았다. 결혼식도 신랑의 고향인 하와이가 아닌 옥스퍼드에서 거행하였다. 이 두 사람의 결혼식을 집전한 사람이 다름 아닌 극작가 테네시 윌리엄스의 외할아버지인 W. E. 대킨이었다. 대킨은 이 무렵 미시시피 주 크락스데일에 있는 감독교회(성공회)의 목사로 있었다. 한 사람은 소설가로, 다른 사람은 극작가로 미시시피가 배출한 뛰어난 두 작가는 이때부터 벌써 인연을 맺고 있다는 점이 흥미롭다면 흥미롭다. 물론 윌리엄스는 이때 겨우 일곱 살밖에 되지 않은 소년이었다.

에스텔이 이렇게 서둘러 결혼해버리자 포크너가 받은 충격은 참으로 감당하기 어려웠다. 그는 에스텔이 자신과 결혼할 것으로 속으로 은근히 기대하고 있었기 때문이다. 프랭클린과 약혼했을 뿐 아니라 포크너와 자주 만나는 것을 집안에서 반대한다는 사실도 잘 알고 있던 에스텔은 포크너에게 옥스퍼드를 떠나 함께 도망치자고 말한 적도 있었다. 진심에서 우러나온 말이었는지, 아니면 한번 던져본 농담이었는지는 알 수 없지만, 포크너는 에스텔에게 부모의 허락을 받아야 한다고 고집을 부렸다. 어찌 되었든 에스텔이 결혼했을 때 포크너의 나이는 겨우 스물한 살밖에 되지 않았다. 스물한 살이라면 첫사랑에 대한 막연한 기대에 부풀고, 첫사랑의 달콤한 꿈과 환상에서 미처 깨어나기 전의 나이이다.

동양에서나 서양에서나 실연당한 젊은이에게 군대는 더없이 좋은 도피처가 된다. 이 무렵은 제1차 세계대전이 막바지에 접어들던 때이고 미국은 한 해 전 유럽에서 일어난 전쟁에 뒤늦게나마 참전하고 있었다. 그래서 포크너는 미 육군 항공대에 지원했지만 키가 작고 몸무게가 적다는 이유로 입대를 거부당하였다. 앞에서 이미 밝혔듯이 그는 미국 남성의 평균 몸무게와 평균 키에 크게 미치지 못하였다. 체중과 신장은 장병 입대의 기본 조건이기 때문에 어떻게 할 도리가 없었다. 어니스트 헤밍웨이가 그랬듯이 나이가 적으면 나이를 속일 수 있을 터인데 체중과 신장은 늘릴 수도 없는 노릇이었다. 평생 알코올 중독 증세를 보인 포크너는 바로 이 무렵부터 술을 많이 마시기 시작하였다. 그에게 술은 쓰라린 현실의 고통을 잊게 해주는 진정제였다.

이렇게 첫사랑 에스텔을 '빼앗긴' 충격에서 좀처럼 벗어나지 못하던 포크너는 1918년 4월 코네티컷 주 뉴헤이븐으로 필 스톤을 찾아간다. 옥스퍼드 출신으로 미시시피 대학교에서 법학을 공부한 뒤 예일 대학교에서 법학을 전공하고 있던 스톤은 이 무렵 그에게 문학적 멘토 역할을 하고 있었다. 제임스 조이스의 작품 등 대서양 저쪽에서 새로 출간되어 나온 문학 작품을 소개해준 사람도 스톤이었다. 스톤은 에스텔의 결혼으로 상심하고 있던 포크너를 위로하기 위해 뉴헤이븐에 초대한 것이다. 이곳에 머무는 동안 포크너는 윈체스터 연발총 회사에서 경리 사원으로 잠깐 일하였다. 이때 포크너의 성(姓)이 처음으로 'Falkner'에서 'Faulkner'로 기록되었다. 모르긴 몰라도 직원 명단에 기록된 후자의 이름은 아마 직원이 그의 이름을 타자로 잘못 쳐 넣는 바람에 그렇게 되었을 것이다.

뉴헤이븐에 도착한 지 얼마 되지 않은 1918년 6월 포크너는 캐나다에 있는 영국 공군(RAF)에 지원하였다. 미 육군 항공대에 지원했다가 떨어진 경험을 살려 이번에는 반드시 입대하려고 단단히 준비하였다. 영국 사람 행세를 하려고 나이를 속이고 출생지를 영국 미들섹스 주 핀칠리로 거짓 기재했는가 하면, 좀 더 영국적이라고 생각했는지 뉴헤이븐에서 잘못 표기된 'Faulkner'라는 성을 그대로 사용하였다. 또 징병 검사관과 인터뷰할 때에는 그동안 익힌 영국식 영어로 발음하려고 애썼다. 그런가 하면 '에드워드 트윔벌리-손다이크'라는 유령 목사가 쓴 추천서를 해외에서 보내기도 하였다. 그러한 작전이 성공을 거둬서 그랬는지는 몰라도 포크너는 마침내 사관후보생으로 입대가 허용되었다. 그래서 이해 7월 9일 그는 토론토에 있는 신병 부대에 신고하고 그 이튿날 현역 근무에 들어갔다.

포크너가 미 육군에 지원할 때도 항공대에 지원했고, 캐나다 소속 영국군에 지원할 때 공군에 지원하였다. 이렇듯 그는 어렸을 적부터 비행기와 항공에 남다른 관심이 있었다. 뒷날 1933년 그는 민간인으로 비행 훈련을 받고 자격증을 얻었고, 두 동생 존과 딘에게도 비행 훈련을 받을 것을 권하였다. 소형 단발 비행기를 구입한 포크너는 북부 미시시피에서 열린 에어쇼에 참가하였다. 그러나 1935년 비행기 사고로 동생 딘이 사망하자 그는 더 이상 비행기에 관심을 두지 않았다. 그의 처녀 단편소설이라고 할 「행운의 착륙」(1919)이 비행기 파일럿을 다루는 것은 우연한 일이 아니다. 독자들이나 비평가들부터 별로 주목을 받지 못했지만 그는 『비행장 목표탑』(1935)이라는 장편소설을 출간하기도 하였다.

토론토에서 영국 공군 사관후보생으로 훈련을 받던 중 1918년 11월 제1차 세계대전이 휴전되는 바람에 포크너는 공군 파일럿으로서의 꿈을 접을 수밖에 없었다. 명예제대한 그는 토론토에서 공군 장교복과 단독 비행을 한 파일럿만이 장교복에 달 수 있는 날개 기장을 구입하였다. 그로부터 2년 후인 1920년 11월 그는 영국 공군으로부터 명예 소위 임명장을 받았다. 휴전이 되던 해 12월 포크너는 영국 공군 장교복 차림에 지팡이를 짚고 다리를 절룩거리며 고향 옥스퍼드로 돌아왔다. 그가 이렇게 다리를 절룩인 것은 부상을 입었기 때문이 아니라 휴전이 되었다고 친구들과 술을 마시며 놀다가 다쳤기 때문이다.

그런데도 포크너는 옥스퍼드 주민들에게 전투 중 부상을 입었다든지, 머리에는 아직도 금속 파편이 박혀 있다든지 하는 터무니없는 거짓말을 하곤 하였다. 말하자면 전쟁터에서 갓 돌아온 귀환 용사 행세를 톡톡히 하였다. 영국 공군 징병 장교들이 포크너에게 속았던 것처럼 옥스퍼드 주민도 그가 훈련 도중 부상당한 것으로 깜박 속아 넘어갔다. 포크너의 처녀 장편소설 『병사의 봉급』(1926)은 공군 사관후보생으로 겪은 경험을 다룬 작품이다.

이 점에서 포크너는 헤밍웨이와는 사뭇 다르다.

포크너의 처녀 장편 소설 『병사의 봉급』(1926)의 초판 표지. 제1차 세계대전에 참가한 병사를 다룬 '길 잃은 세대'에 속하는 작품이다. 포크너가 이 소설로 문단에 데뷔하는 데에는 셔우드 앤더슨의 역할이 컸다.

첫사랑 에스텔이 결혼한 뒤 포크너는 영국 공군에 입대하여 캐나다 토론토에서 사관후보생 자격으로 훈련을 받았으나 도중에 휴전되자 장교복에 공군 기장을 달고 다리를 절룩이며 고향 옥스퍼드로 돌아왔다.

이탈리아 전선에서 심각한 부상을 입고 고향 오크파크로 돌아온 헤밍웨이. 그의 단편소설 「병사의 집」(1925)에서도 엿볼 수 있듯이 고향은 전쟁터에서 돌아온 귀환 장병에게 타향과도 같은 곳이었다.

헤밍웨이는 비록 미국 적십자사의 앰뷸런스 부대라고는 하지만 이탈리아 전선에 참가하여 그곳에서 실제로 부상을 입었다. 한때 군의관들은 그가 살아남기 어려울 것 같다고 판단할 정도로 삶과 죽음 사이를 헤맸다. 헤밍웨이는 한밤중에 전깃불을 끄고는 제대로 잠을 이루지 못할 정도로 '셸 쇼크(전투 신경증)'나 '트로마티즘(외상성 정신 장애)'에 시달렸다. 이러한 경험 때문에 헤밍웨이는 궁극적으로 삶의 태도가 달라졌다. 고향에 돌아와 목발을 짚고 서 있는 헤밍웨이의 모습과 입에 담배를 물고 지팡이를 짚고 포즈를 취하고 있는 포크너의 모습을 비교해 보면 그야말로 하늘과 땅만큼 큰 차이가 난다.

3. '실패한 시인' 포크너

1919년 9월 윌리엄 포크너는 제1차 세계대전에 참전한 용사에게 주는 특전으로 미시시피 대학교 특별학생 자격으로 대학에서 강의를 듣기 시작한다. 물론 고등학교 졸업장도 없는 그였지만, '참전 용사'라는 그럴듯한 명분으로 가능한 일이었다. 학사학위를 받는 정규 과정이 아니기는 하지만 포크너는 세 학기를 겨우 마치고 그만두었다. 이때 그는 프랑스어, 스페인어, 영어 등 세 과목을 택하였다. 그런데 프랑스어 과목은 A 학점을 받았고, 스페인어 과목은 B 학점을 받았으며, 영어 과목은 C 학점을 받았다. 평소 프랑스 상징주의 시에 관심을 많던 그가 프랑스어 과목에서 좋은 점수를 받은 것은 이해가 간다. 한편 바로크 건축 양식을 떠올리게 하는 그의 만연체 문체를 생각해 보면 그가 영어 과목에서 C 학점을 받았다는 것은 그다지 놀랄 일이 아닌 듯하다.

이 무렵 포크너는 강의를 듣고 도서관에서 공부하는 것보다는 주로 글을 쓰는 데 훨씬 더 많은 시간을 보냈다. 미시시피 대학교에서 발행하던 연감 『올 미스』에 그림이나 삽화를 기고하는가 하면, 대학 신문 『미시시피언』과 옥스퍼드에서 발행하던 지방신문 『옥스퍼드 이글』에 시와 단편소설을 발표하였다. 또한 대학의 연극 클럽 '꼭두각시'를 창설하는 데 힘을 쏟기도 하였다. 이 클럽을 위해 그는 「꼭두각시」(1977)라는 단막극을 집필하고 삽화를 그려 손수 책으로 만들었지만 무대에서 공연된 적은 한 번도 없었다.

이렇듯 포크너는 작가로서의 길을 모색하면서 여러 문학 장르에 손을 대었다. 그러나 이 무렵 그가 무엇보다도 가장 관심을 기울인 장르라면 뭐니 뭐니 해도 시였다. 그가 일찍이 초등학교 시절부터 시를 썼다는 것은 이미 앞에서 언급하였다. 포크너는 모든 문학 장르 가운데에서 시가 가장 훌륭하고 엄격한 문학 형태라고 생각하였다. 그에게 시란 "감동적인 그 무엇, 절대적인 에센스로 추출한 인간 조건의 열정적인 순간"이었다. 또한 평소 시를 "너무나 순수하고 너무나 신비스러운" 문학 형태로 간주한 포크너는 보편타당한 인간 경험을 표현하는 데에는 시만큼 안성맞춤인 문학 양식도 없다고 판단하였다. 말하자면 그에게 시는 모든 문학 장르 중에서 왕자와 같은 높은 위치를 차지하고 있었던 것이다.

이렇게 시를 아주 높이 평가하고 있던 포크너는 일찍이 시를 통해 "인간 조건의 열정적인 순간"을 포착하려고 하였다. 그래서 고등학교를 중퇴한 지 일 년 뒤, 그러니까 1916년경부터 소설가로 탈바꿈하기 바로 직전인 1925년경에 이르기까지 줄잡아 십 년 동안 시 창작에 몰두하였다. 이 무렵 포크너는 시를 써서 네 살 위인 필 스톤에게 보여주곤 하였다. 포크너의 시적 재능을 일찍이 알아본 스톤은 비서에게 원고를 타자로 쳐주도록 하였다.

특별학생 자격으로 미시시피 대학교에 다니기 전인 1916년에도 포크너는 찰스 스윈번과 앨프리드 하우스먼 등의 영향을 받고 시를 창작하였다. 이 무렵 미국 문단의 대가 격인 셔우드 앤더슨에게 "제가 셸리처럼 시를 쓸 수만 있다면 얼마나 행복할까요? 만약 그렇게만 된다면 저한테 무슨 일이 일어난들 어떻겠습니까?"라고 고백한 것으로 전해진다. 이 고백을 보더라도 이 무렵 포크너가 시에 얼마나 깊은 관심을 기울이고 있었는지 쉽게 미루어 짐작할 수 있다.

포크너가 미국의 저명한 언론인 월터 리프먼이 창건한 미국의 주간지 『뉴리퍼블릭』에 「목신의 오후」(1919)라는 작품을 발표한 것도 바로 이 무렵이었다. 포크너는 1920년에는 미시시피 대학교의 캘빈 S. 브라운 교수가 주는 상에 시를 응모하여 상금으로 10달러를 받기도 하였다. 포크너는 「목신의 오후」에 이어 이번에는 뉴올리언스에서 발행하던 『더블 딜러』라는 잡지에 「초상화」(1922)라는 작품을 발표하였다. 이 잡지에 헤밍웨이의 「거룩한 몸짓」(1922)이라는 단편소설이 포크너의 작품과 함께 발표된 것이 무척 흥미롭다. 포크너는 그때까지도 시에 매달리고 있었지만, 헤밍웨이는 시에 대한 미련을 과감히 떨쳐버리고 산문에 관심을 쏟기 시작했던 것이다.

뉴올리언스에서 발행하던 문예지 『더블 딜러』. 포크너는 문학청년 시절 어니스트 헤밍웨이와 마찬가지로 이 잡지에 글을 발표하였다. 셔우드 앤더슨, 하트 크레인, 아서 시먼스 같은 작가와 시인들이 작품을 기고하였다.

이 무렵 포크너가 시에 기울인 노력이 『대리석 목신』(1924)이라는 시집으로 결실을 맺었다. 이 시집은 평소 그를 아끼고 후원을 아끼지 않던 변호사 필 스톤이 4백 달러를 지원하여 1924년 12월에 보스턴의 포시스 출판사에서 출간되었다. 초판 1천 부를 발행한 포크너의 처녀 시집의 서문은 스톤이 직접 썼다. 스톤은 "젊은이가 쓴 시"라든가 "소박한 마음의 소유자가 쓴 시"라든가 또는 "불확실성과 환상의 시기에 속하는 시"라고 하면서 이 시집에 실린 작품이 기성 시인에게서 흔히 볼 수 있는 세련된 작품이 아니라는 점을 애써 강조한다. 그러면서도 그는 이 작품에서 "낱말과 그 음악성에 대한 남다른 느낌, 부드러운 모음에 대한 사랑, 색깔과 리듬에 대한 본능"을 느낄 수 있다고 밝힌다. 그런데 이 서문에서 특히 눈여겨보아야 할 것은 스톤이 일찍이 포크너 문학의 본질을 꿰뚫어 보고 있다는 점이다.

이 시집의 저자는 본능적으로 그가 태어난 고향 땅에 깊이 몰두해 있는 남부인, 더구나 미시시피 주 사람이다. 조지 무어는 모든 보편적인 예술이란 무엇보다도 먼저 지방적인 것이 되어야만 훌륭하게 된다고 말하였다. 북부 미시시피의 밝은 햇살과 흉내쟁이지빠귀 그리고 푸른 언덕은 이 젊은 시인의 존재 일부를 이루고 있다.

스톤이 포크너가 앞으로 사용하게 될 핵심적 소재와 배경 그리고 예술관을 예리하게 간파하고 있다는 것이 여간 놀랍지 않다. 특히 위 인용문에서 스톤이 언급하는 조지 무어를 찬찬히 눈여겨볼 필요가 있다. 아일랜드에서 태어나 영국에서 활약한 무어는 19세기 말엽 빅토리아 소설에 자연주의를 처음 도입한 작가로 잘 알려져 있다. 그러나 그는 예술 작품에서 지역성이 무척 중요하다는 점을 역설한 소설가이기도 하다. 『나의 죽은 삶의 회고록』(1906)이라는 책에서 무어는 문학이 보편적인 것이 되기 위해서는 무엇보다도 먼저 지방적인 것이 되어야 한다고 주장한다. 다시 말해서 훌륭한 예술 작품이란 하나같이 특수성에 뿌리를 박되 그것을 뛰어넘어 좀 더 보편타당한 삶의 경험으로 승화해야 한다는 것이다.

무어의 지적대로 한 작가의 위대성은 바로 특수성과 보편성, 구체성과 일반성 사이에서 얼마나 절묘한 균형과 조화를 꾀하느냐에 달려 있다고 해도 그렇게 틀린 말이 아니다. 포크너가 세계 문단에서 이름을 떨치고 있는 것도 따지고 보면 그 두 가지를 유기적으로 잘 어우르고 있기 때문이다. 다시 말해서 그는 그가 말하는 "우표딱지만 한 고향 땅" 북부 미시시피 지방을 보편적이고 세계적인 것으로 끌어올리는 데 성공을 거두었다. 그런데 이러한 능력은 스톤의 지적대로 시를 쓰던 습작기에서 이미 그 씨앗을 찾아볼 수 있다. 포크너의 작품에서 그렇게 일찍이, 그것도 산문 작품이 아닌 시 작품에서 이러한 재능을 간파했다는 점에서 스톤의 문학적 예지가 무척 뛰어나다.

포크너는 소설가로서 확고한 위치와 명성을 굳힌 뒤에도 여전히 시에 남다른 관심과 애정을 기울였다. 예를 들어 그는 1932년과 1933년에 걸쳐 노스캐롤라이나 주에서 발행되던 문예지 『콘템포』에 일련의 시를 발표했는가 하면, 앞에서 언급한 잡지 『뉴리퍼블릭』에도 여러 편의 시를 기고하였다. 그리고 1932년과 1933년에는 그동안 발표했던 작품과 새로 쓴 작품을 한데 묶어 시집 『이 대지』(1932)와 『초록 나뭇가지』(1933)를 출간하였다. 마치 결혼한 뒤에도 첫사랑을 잊지 못하는 낭만적인 연인처럼 포크너는 평생 시에 그야말로 애틋한 마음과 지칠 줄 모르는 정열을 품고 있었다.

이렇듯 포크너는 단편소설과 장편소설 못지않게 시를 많이 창작하였다. 모두 몇 편의 시를 썼는지 정확한 숫자를 헤아리기란 거의 불가능하다. 그동안 학자들과 비평가들이 거의 도외시하다시피 해온 그의 시 가운데 몇 편은 벌써 화재 등의 재화로 소실되었고 다른 몇몇 작품은 아직도 출판되지 않은 상태에 있기 때문이다. 한 연구 조사에 따르면 포크너가 쓴 시는 아직 발표되지 않은 작품을 포함하여 모두 200여 편 이상 되는 것으로 집계되었다. 그러나 아직 발굴되지 않은 작품까지 모두 합친다면 그 수는 이보다 훨씬 더 많아지게 될 것이다.

포크너가 창작한 시는 그가 생존해 있을 때 출간한 『대리석 목신』과 『초록 나뭇가지』를 비롯하여 그가 죽은 뒤 출판된 시집에 대부분 수록되어 있다. 특히 비교적 최근에서야 단행본으로 출간되어 비로소 일반 독자들에게 공개된 『봄의 꿈』(1984), 『미시시피 시』(1979, 1981), 『헬렌: 구애』(1981) 같은 시집은 1920년대에 포크너가 친필 원고나 타자 원고를 직접 책으로 제본하여 친구에게 증정한 시집들이다. 이러한 증정용 시집 가운데에는 화재로 원본의 일부가 소실된 『라일락 시집』(1920)도 있다. 이 밖에도 포크너가 『뉴리퍼블릭』에 처음으로 발표한 시를 비롯하여 그가 미시시피 대학교에 특별학생 자격으로 다닐 무렵 그 대학 신문 『미시시피언』과 대학 연감 『올 미스』에 발표한 시 작품, 그리고 그 밖의 잡지에 기고한 시 작품은 카블 콜린스가 편집한 『윌리엄 포크너: 초기 산문과 시』(1962)에 모두 실려 있다.

그런데 여기에서 잠깐 포크너가 뒷날 대학생들에게 시 창작과 관련하여 말한 것을 짚고 넘어가는 것이 좋을 것 같다. 1947년 봄 미시시피 대학교 영문학과 학생들과 가진 모임에서 그는 시를 쓰는 나이와 소설을 쓰는 나이가 서로 다르다고 밝힌다.

소설을 쓰는 데 가장 좋은 나이는 서른다섯 살에서 마흔다섯 살까지이다. 아직 정열이 소진되지 않은 데다 이 세상에 대해 좀 더 많은 것을 알고 있기 때문이다. 소설은 창작하는 데 좀 더 시간이 많이 걸린다. 시로 말하자면 열일곱 살에서 스물여섯 살이 가장 좋은 나이이다. 시를 창작한다는 것은 로켓 하나에 모든 열정이 압축되어 있는 로켓 불꽃과 비슷하기 때문이다.

포크너가 여기에서 말하는 나이는 그 자신이 시를 쓴 시기와 소설을 쓴 시기와 거의 비슷하게 맞아떨어진다. 그의 작품 중에서 가장 대표작이라고 할 『고함과 분노』를 출간한 것이 서른두 살, 『팔월의 빛』을 출간한 것이 서른다섯 살, 그리고 『압살롬, 압살롬!』(1936)을 출간한 것이 서른아홉 살 때였다. 또 그는 마흔세 살 때 『마을』을 출간했으며, 마흔다섯 살 때 『모세여 내려가라』(1942)를 출간하였다.

포크너는 이렇게 문학청년으로 시 창작에 몰두하는 동안 옥스퍼드 읍내와 미시시피 대학교 근처를 배회하며 빈둥거리고 놀 수만도 없는 처지였다. 그래서 그는 닥치는 대로 일자리를 구하지 않을 수 없었다. 그중 하나가 뉴욕의 그리니치빌리지에 있는 서점의 점원 일자리였다. 1921년 말 소설가요 극작가이며 연극 평론가인 스탁 영이 이 서점 지배인 엘

초판 『압살롬, 압살롬!』(1936)

리자베스 프롤에게 그를 추천하여 일자리를 얻게 되었던 것이다. 포크너보다 열여섯 살 위인 영은 미시시피 주 코모 출신으로 필 스톤처럼 이 젊은 작가 지망생에게 적잖이 관심을 기울였다. 또 이 서점 지배인 엘리자베스는 뒷날 셔우드 앤더슨의 아내가 된 여성이었다. 돌이켜 보면 영이 엘리자베스에게 포크너를 소개해준 것은 단순히 일자리를 마련해준 데에서 그치지 않는, 미국 문학사에서 획기적인 사건이었다.

뉴욕 생활에 적응하지 못하고 다시 고향에 돌아온 포크너는 1921년 12월에는 미시시피 대학교 구내 우체국의 우체국장이 되었다. 이곳에서 3년 가까이 일했으니 그로서는 비교적 오래 근무한 셈이다. 물론 우체국에서도 업무를 게을리하여 이런저런 물의를 빚었다. 가령 우편물을 제대로 배달하지 않거나 분실하거나 손님을 제대로 대하지 않았다. 심지어는 배달하기 귀찮은 우편물을 쓰레기통에 버렸다는 소문까지 나돌 정도였다. 또 일해야 할 업무 시간에 책을 읽고 글을 쓰거나 자신이 직원으로 임명한 친구들과 카드게임을 하기 일쑤였다. 이러한 불평을 전해 들은 우편 감찰관이 조사를 하기 위해 우체국을 방문하자 그는 스스로 사직하였다. 한마디로 그는 미시시피 대

학교 구내 우체국 역사에서 '최악의' 우체국장이라는 오명을 남겼다.

그런데 우체국장 자리를 사임하면서 포크너가 주위 사람들에게 내뱉었다는 말이 걸작이다. "난 어쩌면 평생 돈 있는 사람들이 시키는 대로 살아가겠지. 하지만 이제 두 번 다시 우표 한 장 살 25센트 갖고 있는 개자식들이 시키는 대로 살 필요가 없으니 천만다행이로군." 자유분방한 포크너는 그의 말대로 남이 시키는 대로 고분고분하게 일하며 살아갈 수 있는 인물이 아니었다. 그렇다면 작가가 되는 길은 그에게는 숙명과 같은 것이었다. 물론 작가가 되어도 출판업자들이나 편집자들과 실랑이를 벌여야 할 때가 있겠지만 그는 그 특유의 방법으로 이 문제를 슬기롭게 잘 헤쳐나갈 수 있었다.

우체국장으로 일하는 동안 포크너는 옥스퍼드 보이 스카우트에서 대장으로 일하기도 하였다. 어린이들을 좋아한 그로서는 우체국장 자리보다는 훨씬 안성맞춤인 자리였다. 물론 이 임무는 돈을 받고 하는 직업이 아니라 어디까지나 자원봉사로 맡는 자리였다. 그러나 포크너는 얼마 안 되어 "도덕적 이유"로 이 자리에서도 쫓겨났다. 이 "도덕적 이유"라는 것이 과연 무엇을 가리키는지 잘 알 수 없지만 성희롱이나 성추행보다는 아마 아이들 앞에서 술을 마시곤 했을지 모른다. 우체국장이라고는 하지만 옥스퍼드에서 '건달'과 다름없는 그에게 아이들을 맡기는 것이 주민들의 마음에 썩 들지 않았을지 모른다. 그러다가 아이들이 보는 자리에서 술을 마시자 기다렸다는 듯이 그를 해고했을 것이다.

4. 뉴올리언스와 셔우드 앤더슨

1925년 1월 윌리엄 포크너는 옥스퍼드를 떠나 루이지애나 주 남단에 위치한 도시 뉴올리언스로 간다. 뉴욕 서점에서 잠시 일할 때 매니저로 있던 엘리자베스 프롤을 방문하기 위해서였다. 이 무렵 엘리자베스는 셔우드 앤더슨과 결혼하여 뉴올리언스에 살고 있었다. 어니스트 헤밍웨이처럼 네 번이나 결혼한 앤더슨에게 엘리자베스는 세 번째 아내였다. 그런데 포크너는 이 이국적 도시에서 뜻하지 않게 앤더슨을 만나게 되었다. 이 무렵 앤더슨은 미국 문단에서 대가로 인정받고 있었다. 그는 마치 19세기 말엽 윌리엄 딘 하우엘스가 차지하고 있던 것과 같은 위치를 차지하고 있었다. 『와인스버그, 오하이오』(1919)를 비롯하여 『가난한 백인』(1920)과 『여러 번의 결혼』(1923) 같은 작품으로 작가로서의 입지를 확고히 다진 앤더슨은 '작가의 작가'이기도 하였다. 헤밍웨이를 비롯하여 F. 스콧 피츠제럴드, 존 스타인벡, J. D. 샐린저 같은 미국 작가들, 그리고 심지어 아모스 오즈 같은 이스라엘 작가들이 작가가 되는 데 그한테서 직접 또는 간접으로 도움을 받았을 뿐 아니라 작품을 쓰는 데에도 영향을 받았다.

미국 루이지애나 주 뉴올리언스에서 글쓰기를 훈련하던 무렵 친구 윌리엄 스프래틀링이 스케치한 포크너. 그는 이 시기에 이곳에서 셔우드 앤더슨을 만나면서 시인에서 소설가로 변신했고 평생 자신을 '실패한 시인'이라고 불렀다.

1957년에서 1958년까지 포크너는 버지니아 대

마크 트웨인, 1835~1910

학교에서 학생들이나 교수들과 일련의 모임을 가진 적이 있었다. 이때 청중 한 사람이 그에게 앤더슨을 어떻게 평가하느냐고 물었다. 그러자 포크너는 "그는 미국 문학에서 단 한 번도 정당한 위치를 차지해 본 적이 없다."라고 대답하였다. 그러고 난 뒤 그는 계속하여 "내 생각에 그는 헤밍웨이, 어스킨 콜드웰, 토머스 울프, 도스 패서스 등 우리 세대에 속한 모든 작가의 아버지이다. 물론 마크 트웨인은 우리 모두의 할아버지이다."라고 말하였다. 헤밍웨이도 "모든 현대 미국 문학은 마크 트웨인이 쓴 『허클베리 핀의 모험』이라는 책 한 권에서 비롯한다."라고 말한 적이 있다. 두 작가 모두 트웨인을 미국 문학의 원조로 높이 평가하였다.

　뉴올리언스에 머무는 동안 포크너는 앤더슨과 친교하면서 문학가로 데뷔하는 데 그에게서 여러모로 도움을 받았다. 무엇보다도 포크너가 작가를 필생의 직업으로 삼은 데에는 이 선배 작가한테서 받은 영향이 무척 컸다. 이 무렵 포크너는 배에서 일하거나 집에 페인트를 칠하는 등 닥치는 대로 허드렛일을 하여 생활비를 버는 한편, 시간만 나면 앤더슨을 만나 친교를 맺었다. 두 사람은 오후가 되면 함께 프랑스풍의 이국적 도시 뉴올리언스 거리를 산책하면서 대화하였다. 그러다가 저녁이 되면 또다시 만나 술잔을 앞에 두고 이야기를 나누곤 하였다. 물론 앤더슨이 주로 말을 하고 포크너는 그의 말에 귀를 기울이는 편이었다. 그런데 어찌 된 영문인지 오전에는 앤더슨의 모습을 통 볼 수가 없었다. 오전 내내 그는 방에 혼자 틀어박혀 작품을 집필하고 있었던 것이다. 뒷날 포크너는 이 무렵을 회상하면서 "만약 작가의 생활이 그러한 것이라면 작가가 되는 것이야말로 바로 내가 할 일이로구나. 그래서 나는 첫 작품을 쓰기 시작했다."라고 털어놓았다.

포크너가 여기에서 말하는 첫 작품이란 다름 아닌 처녀 장편소설 『병사의 봉급』을 말한다. 작가가 되기로 결심한 뒤 그는 글 쓰는 일이 금방 재미있어졌다고 고백한다. 그래서 삼 주 동안 앤더슨을 만나지도 않고 방에 틀어박혀 작품을 썼다. 어느 날 앤더슨이 처음으로 그의 집을 방문하여 "아니 어떻게 된 일인가? 나한테 화라도 났는가?"라고 물었고, 포크너는 그에게 '지금 책을 한 권 쓰고 있는 중'이라고 대답하였다. 그랬더니 앤더슨이 놀란 목소리로 "맙소사!"라고 내뱉더니 그냥 방에서 나가버렸다는 것이다.

셔우드 앤더슨, 1876~1941

포크너는 이 책의 집필을 모두 마쳤을 때 뉴올리언스 길거리에서 우연히 앤더슨의 아내 엘리자베스를 만났다. 그녀는 포크너에게 원고 작업이 잘 진척되고 있느냐고 물었고, 그는 그녀에게 방금 탈고했노라고 대답하였다. 그랬더니 엘리자베스는 그에게 "셔우드가 말하기를, 당신하고 거래를 한 가지 하겠다더군요. 만약 당신 원고를 읽지 않아도 된다면 자기 출판사에 그 원고를 받아들이도록 부탁해주겠다고 하더군요."라고 말하였다. 그러자 포크너는 곧바로 엘리자베스에게 물론 그렇게 하겠노라고 대답하였다. 뒷날 그는 "'네, 좋습니다.'라고 나는 대답했고, 그렇게 해서 나는 작가가 되었다."라고 밝힌 적이 있다. 물론 조금 과장해서 말한다는 혐의가 짙지만 포크너의 기질로 미루어보면 충분히 사실로 받아들여도 좋을 듯하다. 실제로 앤더슨은 뉴욕의 보니 앤 라이브라이트 출판사의 사장에게 편지를 보내 포크너의 작품을 출간할 것을 적극 추천했고, 이 출판사에서는 마침내 그의 처녀 장편소설을 출간하기에 이르렀다. 몇 달 전에 앤더슨의 추천으로 헤밍웨이의 첫 작품집 『우리 시대에』가 이 출판사에서 출간된 것과 궤를 같이한다.

　더구나 포크너가 '실패한 시인'에서 '성공한 소설가'로 탈바꿈하는 데에는 앤더슨의 역할이 적지 않았다. 앤더슨은 시인이 아니라 어디까지나 단편소설이나 장편소설을 쓰는 작가였다. 포크너는 앤더슨과 같은 작가가 되기 위해서는 시 쪽보다는 아무래도 산문 쪽에 관심을 기울여야 한다는 사실을 깨달았다. 뒷날 『파리 리뷰』를 위해 진 스타인과 가진 인터뷰에서 포크너는 자신이 어떻게 해서 소설가가 되었는지 솔직하게 털어놓는다.

　"나는 실패한 시인입니다. 어쩌면 모든 소설가는 처음에는 시를 쓰고 싶은지도 모릅니다. 하지만 시를 쓸 수 없다는 사실을 발견하고 나서 단편소설에 손을 댑니다. 단편소설 또한 시 다음으로 가장 엄격한 문학 형식이지요. 그리고 단편소설에 실패하고 나서야 비로소 장편소설에 손을 댑니다."

　여기에서 포크너가 "나는 실패한 시인입니다."라고 솔직히 털어놓은 것이 놀랍다. 그런데 그가 이렇게 솔직히 털어놓는 데에는 그럴 만한 까닭이 있다. 이 '실패한 시인'이라는 말 속에는 은근히 자신이 소설가로서는 '성공한' 작가라는 사실이 함축되어 있다. "모든 소설가"라고 뭉뚱그려 말하고 있지만 자신을 두고 말하는 것을 보아 틀리지 않다. 포크너는 처음에는 시를 쓰기 시작하다가 그것이 만만치 않다는 사실을 깨닫고는 단편소설에 손을 대었고 그것마저 녹록지 않자 마침내 장편소설을 쓰기 시작하였다. 그러고 나서 그는 마침내 소설가로서 성공을 거두었다는 것이다.

　그러나 젊은 문학가 지망생 포크너가 선배 작가 앤더슨한테서 배운 것 중에서 무엇보다도 가장 중요한 것이라면 역시 작품의 소재와 관련한 것이다. 앤더슨은 미시시피 주 출신의 젊은 작가 지망생에게 "작가가 되기 위해서는 무엇보다도 먼저 자신의 신분, 곧 자신이 태어난 사람이 되어야 한다."는 사실을 일깨워 주었다. 그러면서 포크너에게 그의 고향 북부 미시시피 지방을 소재로 삼아 작품을 쓸 것을 권하였다.

"작가는 그것이 어느 장소이든 어느 특정한 한 장소로부터 시작해야 하네. 그때서야 비로소 글을 쓰는 방법을 배우기 시작하는 법이니까. 그 장소가 어딘지는 그렇게 중요한 문제가 아니네. 그러니 오직 그 사실만을 기억할 뿐 조금도 부끄러워할 필요는 없네. 이 장소에서 시작하는 것이나 저 장소에서 시작하는 것이나 꼭 마찬가지로 중요하기 때문이지. 자네는 시골 출신이야. 자네가 알고 있는 곳이라곤 자네가 태어난 미시시피 주의 손바닥만 한 땅 조각 말고 또 어디가 있겠나. 하지만 그것으로 충분하네. 그곳도 다른 곳과 마찬가지로 미국 땅임에는 틀림없으니까. 비록 작고 잘 알려진 곳은 아니지만 그것을 한번 잡아당겨 보게나. 그러면 마치 벽에서 벽돌을 하나 빼낸 것처럼 모든 것이 와르르 무너져 버릴 것이네."

그동안 포크너는 앤더슨의 『와인스버그, 오하이오』와 『가난한 백인』 같은 작품에 깊은 감동을 받았다. 앤더슨을 "오하이오 주의 비옥한 옥수수 밭"에 견주는 포크너는 앤더슨이 미국 중서부 지방이라는 특정한 지리적 배경을 바탕으로 일상적 삶을 사실주의적 수법으로 형상화해온 점을 높이 평가하였다. 포크너가 본격적으로 북부 미시시피 지방을 모델로 삼아 상상의 공간을 창안한 것은 1926년 말과 1927년 초, 그러니까 '스놉스 삼부작'의 씨앗이라고 할 『아버지 에이브러햄』(1983)과 『흙 속의 깃발』을 집필하면서부터이다. 그는 이 두 작품에서 비로소 앤더슨의 충고를 받아들여 미시시피 주에 있는 "손바닥만 한 작은 땅 조각"을 신화적 왕국과 소우주로 승화시키는 데 성공을 거두었다.

한편 포크너는 뉴올리언스에 머무는 동안 앤더슨과 친교를 맺으면서 문학 수업을 받은 것 말고도 이곳에서 발행되는 문예지 『더블 딜러』와 일간신문 『타임스-피키윤』에 잇달아 작품을 발표하였다. 전자의 잡지는 문학 비평가 H. L. 멩큰이 뉴올리언스를 '문화적 황무지'라고 매도한 것에 대한 반응으로 이 도시에 살고 있던 재능 있는 시인들이 힘을 모아 만든 잡지였다. 셔우드 앤더슨, 에드먼드 윌슨, 에즈라 파운드, 하트 크레인, 로버트 펜 워런, 아서 시먼스, 어니스트 헤밍웨이 같은 작가의 초기 작품을 게재함으로써 비록 남부 지방에서 발행하면서도 미국 전역에 걸쳐 명성을 얻었다. 포크너는 후자의 일간신문에 에세이와 일련의 단편 소품을 발표하여 뒷날 단편소설가로서의 입지를 다졌다.

이렇듯 뉴올리언스는 포크너의 문학적 생애에서 아주 중요한 역할을 하였다. 작가 지망생 포크너에게 뉴올리언스는 헤밍웨이에게 프랑스의 파리와 같은 곳이었다. 파리 시절 없는 헤밍웨이를 상상하기 힘들 듯이 뉴올리언스 시절 없는 포크너도 상상하기 어렵다. 앞으로 포크너는 『모기』(1927)를 비롯하여 『압살롬, 압살롬!』, 『야성의 종려』(1939), 『비행장 목표탑』 같은 장편소설에 뉴올리언스를 배경이나 소재 등으로 사용하게 될 것이다.

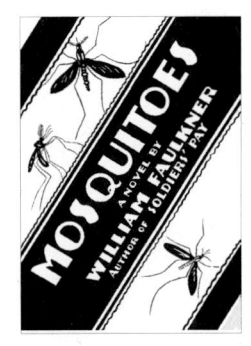

포크너의 두 번째 장편소설 『모기』(1927)의 초판 표지. 일종의 예술가 소설로 루이지애나 뉴올리언스를 배경으로 한 이 작품에는 '포크너'라는 인물이 등장한다.

포크너는 첫 번째 산문 작품 「행운의 착륙」을 발표한 1919년 11월부터 장편소설가로 탈바꿈한

1925년쯤에 이르기까지 산문 소품이나 단편소설을 많이 썼다. 줄잡아 6년에 걸쳐 그가 발표한 산문 작품은 모두 19편에 이른다. 이 가운데에서 2편은 『미시시피언』에, 1편은 『더블 딜러』에, 그리고 나머지 16편은 『타임스-피키윤』의 일요일판 잡지에 각각 발표하였다. 이 밖에도 신문이나 잡지에 발표하지는 않았지만, 원고 상태로 남아 있다가 비교적 최근에서야 출간된 작품까지 합친다면 그가 창작한 산문 작품의 수는 훨씬 많아진다. 특히 카블 콜린스가 『뉴올리언스 스케치』라는 제목으로 출간한 단행본에 실린 산문 작품에서는 시인에서 소설가로 변모한 포크너의 초기 모습을 엿볼 수 있다. 이들 작품에 이르러 그는 비로소 자신의 문학적 재능과 기질이 시보다는 산문, 그리고 산문 가운데에서도 문학 비평이나 희곡보다는 소설 쪽에 있다는 사실을 깨달았다.

포크너의 두 번째 산문 작품 「언덕」(1922)은 단편소설이라기보다는 차라리 산문 소품이나 산문시에 가깝다. 『미시시피언』에 처음 실린 이 작품은 H. 에드워드 리처드슨의 지적대로 "시인으로서의 포크너와 소설가로서의 포크너를 연결해주는 일종의 징검다리" 같은 역할을 한다. 포크너는 이 산문 소품에서 한편으로는 아직도 낭만주의 시인과 프랑스 상징주의 시인들에게서 영향받고 있지만, 다른 한편으로는 그가 앞으로 소설 작품에서 다루게 될 미국 남부 지방의 시골 생활을 처음으로 생생하게 묘사한다.

이 작품에서 포크너는 이름이 밝혀지지 않은 어느 시골 농부가 하루의 고된 일과를 마치고 황혼을 배경으로 언덕을 넘어 집으로 돌아가는 모습을 다룬다. 언덕 꼭대기에 다다른 주인공은 언덕 아래 펼쳐 있는 자신의 마을을 내려다본다. 그의 등 뒤에는 "음식과 옷과 잠자리를 얻기 위해 자연의 온갖 힘과 싸운 고달픈 하루"가 펼쳐져 있다. 한편 눈앞에는 그가 살고 있는 마을

이 일몰의 석양 아래 평온과 정적 속에 잠들어 있다. 그런데 주인공은 갑자기 평화롭기 그지없는 분위기 속에서 이제껏 느껴본 적이 없는 '그 무엇'을 감지한다. 그러나 일몰의 해가 서쪽으로 기울면서 계곡이 갑자기 어둠에 잠기자 이러한 초월적이고 신비스러운 느낌은 곧 사라져버리고, 그는 다시 마을을 향해 천천히 언덕을 내려가는 것으로 작품은 끝을 맺는다.

이 작품에서 포크너는 앞으로 그의 신화적 왕국 요크너퍼토퍼 소설에서 다루게 될 인물이나 배경 등을 처음 도입한다는 점에서 눈길을 끈다. 이 작품의 중심인물은 그가 초기 시에서 노래하던 대리석 목신도, 희곡 작품에서 묘사한 어릿광대 피에로도 아닌, 삶의 "기쁨과 슬픔 그리고 희망과 절망"에 동참하는 지극히 평범한 시골 농부이다. 그는 비록 잠시나마 초월적인 경험을 맛보지만 그것은 어디까지나 황혼의 계곡에서 어쩔 수 없이 '봄의 힘'이 가져다준 영향 때문이다. 주인공은 계곡이 어둠에 잠기자 일상 세계로 다시 돌아온다. 더구나 이 작품의 공간적 배경도 시집 『대리석 목신』이나 희곡 『꼭두각시』의 경우처럼 잘 다듬어진 정원이 아니라 흙냄새 물씬 풍기는 미국의 남부 지방, 특히 요크너퍼토퍼 군이 모델로 삼고 있는 북부 미시시피 지방과 매우 비슷하다.

포크너의 초기 단편 작품 가운데에서도 1925년 『타임스-피키윤』에 기고한 산문 소품은 앞으로 그가 소설가로 발전하는 데 자못 중요한 역할을 한다. 이 가운데에서도 「광희(狂喜)」(1922)라는 작품은 여러모로 주목해 볼 필요가 있다. 1924년 가을, 그러니까 포크너가 뉴올리언스에 머문 지 얼마 되지 않아서 집필한 것으로 추정되는 이 작품은 등장인물·배경·상황에서 「언덕」(1925)과 아주 비슷하다. 이 작품에서도 이름이 밝혀지지 않은 어느 시골 농부가 고된 하루 일과를 마치고 황혼을 배경으로 언덕을 넘어 마을로 돌아가는 내용으로 되어 있다.「언덕」의 주인공처럼 그는 언덕 위에 선 채 계곡 아래 라일락 그늘에 자리 잡고 있는 마을을 내려다본다. 그곳에는 헛간과 집들 그리고 이오니아식 기둥으로 장식한 법원 건물이 보이고 대장간에서 망치 소리와 모루 소리가 들려온다.

    그러나 좀 더 찬찬히 살펴보면 이 작품은「언덕」과는 여러모로 적잖이 차이가 난다는 것을 알 수 있다.「언덕」의 관조적이고 명상적인 분위기와는 대조적으로「광희」는 좀 더 세속적이고 일상적인 소박한 경험을 다룬다. 다시 말해서 앞의 작품에서는 작중인물이 잠시 느끼는 감정은 초월적이고 신비스러운 '그 무엇'인 반면, 뒤의 작품에서는 그 감정이 좀 더 구체적으로 밝혀진다. 계곡 아래 나무 사이로 어렴풋이 움직이는 모습은 다름 아닌 어느 여성의 모습이다. 그 순간 그는 옛날의 아름다운 아가씨의 모습을 눈앞에 떠올리며 갑자기 짐승과 같은 동물적 본능에 사로잡힌다.

    「일몰」(1925)이라는 작품은 이름 모를 어느 흑인이 총을 난사하여 마을 사람들을 살해했다는 신문 기사 인용문에서 시작한다. 흑인의 행동에 대해 신문 기사는 "정신이 돌았다."라는 추측 말고는 달리 동기도 찾지 못한다. 그러나 포크너는 이 작품에서 과연 무엇 때문에 흑인이 그렇게 피에 굶주린 듯이 미쳐 날뛰었는지 그 까닭을 좀 더 설득력 있게 구체적으로 밝힌다. 시골에 살고 있는 이 흑인 주인공은 아프리카 고향으로 돌아갈 생각으로 뉴올리언스에 도착한다. 어느 백인 선장은 순진한 흑인을 아프리카까지 데려다 주겠다고 속인 다음 그에게 온갖 힘든 궂은일을 시킨다. 그러나 막상 선장이 그를 데려다 준 곳은 아프리카 땅이 아니라 미시시피 강변의 어느 한적한 시골 지방이다. 이곳을 아프리카로 생각한 흑인은 소를 사자로, 그곳에 살고 있는 원주민을 아프리카 토인으로 착각하여 총을 난사한 뒤 마침내 지방 방위군에 의해 사살되고 만다.

　포크너는 이 무렵에 발표한 작품과 마찬가지로 「일몰」에서도 주인공의 외부 행동보다는 내면세계와 심리 묘사에 초점을 맞춘다. 그가 앞으로 장편소설에서 본격적으로 다루게 될 흑인과 백인의 인종 갈등 문제를 처음 취급한다는 점에서도 이 작품은 눈길을 끈다. 그런가 하면 포크너는 이 작품에서 비극적인 것과 희극적인 것을 서로 교묘히 뒤섞어 비희극적 효과를 자아낸다. 그리고 무엇보다도 미국 남부 지방의 흑인들이 사용하는 사투리를 사실주의적 수법으로 실감 나게 재현하기도 한다.

　포크너가 『타임스-피키윤』에 발표한 산문 소품들은 배경이나 소재 말고도 앞으로 그가 소설가로 나아가게 될 문학적 방향이 예시되어 있다는 점에서도 주목받을 만하다. 몇몇 작품에는 그의 단편소설과 장편소설이 다루게 될 주제·작중인물·상징과 이미지·기교 등을 엿볼 수 있다. 삶의 방향 감각을 상실한 인물들이 느끼는 소외 의식이나 의사소통의 단절은 앞으로 그가 다루게 될 중요한 주제 가운데 하나이다. 작중인물에서도 프랑스나 이탈리아 또는 남아메리카에서 이민 온 가난한 사람들이 많다. 그들은 뿌리 뽑힌 이방인으로서 흑인 못지않게 미국 땅에서 적잖이 외로움을 느낀다.

　또한 포크너는 이 산문 소품에서 앞으로 주요 장편소설에 등장할 작중인물들을 비록 부분적으로나마 소개한다. 예를 들어 「나사렛에서」(1925)라는 작품에는 『팔월의 빛』에 등장하는 리너 그로브처럼 삶을 너무 안일하게 받아들이는 시골 처녀가 나온다. 「하나님의 왕국」(1925)에는 부러진 수선화를 손에 쥔 채 울부짖는 "푸른 눈빛의 백치"가 등장한다. 그는 여러모로 『고함과 분노』의 벤지 콤슨을 떠올리게 하는 인물이다. 「거짓말쟁이」(1925)에는 '스놉스 삼부작'의 첫 작품인 『마을』의 하숙집 여주인 리틀존 부인과 여러모로 비슷한 하면 부인이 등장한다. 이 밖에도 「요호와 두 병의 럼술」(1925)에는 『내 죽으며 누워 있을 때』(1930)와 마찬가지로 뜨거운 태양 아래 시체가 썩어 가는 모습이 묘사되기도 한다.

더구나 이 무렵 포크너가 쓴 산문 소품에서는 뒷날 그의 대표작에서 그가 사용하게 될 형식과 스타일을 엿볼 수도 있다. 가령 산만하고 느슨한 구성이라든지, 상징적 이미지라든지, 그 특유의 언어 구

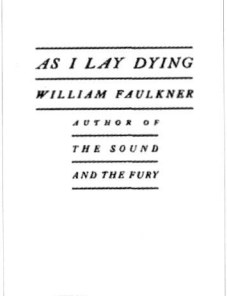

『내 죽으며 누워 있을 때』 (1931) 초판 표지

사가 비록 초기 형태로나마 잘 드러나 있다. 이들 작품에서 포크너는 사건이 결말을 향하여 면밀히 진행되는 전통적인 플롯 진행 방법보다는 에피소드식의 느슨한 플롯 진행 방법을 즐겨 구사한다. 또한 「고향」(1925) 같은 작품에서는 『고함과 분노』와 『내 죽으며 누워 있을 때』를 비롯하여 다른 작품에서 사용할 내면 독백이나 의식의 흐름 수법 또는 표현주의 수법을 처음 시도하기도 한다.

뉴올리언스에 머무는 동안 포크너는 셔우드 앤더슨 말고도 윌리엄 스프래틀링이라는 화가 겸 건축가를 만나 사귄다. 앨라배마 주 오번 대학교를 졸업한 스프래틀링은 이 무렵 뉴올리언스에 위치한 툴레인 대학교에서 건축학 교수로 근무하고 있었다. 그런데 그는 뉴올리언스 문인 사회에서 꽤 중요한 역할을 하였다. 앤더슨을 비롯한 존 도스 패서스, 나탈리 스콧, 올리버 라파지, 프랜스 블롬, 그리고 포크너 등과 함께 어울리면서 뉴올리언스를 미국 남부의 예술적 메카로 만드는 데 적잖이 이바지하였다.

1925년 포크너는 파이러트 앨리 624번지에 스프래틀링이 전세로 살고 있는 집 1층을 빌려 살고 있었다. 이렇게 한 지붕 아래에 사는 탓에 두 사람은

1920년대 중엽 뉴올리언스에서 포크너가 친구 윌리엄 스프래틀링과 함께 살던 집. 지금은 서점으로 사용되고 있다.

이 무렵 어느 누구보다도 자주 만났다. 그들은 『셔우드 앤더슨과 다른 크리올 사람들』(1926)이라는 책을 써서 출간하기도 하였다. '현대 뉴올리언스의 갤러리'라는 부제가 붙은 이 책은 앤더슨을 비롯한 1920년대 뉴올리언스에서 활약한 문학가들과 예술가들을 풍자한 책이다. 스프래틀링이 삽화를 그리고 포크너와 스프래틀링이 함께 글을 썼다. 그런데 이 책을 출간하고 나서부터 포크너와 앤더슨은 소원한 사이가 되었다. 앤더슨은 포크너가 은혜도 잊고 자신을 배신했다고 생각했기 때문이다. 이와 거의 같은 시기에 헤밍웨이가 앤더슨을 풍자하는 소설 『봄의 계류』(1925)를 출간하여 선배 작가요 문학적 은인과 소원해진 것과 비슷하다.

5. 예술의 메카 파리

　미국의 시인이요 소설가인 거트루드 스타인은 『앨리스 B. 토클러스의 자서전』(1933)에서 "모든 길은 파리로 통하기 때문에 우리는 모두 지금 그곳에 와 있다."라고 말한 적이 있다. 제1차 세계대전이 끝난 후 미국과 유럽의 여러 문학가들과 예술가들이 프랑스의 파리로 몰려들기 시작하였다. 스타인의 말대로 모든 길이 로마로 통하듯이 이 무렵 모든 길은 다름 아닌 파리로 통했기 때문이었다. 영국과 미국 작가로 좁혀 보더라도 스타인 자신을 비롯하여 어니스트 헤밍웨이, E. E. 커밍스, 로버트 프로스트, 에즈라 파운드, T. S. 엘리엇, F. 스콧 피츠제럴드, 너새니얼 웨스트, 존 도스 패서스, 이디스 워튼, 로버트 맥애먼, 아치볼드 맥클리시, 맬컴 카울리 등 그 이름을 하나하나 꼽을 수 없을 만큼 무척 많은 문학가들이 파리로 몰려들었다. 이 점에서는 윌리엄 포크너도 크게 다르지 않았다. 작가를 꿈꾸던 시절부터 그는 늘 대서양 건너쪽을 향하여 고개를 돌리고 있었다. 바로 이 점에서 그는 필립 라브가 말하는 토착 전통의 '홍인종' 작가보다는 유럽 지향적인 '백인종' 작가에 가깝다고 할 수 있다.

　셔우드 앤더슨의 도움으로 포크너는 1925년 5월 『병사의 봉급』의 원고를 보니 앤 라이브라이트에 보냈다. 그러고 나서 7월 초 포크너는 윌리엄 스프래틀링과 함께 화물선 '웨스트 아이비스' 호에 몸을 싣고 뉴올리언스를 떠나 유럽으로 향하였다. 스프래틀링은 몇 해 전 유럽을 방문한 적이 있지만 포

포크너가 문학청년 시절 뉴올리언스에서 사귄 윌리엄 스프래틀링(1900~1967)은 툴레인 대학교에서 건축사를 강의하고 있었다. 그는 포크너와 같은 집에서 세 들어 살았을 뿐 아니라 함께 유럽을 여행하기도 했다.

크너로서는 이번이 처음 여행길이어서 여간 가슴이 설레지 않았다. 건축사를 전공하는 스프래틀링은 몇 해 전처럼 유럽을 여행하면서 유명 건축물을 스케치하고 드로잉을 할 계획이었다. 물론 포크너는 유럽을 여행하며 작가로서 경험을 쌓고 작품의 소재를 구할 생각이었다.

두 사람이 이탈리아의 북서부 항구도시 제노아에 도착한 것은 1925년 8월 초였다. 이탈리아와 스위스를 두루 여행한 뒤 프랑스 파리를 거쳐 그해 12월 미국에 돌아왔다. 그동안 이탈리아에서 포크너와 스프래틀링의 행적은 오리무중으로 거의 알려져 있지 않았다. 그러던 중 최근에 몇몇 자료가 발굴되면서 그들의 행적이 조금씩 밝혀지게 되었다.

포크너와 스프래틀링은 제노아 항구에 도착하자마자 선원 두 사람과 함께 나이트클럽으로 직행하였다. 창녀에 가까운 아가씨들과 함께 새벽 2시까지 술을 마시던 중 스프래틀링은 아가씨들의 기분을 거슬렸을 뿐 아니라 장난삼아 이탈리아 동전을 바닥에 떨어뜨리기도 하였다. 그러자 아가씨들이 동전을 주우려고 소란을 피웠고 바로 그때 이탈리아 경찰관이 다가와 그를 감옥으로 데려갔다. 물론 포크너와 다른 일행은 다른 쪽 테이블에서 술을 마시고 있어 그가 연행되는 것도 모르고 있었다. 스프래틀링이 경찰관에게 연행되어 감옥에서 하룻밤을 보낸 이유는 이탈리아 왕의 초상이 새겨진 동전을 발로 밟았기 때문이었다. 이 말을 전해 들은 포크너는 친구를 동정하기는커녕 오히려 부러워하였다.

처음으로 낯선 나라에서 겪은 이 경험이 포크너의 문학적 상상력에서 그냥 빗겨갈 리 없었다. 아니나 다를까, 그는 미완성으로 남아 있다가 뒤늦게 출간된 소설 『엘머』(1984)에서 이 에피소드를 다룬다. 주인공인 엘머는 이탈리아 청년과 함께 유럽을 여행하던 중 소동으로 감옥에 갇힌 그를 구해준다. 또 포크너는 이 경험을 바탕으로 「엘머의 초상」이라는 역시 미완성 단편소설을 쓰기도 하였다. 물론 그는 이 두 작품에서 공간적 배경을 제노아에서 베네치아로 옮겨놓았다.

한편 포크너는 「나폴리의 이혼」(1931)이라는 단편소설에서도 이와 비슷한 사건을 중심 플롯으로 다룬다. 다만 이 작품에서는 감옥에 갇히는 인물이 엘머가 아니라 화물선의 요리사로 "몸집이 크고 피부가 검은 그리스인"으로 설정되어 있다는 점이 다르다. 또한 요리사가 나이트클럽에서 소란을 피우는 것도 이탈리아 화폐를 발로 짓밟았기 때문이 아니라 '애인'인 칼이 나폴리 나이트클럽에 있는 한 여성과 사라졌기 때문이다. 스프래틀링이 동성연애자라는 사실을 염두에 둘 때 「나폴리의 이혼」이 훨씬 더 사실에 가깝다. 모르긴 몰라도 스프래틀링이 제노아 나이트클럽에서 소동을 벌인 것도 아마 동성애와도 관련이 있었을 것이다.

포크너는 제노아에서 일단 스프래틀링과 헤어져 서로 제각기 여행하였다. 이 무렵 포크너가 작품 끝에 "1925년 8월, 파비아에서"라고 적은 소네트 시 두 편을 쓴 것을 보면 이탈리아 북쪽 지방으로 여행한 것 같다. 이곳에서 우연히 스프래틀링을 다시 만난 그는 함께 이탈리아 북쪽 지방, 특히 밀라노 북쪽 스위스 국경 지역인 스트레사와 마조레 호수 등지를 여행하였다. 그런데 흥미롭게도 이 지역은 어니스트 헤밍웨이가 쓴 『무기여 잘 있어라』(1929)의 후반부에서 중요한 지리적 배경이 된 곳이다. 포크너는 작품 끝에 "1925

년 8월, 마조레 호수에서"라고 적은 소네트를 두 편이나 썼다. 스위스의 몽블랑과 몽트뢰, 제노아 등을 여행한 두 사람은 기차를 타고 파리로 향하였다.

포크너와 스프래틀링이 파리에 도착한 것은 1925년 8월 12일이었다. 포크너에게는 유럽의 도시 중에서 가장 관심 있는 곳이 파리였다. 파리와 비교하면 뉴올리언스는 시골벽지와 크게 다름없었다. 그런데 예술의 메카라고 할 이 세계적인 도시에서 그는 한편으로는 제1차 세계대전의 상처를 목격할 수 있었고, 다른 한편으로는 문학적 자양분을 얻을 수 있었다. 파리의 길거리를 걸으며 그는 '길 잃은 세대들'의 음산한 얼굴 표정을 자주 만나곤 하였다. 목발을 짚고 있거나 한쪽 팔을 잃었거나 상처로 일그러진 얼굴을 한 젊은이들을 만나면서 전쟁이 얼마나 깊은 후유증을 남겼는지 실감하였다. 그런가 하면 루브르 같은 미술관과 박물관을 방문하여 고금의 예술 작품을 감상하고 예술적 영감을 받았다. 12월 초 미국으로 돌아갈 때까지 프랑스의 투렌 같은 지방 도시와 시골, 그리고 영국에 잠깐 다녀온 것을 제외하고는 그는 줄곧 파리에 머물다시피 하였다.

특히 포크너는 흔히 '파리의 푸른 오아시스'라고 부르는 뤽상부르 공원을 무척 좋아하였다. 그래서 파리에서 도착한 지 얼마 되지 않아 포크너는 아예 이 공원 근처에 있는 조그마한 펜션으로 거처를 옮겼다. 공원 벤치에 앉아 지나가는 사람들과 어린 아이들이 연못에 종이배를 띄우며 노는 모습을 지켜보았다. 그는 어머니에게 보낸 편지에서 "이곳에 앉아서 글을 씁니다."라고 적었다. 뒷날 포크너는 이 뤽상부르 공원에서 보고 느낀 경험을 『성역』을 비롯한 작품에서 묘사한다. 비단 이 공원뿐 아니라 파리의

어니스트 헤밍웨이,
1899~1961

다른 지역도 그의 여러 작품에서 배경이나 상징적 이미지 등으로 사용되기도 한다.

헤밍웨이는 1950년 자신의 전기를 쓴 A. E. 호치너에게 "만약 당신이 젊은 시절 다행히 파리에서 살았다면 그 뒤 어디를 가든 파리는 평생 동안 당신과 함께 남아 있을 것이다. 파리는 움직이는 축제이기 때문이다."라고 말한 적이 있다. 그가 사망한 뒤 파리 생활에 관한 글을 한데 모아 회고록을 출간할 때 이 '움직이는 축제'라는 구절을 책의 제목으로 삼았다. 본디 이 표현은 기독교 용어로 부활절처럼 해마다 날짜가 바뀌는 기독교의 '이동 축제일'을 가리킨다. 그러나 헤밍웨이는 파리가 세계 어디를 가나 가슴속에 품고 다닐 수 있는, 말하자면 이동식 축제라는 뜻으로 사용하였다. 파리가 '움직이는 축제'인 것은 비단 헤밍웨이에 그치지 않고 포크너도 마찬가지였다. 포크너도 평생 파리를 가슴에 안고 살아갔다.

포크너는 미국의 다른 '길 잃은 세대' 작가들이나 국외 이주자들처럼 몽마르트보다는 센 강 좌안의 몽파르나스 카페와 나이트클럽에 자주 드나들었다. 물론 생제르맹 드 프레 거리와 그곳의 레 되 마고 같은 카페도 방문하였다. 이 카페는 제임스 조이스를 비롯하여 피츠제럴드와 헤밍웨이 같은 작가들이 자주 드나들던 곳이다. 특히 조이스는 포크너가 흠모해 마지않던 작가였다. 따지고 보면 그가 되고 싶은 작가는 셔우드 앤더슨 같은 작가가 아니라 어디까지나 조이스 같은 작가였던 것이다.

포크너는 조이스와 엘리엇한테서 모더니즘의 세례를 강하게 받았다. 『율리시스』(1922)를 소장하고 있을 만큼 포크너는 이 작품을 읽고 또 읽었다. 그리

제임스 조이스,
1882~1941

고 '모더니즘의 성서'라고 할 이 작품에서 언어, 시간, 여행의 모티프, 의식의 흐름 기법 등을 폭넓게 배웠다. 그래서 『고함과 분노』, 『내 죽으며 누워 있을 때』, 『압살롬, 압살롬!』 같은 작품에서는 조이스의 그림자가 자주 어른거린다. 조이스는 헤밍웨이에게는 좋은 술 친구였지만 포크너에게는 문학적 멘토였던 것이다. 사실주의와 자연주의의 토양인 미국 땅에 본격적으로 처음 모더니즘의 씨앗을 뿌리고 꽃이 피게 한 작가는 다름 아닌 포크너였다. 물론 헤밍웨이나 피츠제럴드한테서도 얼마든지 모더니즘적 성향을 찾아볼 수 있지만 역시 이 두 작가는 모더니즘보다는 사실주의에 뿌리를 박고 있다.

포크너는 언젠가 한번은 카페에 친구들과 함께 앉아 있는 조이스를 먼발치에서나마 바라본 적이 있었다. 어쩌면 조이스는 그때 헤밍웨이와 함께 술을 마시고 있었는지도 모른다. 어찌 되었든 포크너와 헤밍웨이는 동시대에 살면서도 단 한 번도 서로 만난 적이 없었다. 만약 이 두 작가가 서로 만날 수 있었다면 아마 이 카페에서 만날 가능성이 가장 컸다. 이때는 여름 휴가철이어서 국외 이주 작가들은 거의 대부분 파리를 떠나고 없었다. 예를 들어 피츠제럴드 부부만 해도 이미 앙티브로 휴가를 떠난 뒤였다.

뉴올리언스를 떠나기 전 필 스톤은 포크너에게 조이스와 에즈라 파운드와 T. S. 엘리엇에게 보내는 소개장을 써주었다. 그러나 포크너는 이 소개장들을 한 번도 사용하지 않았다. 물론 미시시피 시골 변호사 스톤의 소개장이 이미 문학가로 명성을 떨치고 있는 그들에게 얼마나 효력이 있을지도 알 수 없지만, 수줍고 자의식이 강한 포크너로서는 아마 대가들에게 그 소개장을 내밀 용기가 없었을 것이다. 포크너는 한번은 실비아 비치가 운영하는 유명한 서점 '셰익스피어 앤드 컴퍼니'를 방문한 적이 있었다. 이 서점도 몽파르나스의 카페만큼이나 국외 이주 작가들이 자주 드나들던 곳이다. 문학청

국외 이주 작가들이 자주 드나들던 서점 셰익스피어 앤드 컴퍼니에서 운영자인 실비아 비치와 작가 제임스 조이스가 이야기를 나누고 있다.

년 시절 헤밍웨이는 이 서점에 앉아서 책을 읽거나 이곳에서 책을 빌려 읽으며 문학 수업을 쌓았다.

    포크너가 파리에 머무는 동안에 얻은 가장 큰 수확이라면 역시 새로운 작품을 구상하고 집필했다는 점이다. 앞에서 이미 밝혔듯이 사망할 때까지 미처 마치지 못하고 미완성 작품으로 남아 있다가 사후에 출간된 『엘머』라는 작품이 바로 그것이다. 1925년 8월에서 10월 사이에 집필한 이 작품은 장편소설로서는 『병사의 봉급』 이후 포크너가 두 번째로 시도한 것이다. 4만 개 정도의 어휘로 끝나는 이 미완성 소설을 두고 비평가 토머스 맥해니는 "예술가의 희극적 초상"이라고 부른 적이 있다. 두말할 나위 없이 조이스의 『젊은 예술가의 초상』(1916)을 염두에 둔 언급이다. 맥해니의 말대로 이 작품에서 포크너는 엘머 호지라는 화가 지망생을 주인공으로 삼아 예술가로서

1925년 유럽 여행 중 파리 뤽상부르 공원 철책에 기대 서 있는 포크너. 거의 무전여행을 하다시피 한 그의 모습은 방랑객처럼 보인다.

자신의 심리적 자화상을 그리고 싶었다. 이 작품은 말하자면 작가 자신이 쓰는 '영혼의 자서전'이라고 할 수 있다. 그래서 이 작품에서 그는 의식의 흐름 수법을 비롯하여 무의식, 환상, 기억, 회상, 억압 등 정신분석에서 흔히 사용하는 방법을 도입한다.

더구나 기법과 형식에서 볼 때도 『엘머』는 한 해 전에 집필한 『병사의 봉급』과는 사뭇 다르다. 이 미완성 소설에서 포크너는 전통적인 일직선적 플롯 진행 방법에 의존하지 않고 오히려 파편적이고 단속적인 플롯 구성 방법을 구사한다. 물론 그는 이러한 파편적이고 단속적인 플롯을 상징적 이미지 패턴에 따라 서로 연관시킨다. 다분히 모더니즘적이라고 할 이러한 기법과 형식은 주인공의 심리를 분석하는 데 더할 나위 없이 적절하다.

『엘머』는 비록 미완성으로 끝나 버리고 말았지만 포크너의 작품 세계에서 자못 중요한 역할을 한다. 뒷날 그가 여러 작품에서 사용하게 될 배경, 작중인물, 이미지, 상징, 모티프, 주제 등이 거의 모두 포함되어 있기 때문이다. 가령 젊은 남성 인물이 누이와 어머니에 대해 느끼는 근친상간적 이상 심리, 페티시즘, 나르시시즘, 젠더 정체성 등을 둘러싼 문제를 그는 앞으로 그의 작품에서 중요하게 다루게 될 것이다. 좀 더 구체적으로 말하자면, 환상에 빠지기 잘하는 주인공 엘머는 포크너가 곧 집필하게 될 『모기』에서 예술가 아니스트 탤리아페로나 고든으로 발전한다. 엘머와 조애디의 근친상간적 관계는 『고함과 분노』에서 퀜틴 콤슨과 캐디, 『흙 속의 깃발』과 『성역』에서 호러스 벤슨과 그 누이 나시서한테서도 엿볼 수 있다. 누이가 가출한 뒤 보내준 페인트 튜브에 엘머가 물애적(物愛的) 관심을 느끼는 것은 『고함과 분노』에서 백치인 벤지 콤슨이 캐디가 두고 간 슬리퍼에 관심을 기울이는 것과 아주 비슷하다.

1950년 12월 8일 노벨문학상을 받으러 스톡홀름으로 가기 위해 당시 17세였던 딸 질과 함께 뉴욕 국제공항에서 비행기에 오르는 포크너.

스프래틀링은 다른 일정 때문에 그보다 앞서 1925년 9월 하순에 먼저 귀국하고, 포크너는 두 달 더 머물다가 이해 12월 초 파리를 떠나 뉴욕을 거쳐 옥스퍼드로 돌아갔다. 포크너가 다시 유럽을 찾은 것은 1950년 12월이었다. 1949년도 노벨문학상을 수상하여 그 이듬해 상을 받기 위해 스웨덴의 스톡홀름에 들렀다가 파리에 간 것이다. 이렇게 파리를 다시 찾은 감회가 무척 남달랐을 것이다. 가진 것이라곤 문학에 대한 뜨거운 열정 하나밖에는 없던 빈털터리 문학청년으로 파리를 처음 방문한 지 25년 만에 문학가가 누릴 수 있는 최고의 영예인 노벨문학상을 받고 이 예술의 메카를 다시 찾았기 때문이다. 또 이번 여행에는 예술가 친구가 아닌 이미 숙녀로 성장한 딸이 동행했다는 사실도 감회가 남달랐을 것이다. 그 뒤 포크너는 여러 차례 프랑스를 방문하게 된다.

6. 첫사랑 에스텔의 귀향과 결혼

유럽 여행에서 돌아온 뒤 윌리엄 포크너는 뉴올리언스에 머물면서 두 번째 작품을 집필하였다. 여행 중 그는 윌리엄 스프래틀링과 뉴올리언스에서 같은 아파트를 함께 세 들어 사용하기로 약속했고, 약속대로 스프래틀링은 세인트 피터 거리 근처에 집을 얻었다. 1926년 2월 포크너는 옥스퍼드를 떠나 뉴올리언스에 내려갔다. 이 무렵 『병사의 봉급』이 출간되자 그는 파리에서 쓰던 『엘머』의 원고를 덮어두고 두 번째 작품 『모기』를 집필하기 시작하였다. 물론 두 번째 소설은 예술가 소설(퀸스틀러로만)이라는 점에서 『엘머』와 그렇게 동떨어져 있지 않다.

이 무렵 뉴올리언스의 생활에서 한 가지 눈여겨볼 것은 포크너가 '헬렌 베어드'라는 여성을 좋아했다는 점이다. 유럽 여행을 떠나기 전부터 좋아했지만 1926년 뉴올리언스에 머물면서 그녀에게 더욱 열을 올렸다. 포크너는 1925년 프렌치 쿼터에서 열린 어느 파티에서 그녀를 처음 만났다. 첫눈에 반한다는 말도 있지만 그는 헬렌을 보자마자 그야말로 첫눈에 반하고 말았다. 그 뒤 두 사람은 몇 년 동안 뉴올리언스는 말할 것도 없고 미시시피 주 걸프 해안에 위치한 도시 파스커굴러에서도 만났다. 포크너

포크너가 뉴올리언스에 머물던 1920년대 중엽에 사귀던 헬렌 베어드. 남부 귀족 여성의 생활 방식에 익숙한 그녀에게 자유분방한 삶을 추구하는 포크너는 사랑을 이룰 수 없는 상대였다.

는 잉크와 펜으로 드로잉을 그리고 수채화를 곁들여 『오월제』(1976)라는 우화집을 손수 만들어 그녀에게 증정하였다. 역시 같은 방법으로 그가 그녀에게 증정한 『헬렌: 구애』라는 시집은 시로 쓴 연애편지와 다름없었다. 이 밖에도 그는 『모기』와 『야성의 종려』를 그녀에게 헌정하기도 하였다.

헬렌도 포크너를 좋아했지만, 포크너한테서 막상 청혼을 받자 그와 결혼하고 싶지는 않았다. 두 사람의 생활 방식이 달라도 너무 달랐기 때문이다. 포크너는 이 무렵 예술가들이 흔히 그러듯이 보헤미안처럼 살고 있던 반면, 헬렌은 전통적인 남부 귀족 여성으로 살고 있었다. 1927년 결국 헬렌은 다른 남성과 결혼했지만, 이후에도 두 사람은 가끔 만나고 편지도 주고받았다. 그로부터 30년 뒤 파스커굴러를 다시 찾은 포크너는 해변을 배회하던 중 우연히 헬렌을 만나 잠시 대화하고 헤어졌다. 그러나 헬렌은 포크너의 상상 속에서 여전히 청순한 여성으로 남아 있었다. 앞서 언급한 미완성 소설 『엘머』의 머틀 먼슨을 비롯하여 『모기』에 등장하는 퍼트리셔 로빈, 『야성의 종려』에 나오는 샬럿 리튼마이어 등은 하나같이 헬렌을 모델로 삼은 인물이다.

이 무렵 포크너가 좋아한 여성은 비단 헬렌 베어드만이 아니었다. 첫사랑 에스텔 올드햄도 그중 한 사람이었다. 에스텔이 코넬 프랭클린과 결혼한 지 십 년도 채 되지 않아 두 사람의 관계는 삐걱거리기 시작하였다. 남편의 변호사 업무 관계로 신혼 초 대부분 시간을 극동 지역에서 보낸 것도 두 사람이 불화를 겪게 된 이유 중 하나였다. 딸과 아들을 낳았지만, 에스텔은 한때 자살을 기도한 적이 있을 만큼 결혼 생활이 불행하였다.

헬렌이 결혼한 1927년 에스텔은 이혼숙려 기간이 지나자 곧바로 이혼서류를 접수한 뒤 딸 빅토리아와 아들 맬컴을 데리고 하와이를 떠나 친정집 옥스퍼드로 돌아왔다. 포크너에게는 첫사랑을 되찾을 수 있는 더할 나위 없이 좋은 기회였다. 물론 그 이전에도 에스텔은 옥스퍼드 친정집에 돌아와 한동안 지낸 적이 있어 그럴 때마다 두 사람은 서로 만났다. 그러나 이번 귀향은 그때와는 상황이 아주 달랐다.

포크너는 속으로 은근히 에스텔이 프랭클린과 정식으로 이혼하고 자신과 결혼하기를 바랐다. 그의 유일한 동화책인 『소원을 비는 나무』(1967)의 마지막 장면에서 포크너는 주인공 덜시의 어머니에 대해 화자의 입을 빌려 "몸이 아주 가냘프고 키가 큰 미인이었다. 진지하면서도 슬픈 듯한 두 눈은 바닷물처럼 자주 변했다."라고 묘사한다. 여러모로 미루어보아 에스텔의 모습을 염두에 두고 쓴 글임이 틀림없다. 물론 이 무렵 포크너는 전보다는 훨씬 유리한 입장에서 에스텔에게 접근할 수 있었다. 그녀가 자식이 둘이나 딸린 이혼녀였기 때문인지는 몰라도 그녀의 부모가 그를 대하는 태도가 이전과는 눈에 띄게 달랐다. 에스텔도 전보다 훨씬 다정하게 포크너를 대해주었다.

포크너는 에스텔과 정식으로 결혼하기 전까지 온갖 방법을 동원하여 그녀에게 구애하였다. 그런데 그가 사용한 구애 방법이 아주 유별나다. 그녀에게 직접 접근하기보다는 프랭클린 사이에서 낳은 그녀의 아이들과 친하게 지내는 등 간접적으로 접근하였다. 군사 용어를 빌려 말하자면, 그는 정면 공격보다는 측면 공격을 시도했던 것이다. 포크너는 특히 '초초'라는 애칭으로 부르던 빅토리아와 가깝게 지냈다. 남동생만 셋이 있을 뿐 여동생이나 누나가 없는 그는 빅토리아를 무척 좋아하였다. 5센트짜리 바닐라 웨이퍼 과자를 함께 나눠 먹으며 집 근처 숲 속을 산책하거나 요정과 귀신이 나오는 옛날이야기를 들려주면서 아이의 환심을 샀다.

에스텔의 마음에 들려고 포크너가 동원한 구애 방법 중에서도 빅토리아에게 준 생일 선물은 가장 관심을 끌 만하다. 빅토리아가 여덟 살이 되던 생일날 포크너는 손수 책을 만들어 그녀에게 선물하였다. 그가 직접 이야기를 짓고 타자기로 원고를 친 뒤 색깔 있는 종이로 표지와 장정을 예쁘게 꾸며 한 권의 책으로 만들었다. 모두 47쪽이 되는 이 책에는 헌정 시와 함께 "1927년 2월 5일"이라는 날짜가 적혀 있다. 포크너는 이 책에 '소원을 비는 나무'라는 제목을 붙였다. 그리고 속표지에는 "여덟 번째 생일을 맞는 / 사랑하는 친구 / 빅토리아를 위해 / 빌이 이 책을 / 만들었노라."라고 헌정문을 썼다. 바로 포크너의 유일한 동화인 『소원을 비는 나무』가 탄생한 순간이었다.

『소원을비는나무』
(1967)

여기에서 한 가지 흥미로운 점은 포크너가 『소원을 비는 나무』를 빅토리아 프랭클린에게만 준 것이 아니라는 사실이다. 그녀에게 이 책을 선물할 무렵 그는 또 다른 어린이에게도 똑같은 책을 똑같은 형식으로 만들어 선물하였다. 포크너는 미시시피 대학교에서 특별학생 자격으로 강의를 들은 적이 있었는데 이때 강의를 맡은 여강사의 딸 마거릿 브라운에게 빅토리아에게 준 것과 똑같은 내용의 책을 선물했던 것이다. 그로부터 20여 년이 지난 1948년 포크너는 브라운에게 선물한 책을 빌려 조금 다르게 책을 만든 다음 자신의 대자(代子)인 필립 앨스턴 스톤에게, 그리고 그의 친구요 연극배우 겸 영화배우인 루스 포드의 딸 셸리에게 크리스마스 선물로 한 권씩 주었다. 그러니까 그는 『소원을 비는 나무』를 모두 네 부 만들어 나누어준 셈이다. 이렇게 선물을 줄 때마다 포크너는 그 책을 선물 받는 사람을 위해 특별히 만들었다는 인상을 심어주었다.

『소원을 비는 나무』는 그동안 빅토리아 필든이 개인 기념품으로 소장

포크너가 한때 좋아한 배우 루스 포드. 포크너는 루스의 환심을 사려고 동화『소원을 비는 나무』를 직접 쓰고 제본하여 그녀의 어린 딸 셸리에게 크리스마스 선물로 주었다.

하고 있다가 선물 받은 지 40년 뒤인 1967년에서야 비로소 햇빛을 보게 되었다. 이해 미국의 주간지『새터데이 이브닝 포스트』가 4월 8일 자로 이 작품을 처음 전재했고, 그로부터 사흘 뒤 랜덤 하우스 출판사에서 돈 볼로네즈의 삽화를 곁들여 단행본으로 출간하였다.

이보다 조금 앞서 포크너는 에스텔이 쓴 소설을 출간해주려고 애쓴 적도 있다. 프랭클린과의 결혼 생활 틈틈이 그녀는『하얀 너도밤나무』라는 장편소설을 집필하였다. 포크너는 몇 달 전 자신의 처녀소설『병사의 봉급』을 출간한 뉴욕의 보니 앤 라이브라이트 출판사 사장 호러스 라이브라이트에게 편지를 보내 이 원고의 출간 의사를 타진하였다. 이 편지에서 포크너는 "문학적 열망은 전혀 없지만 다만 시간을 보내려고 쓴 작품"이라고 전제한 뒤 자신의 판단으로는 "꽤 괜찮은 작품"이라고 추천 이유를 밝혔다.

그러나 이 원고를 직접 타자본으로 만든 포크너는 원고를 보니 앤 라이브라이트 출판사에 보내는 대신 찰스 스크리브너스 출판사에 보냈다. 출간할 수 없다는 편지와 함께 원고가 반송되어 오자 에스텔은 화가 나서 그만 원고를 불태워버렸다. 그러자 포크너는 오히려 그녀에게 화를 냈다. 자신은 수없이 원고를 거절당했는데도 원고를 불태우지 않았는데 겨우 한 번 거절당하고 나서 원고를 불태워버렸다고 말이다.

포크너가 이렇게 손수 책을 만들어 주위 사람들에게 선물로 준 것은 비단 『소원을 비는 나무』가 처음이 아니다. 앞에서 이미 언급하였듯이 1921년에도 그는 이미 남의 아내가 된 에스텔에게 『봄의 꿈』이라는 시집을 타자본으로 만들어 증정하였다. 90쪽 가까이 되는 본격적인 시집으로 아직도 첫사랑을 잊지 못하고 있다는 증거이다. 말하자면 포크너는 첫사랑의 꿈에서 완전히 깨어나지 못하고 있었다. 아니면 마음속으로 에스텔과 프랭클린의 결혼이 한바탕 어지러운 꿈이기를 바랐는지도 모른다. 1924년 포크너는 옥스퍼드 초등학교 시절부터 잘 알고 지내던 머틀 래미라는 여성을 위해 『미시시피 시』라는 시집을 만들어 선물하

포크너가 첫사랑 에스텔 올드 햄에게 손수 만들어 증정한 시집 『봄의 꿈』. 에스텔이 결혼한 뒤에도 포크너는 그녀를 잊지 못했다. 표지 가운데 원 속의 여성이 에스텔이다.

였다. 그런가 하면 앞에서 이미 언급했듯이 뉴올리언스에 머물던 1925년과 1926년에는 헬렌 베어드를 위해 우화집 『오월제』와 시집 『헬렌: 구애』를 손수 만들어 그녀에게 선물하기도 하였다. 이렇듯 포크너에게 책을 만들어 선물하거나 책을 출간하도록 도와주는 것은 사랑하는 연인에게 구애하는 방법, 아니 좀 더 정확히 말하면 연인의 마음을 사려는 한 편법이었던 것이다.

이렇게 포크너가 온갖 방법을 동원하여 구애한 결과 두 사람은 1929년 11월, 그러니까 에스텔이 프랭클린과 결혼한 지 11년, 이혼 서류를 제출한 지 2년 만에 마침내 결혼하기에 이르렀다. 결혼과 더불어 빅토리아를 양딸로, 맬컴을 양아들로 받아들였다. 집안 식구들과 주위 사람들을 의식해서인지 두 사람은 옥스퍼드에서 북쪽으로 15킬로미터쯤 떨어진 칼리지 힐에서 조촐하게 결혼식을 올렸다. 그리고 곧바로 뉴올리언스에 머물 때 가끔 들르던 파

1955년 5월 6일 아내 에스텔과 함께 로언 오크 정문 앞에서 포즈를 취한 포크너.

스커굴러로 신혼여행을 떠나 여름이 끝날 때까지 거기에 머물렀다.

그러나 이 두 사람의 결혼은 신혼여행 때부터 여러 문제가 노출되기 시작하였다. 에스텔은 신혼여행 중에도 자살을 기도할 정도로 정서가 불안정하였다. 『고함과 분노』를 출간하여 받은 인세로 1930년 포크너가 남북전쟁 이전에 지은 저택 로언 오크를 구입했을 때 그녀는 집의 상태를 보자마자 울음을 터뜨렸다고 한다. 지은 지 백 년 가까이 되는 집이 새 집 같을 리 없었고, 포크너는 이 낡은 집을 개조할 계획을 세우고 있었다. 그러나 새 집 같은 상태를 기대했던 에스텔은 몹시 실망했던 것이다.

에스텔은 코넬 프랭클린과의 첫 번째 결혼 중에도 다른 남자를 만나 혼외정사를 가졌고 음주벽이 있었다. 그녀에게 질세라 포크너는 포크너대로 과음이 잦고 혼외정사를 벌였다. 그래서 두 사람은 신혼 초부터 걸핏하면 다투기 일쑤였고, 그럴 때마다 그들은 술로 울분을 달래곤 하였다. 1931년 첫딸 앨라배마를 낳았지만, 태어난 지 아흐레 만에 사망하고, 1933년 둘째딸 질을 낳은 뒤에도 두 사람의 관계는 좀처럼 개선되지 않았다. 1961년 포크너가 사망할 때까지 두 부부는 마치 남남처럼 냉랭한 사이로 지냈다. 심지어 남편이 노벨문학상을 받았을 때도 에스텔은 그를 따라 스웨덴의 스톡홀름에 가지 않았다. 빨리 달아오른 쇠가 금방 식듯이 이 두 사람의 애정도 뜨거웠던 만큼 쉽게 식어버렸던 것이다.

7. 초기 소설 『병사의 봉급』과 『모기』

윌리엄 포크너는 셔우드 앤더슨의 추천으로 1926년 『병사의 봉급』을 출간하면서 비로소 명실공히 소설가로서 정식으로 문단에 데뷔하였다. 이 소설은 제1차 세계대전 이후 삶의 방향 감각을 상실한 젊은이를 다룬 이른바 '길을 잃은 세대' 전통에 속하는 작품이다. 존 도스 패서스의 『세 명의 병사』(1921)나 F. 스콧 피츠제럴드의 『낙원의 이쪽』(1920), 어니스트 헤밍웨이의 『태양은 다시 떠오른다』(1926)와 마찬가지로 이 소설도 제1차 세계대전 이후의 환멸과 절망을 다룬다. '도널드 메이혼'이라는 젊은이가 영국 공군의 장교로 참전했다가 심한 부상을 입고 귀향하여 마침내 사망한다는 내용이 이 작품의 중요한 플롯을 이룬다. 감독교파 교회의 목사인 도널드의 아버지는 아들의 죽음 때문에 결국 종교적 신념마저 흔들린 채 삶의 의미를 거의 완전히 상실하며, 도널드의 약혼녀 세실리 손더스는 도널드가 사망하기 전부터 이미 방탕한 생활을 일삼음으로써 자신이 처해 있는 절망으로부터 도피한다. 그러나 본질적으로 이 소설은 인간과 인간 사이 의사소통의 어려움, 삶의 일부로서의 죽음과 고통, 그리고 인간 실존의 부조리와 절망감 등의 문제를 중심 주제로 취급한다.

더구나 『병사의 봉급』은 여러모로 포크너 특유의 예술적 특징을 엿볼 수 있는 작품이다. 무엇보다도 작가 특유의 작중인물들이 초기 형태로나마 등장한다. 예를 들어 도널드는 『흙 속의 깃발』(『사토리스』)의 젊은 베이어드 사

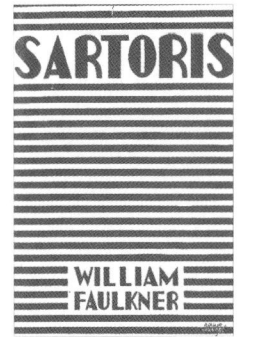

포크너의 세 번째 장편소설 『사토리스』(1929)의 초판 표지. 이 작품에서 포크너는 처음으로 신화적 왕국 요크너퍼토퍼 군과 제퍼슨 읍을 창조했다. 앞으로 포크너의 작품은 이 상상의 공간에서 전개된다.

토리스, 세실리는 『성역』과 『어느 수녀를 위한 진혼곡』에 등장하는 템플 드레이크, 세실리의 부모와 캐롤라인 넬슨은 각각 『고함과 분노』의 콤슨 부부와 흑인 유모 딜지를 연상시키는 인물들이다. 그뿐 아니라 이 소설은 조지아 주 찰스타운이라는 소도시를 지리적 배경으로 삼지만, 이곳은 여러모로 미시시피 주 요크너퍼토퍼 군의 제퍼슨과 닮아 있다. 그리고 소설의 기법에서도 이 소설에는 시간의 사용, 내면 독백, 서로 다른 사건의 병치, 또는 동일한 사건에 대한 서로 다른 반응처럼 뒷날 포크너가 과감하게 사용할 실험적 기교를 부분적으로나마 사용하고 있다.

포크너의 두 번째 소설 『모기』 역시 아직 작가의 재능이 충분히 발휘되지 못한 습작 소설에 지나지 않는다. 작가 자신이 뒷날 고백하듯이 이 소설은 "목수가 일류 목수가 되기 위해 처음 일을 배울 때 서툴게 잘라놓은 나무토막과 같은 작품"이다. 『병사의 봉급』이 앤더슨의 영향을 받고 쓴 작품이라면, 『모기』는 영국 작가 올더스 헉슬리의 영향을 받고 쓴 관념소설이다. 삶의 경험이 비교적 극적으로 형상화된 첫 번째 소설과는 달리 이 소설에는 이렇다 할 플롯이나 사건의 진행이 없다. 즉, 예술을 사랑하는 한 무리의 사람들이 뉴올리언스 근교 호수에서 요트 여행을 즐기며 담소하는 것이 이 소설의 중요한 플롯을 이루고 있다. 그런데 그들이 서로 주고받는 이야기는 주로 예술, 삶, 아름다움, 섹스 등으로 그 화제가 자못 다양하다.

또한 『모기』는 관념소설 못지않게 실명(實名)소설이기도 하다. 실명소설(roman à clé)이란 글자 그대로 '열쇠(clé)가 달린 소설(roman)'이라는 뜻이다.

열쇠로 문을 열 수 있듯이 실명소설에서는 작품에 나타난 단서만 잘 이용하면 작품에 등장하는 작중 인물이 과연 어떤 실제 인물에 바탕을 두고 있는지, 또 어떤 실제 역사적 사건에서 플롯을 빌려 오는지 비교적 쉽게 알아차릴 수 있다. 실제 인물을 모델로 삼아 작중 인물을 만들었다고 하여 이 소설은 흔히 '모델 소설'이라고도 부른다. 피츠제럴드의 『낙원의 이쪽』도, 헤밍웨이의 『태양은 다시 떠오른다』도, 올더스 헉슬리의 『연애 대위법』(1928)도 장르로 보면 하나같이 실명소설에 속한다. 『모기』에서 포크너는 뉴올리언스에 머무는 동안 친분을 맺었던 셔우드 앤더슨과 윌리엄 스프래틀링 같은 실제 인물들을 작중 인물로 등장시킨다. 그런데 더욱 흥미로운 것은 작가 자신과 이름이 똑같은 '포크너'라는 인물도 등장한다는 점이다.

포크너가 『모기』에서 다루는 중심 주제는 말과 행동의 불일치라고 할 수 있다. 이 작품에 등장하는 작중 인물들은 크게 두 부류로 나뉜다. 첫 번째 부류의 인물은 사업가 어니스트 탈리아페로가 대표하는 사람들로서 이렇다 할 행동도 하지 않고 오로지 말만 장황하게 늘어놓는 사람들이다. 한편 조각가 고든이 대표하는 두 번째 부류 인물은 말보다는 행동을 중요시하는 사람들이다. 혼자 살고 있는 탈리아페로는 언제나 아름다운 여인을 유혹할 계획을 세우는 데 대부분의 시간과 정력을 낭비한다. 그는 만나는 사람마다 자신이 계획하고 있는 유혹 이야기를 늘어놓지만, 그 계획은 빈번히 빗나가고 만다. '제니 스타인바우어'라는 십 대의 젊은 아가씨를 유혹하기 위해 요트 여행에 나서는 그는 이번에도 무참히 그의 계획을 이루지 못한다.

한편 고든은 모든 면에서 탈리아페로와는 뚜렷이 대조되는 인물이다. 그는 요트 여행에 참가하면서도 다른 작중 인물들이 주고받는 무익한 담소에 적지 않은 혐오감을 보이면서 "지껄여대고 또 지껄여대고, 정말로 가슴이

터질 듯하게 어리석은 말들······. 관념이나 생각은 그저 단순한 소리가 되어 서로 치고받다가 마침내는 아무 의미도 없이 사라져버렸다."라고 내뱉는다. 고든 역시 탈리아페로처럼 '패트리셔 로빈'이라는 젊은 아가씨에게 적지 않은 매력을 느끼며, 그 시도가 좌절되자 그는 육체적 욕망을 만족시키기 위해 사창가를 찾아간다. 포크너는 말과 행동 사이의 불일치나 간극의 문제를 뒷날 『내 죽으며 누워 있을 때』에서 좀 더 극적으로 다룬다. 주인공 애디 번드런 역시 고든과 마찬가지로 언어의 공허성과 무익성에 남다른 혐오를 느낀다.

더욱이 『모기』는 포크너의 어느 작품보다도 그의 예술관이나 예술 이론이 가장 잘 표현되어 있는 작품이다. 그의 예술관을 쉽게 이해하기 위해서는 이 작품을 읽는 것보다 좋은 방법은 없다. 예술에 대해 그가 말하는 내용이 한두 가지가 아니지만, 줄잡아 대여섯 가지로 요약할 수 있다. 첫째, 예술가는 누구보다도 험난한 가시밭길을 걷는 사람이다. 이에 대해 포크너는 "예술가란 참으로 힘든 일을 하는 사람이다. (······) 그것은 고독하고 기나긴 길이다."라고 잘라 말한다.

둘째, 예술은 굳이 특정한 이데올로기에 얽매일 필요가 없다. 즉 포크너는 예술의 사회적 기능이나 윤리적 기능을 별로 중요하게 여기지 않는다. 이를 달리 바꾸면 예술의 자기목적성, 즉 심미적 기능에 무게를 싣는다는 말이된다. 이 점과 관련하여 포크너는 "예술은 반드시 그 무엇을 의미할 필요는 없다."라고 말한다. 아름다운 도자기를 반드시 물건을 담아두는 그릇으로 사용할 필요는 없는 것과 같은 이치이다. 사람들이 도자기를 바라보고 미적 쾌감을 느끼면 그 임무를 충분히 수행한 것이 된다.

셋째, 예술 창작 행위란 예술가가 현실에서 얻지 못한 것을 보상적으로 얻는 행위이다. 이렇게 예술을 소망 실현으로 파악한다는 점에서 포크너는 지그문트 프로이트와 비슷하다. 프로이트는 일찍이 예술가를 정신분석적 관점에서 파악하여 '예술가란 현실에서 구하지 못한 것을 예술 창작을 통해 대리적으로 만족을 얻는 사람'이라고 정의하였다. 포크너는 이 점과 관련하여 "작가가 사용하는 모든 언어는 궁극적으로는 어느 한 여인에게 인상을 주기 위한 것이다. 대부분 여인이 으레 그렇듯이 어쩌면 그녀는 피와 살을 가진 살아 있는 인간이 아닐지도 모른다. 그녀는 오직 한 욕망의 상징에 지나지 않을 수도 있다."라고 말한다.

넷째, 예술가는 지역성과 보편성, 특수성과 일반성 사이에서 균형과 조화를 꾀해야 한다. 자신이 자라온 구체적인 지역에 뿌리를 박은 채 예술 활동을 하되, 어디까지나 보편적이고 일반적인 주제를 다루어야 한다. 물론 이러한 예술관은 앞에서 이미 지적했듯이 조지 무어와 셔우드 앤더슨한테서 배운 것이다. 지역성과 특수성에 대해 포크너는 "예술 창조의 기능은 지리에 달려 있다." 또는 "옥수수를 심을 땅이 없이는 옥수수를 재배할 수 없는 법이다."라고 말한다. 한편 보편성과 일반성에 대해 그는 "삶은 어느 곳에서나 마찬가지이다. 삶을 영위하는 방법은 다를지 모른다. (……) 그러나 인간이 예로부터 강요받고 있는 심리적 부담, 의무와 성향 —즉, 그가 살고 있는 다람쥐 집의 축과 원주는 변하지 않는다."라고 말한다.

다섯째, 예술가로서의 삶과 개인으로서의 삶 사이에는 서로 갈등과 긴장이 있을 수밖에 없다. 이 두 가지를 화해시키려는 것은 마치 불과 얼음을 서로 결합하려는 것과 같다. 포크너는 "책은 작가의 은밀한 삶, 작가의 어두운 쌍둥이다. 그 둘을 서로 화해시킬 수 없다."라고 잘라 말한다. 포크너는 마치 자신의 삶을 두고 말하는 것 같다.

마지막으로, 예술가는 '머리'로 작품을 창조하는 것이 아니라 어디까지

타자기 앞에 앉아 있는 포크너. 그는 먼저 연필로 원고를 쓴 다음 타자기로 다시 옮기면서 작품을 수정하고 보완했다.

나 '마음'으로 작품을 창조한다. 예술 창조에서는 논리나 이성보다는 감성이나 직관이 훨씬 중요한 원동력이 된다. 포크너는 "사랑·삶·죽음·섹스·슬픔 같은 이 세상을 이루는 진부한 우연 사건"을 작품의 소재로 삼아 "찬란하고 영원한 아름다움의 세계"를 창조해야 한다고 지적한다. 그런데 여기에서 중요한 것은 예술 창조에서는 예술가의 정신이나 두뇌가 아니라 "수난 주일과 같은 인간의 마음"이 원동력이 되어야 한다는 점이다. 적어도 이 점에서 포크너는 고전주의자나 사실주의자라기보다는 다분히 낭만주의자나 모더니스트라고 볼 수 있다.

8. 신화적 왕국 '요크너퍼토퍼'의 창건

윌리엄 포크너가 헤밍웨이처럼 처음에는 시인이 되려고 하다가 소설가가 되었다는 것은 이미 앞에서 밝혔다. 시인이란 '만들어지는' 것이 아니라 '태어나는' 법이다. 예술의 신 무사이(Musai: 학예의 신)의 영감을 받지 않고서는 시인이 된다는 것은 거의 불가능하다. 앞에서 이미 언급했듯이 포크너는 시를 창작하기가 쉽지 않다는 사실을 깨닫자 단편소설에 손을 대었고, 단편소설 또한 그렇게 녹록하지 않다는 사실을 알아차리고는 마침내 장편소설에 관심을 기울였던 것이다.

유럽 여행에서 돌아온 직후 포크너는 이제 시인에 대한 미련을 떨쳐버리고 소설에만 전념하였다. 『병사의 봉급』이 1926년 2월에 출간되었고, 그 뒤부터 그는 파스커굴러에 머물며 여름 내내 두 번째 작품 『모기』의 집필에 전념하였다. 그런데 포크너가 미시시피 최남단 항구 휴양 도시에 자주 머물 수 있었던 것은 그의 문학적 멘토인 필 스톤의 배려 덕분이었다. 스톤의 처가 쪽 친척이 그곳에서 사업을 하고 있어서 포크너가 쉬면서 작품을 쓸 수 있도록 거처를 마련해주었던 것이다. 옥스퍼드 생활이 지루할 때면 그는 이곳에 내려와 휴식을 취하면서 작품을 썼다. 또 뉴올리언스에 머물며 작품을 쓰기도 하였다. 이 두 도시는 줄잡아 150킬로미터밖에 떨어져 있지 않아 자동차로 한 시간 반 정도면 갈 수 있었다.

헤밍웨이는 언젠가 불행한 유년 시절이 작가에게 더할 나위 없이 좋은 자산이 된다고 말한 적이 있다. 그러나 포크너에게는 불행한 결혼 생활이 곧 소중한 자산이 되었다. 신혼여행 때부터 삐걱거린 두 사람의 결혼 생활은 옥스퍼드에서 신접살림을 마련한 뒤에도 크게 달라지지 않았다. 에스텔과 갈등을 겪을 때마다 포크너는 뉴올리언스나 파스커굴러에 내려와 작품을 썼다. 결혼한 직후 가장(家長)으로서 가족을 부양하기 위해 가을에는 미시시피 대학교의 발전소에서 일한 적도 있다. 그러나 그는 곧 그만두고 작품을 집필하는 데 시간과 정력을 쏟았다.

1920년대 말부터 1930년대 말까지 줄잡아 십 년 동안 포크너의 창작 에너지는 그야말로 최고조에 달하였다. 미국 문학사에서, 아니 세계 문학사를 통틀어 이렇게 짧은 기간에 그처럼 훌륭한 작품을 많이 집필한 작가를 찾아보기 어렵다. 포크너의 두 번째 장편소설 『모기』가 출간된 것은 1927년 4월이었다. 그렇다면 이 작품은 첫 장편소설 『병사의 봉급』이 출간된 지 겨우 일 년여 만에 나온 셈이다.

이 두 작품은 접어두고라도 포크너는 여세를 몰아 잇달아 세 번째 장편소설을 집필하여 출간하였다. 그를 소설가의 반열에 올려놓은 첫 작품인 『흙 속의 깃발』이 '사토리스'라는 제목으로 1929년 1월에 출간되었던 것이다. 헤밍웨이가 보니 앤 라이브라이트에서 찰스 스크리브너스 출판사로 옮긴 것처럼 포크너도 보니 앤 라이브라이트에서 하코트 브레이스 출판사로 옮겼다. 뒷날 포크너의 의도를 최대한으로 살려 '흙 속의 깃발'이라는 제목으로 다시 출간된 이 소설은 다음 장(章)에서 자세히 언급하겠지만, 포크너의 문학 세계에서 가장 획기적인 작품 중의 하나이다.

포크너는 『사토리스』를 출간한 지 아홉 달 뒤에는 『고함과 분노』를 출간하였다. 또 1930년 10월에는 『내 죽으며 누워 있을 때』를, 그 이듬해 2월에는 잇달아 『성역』을 출간하였다. 또 1932년에는 『팔월의 빛』을 출간하였다. 포크너의 최대 걸작으로 흔히 꼽히는 『압살롬, 압살롬!』을 출간한 것이 1936년이다. 더구나 이 무렵부터 그는 미국에서 내로라하는 잡지에 단편소설을 발표하기 시작하였다. 그래서 1931년에는 그동안 발표한 열세 편을 한데 모아 『이 13편』이라는 단편집을, 1934년에는 『마티노 의사 및 기타 단편』을 출간하기도 하였다. 이로써 그동안 미

『성역』(1931)의 초판 표지

국 문단의 말석에서 앉아 있던 포크너는 이제 문단의 상석에 바싹 다가가 앉게 되었다. 장편소설만 헤아려도 지금까지 모두 일곱 권을 출간하였다. 장편소설 일곱 권이라면 피츠제럴드나 헤밍웨이가 평생 쓴 작품의 수와 맞먹거나 넘어선다.

포크너는 장편소설가로 문단에 막상 데뷔는 했어도 그의 처녀 작품 『병사의 봉급』과 두 번째 작품 『모기』는 아직 습작의 수준에서 크게 벗어나지 못하였다. 이 두 작품은 작가 자신이 여러 차례 밝혔듯이 어디까지나 "재미 삼아 쓴" 작품이거나 "목수가 일류 장인이 되려고 처음 일을 배울 때 서툴게 잘라 놓은 나무토막"에 지나지 않았다. 이 두 작품에서 포크너는 선배 작가들의 작품들을 흉내 내면서 작가로서 앞으로 나아가게 될 방향을 모색하고 있었을 뿐, 작가로서의 역량을 마음껏 발휘하지는 못하였다. 그러나 세 번째 장편소설 『사토리스』, 즉 『흙 속의 깃발』을 쓰면서부터 포크너는 비로소 소설가로서 본격적인 궤도에 들어서게 된다. 이 작품은 그의 습작 시대를 마무리하는 마지막 작품인 동시에 그 위대한 전성시대를 여는 첫 번째 작품이다. 이 소설과 더불어 포크너는 이제 명실공히 미국의 모든 현대 작가 가운데에서

가장 뛰어난 작가의 한 사람으로 우뚝 서게 되었다.

　포크너가 이렇게 소설가로서 획기적인 전환점을 맞게 된 데에는 충분히 그럴 만한 까닭이 있었다. 『흙 속의 깃발』을 쓰면서 비로소 그는 자신의 상상력을 가장 효과적으로 구사할 수 있는 작품의 소재와 배경 그리고 주제를 찾아냈기 때문이다. 이 작품에서 자신이 태어나 자라온 북부 미시시피 주 라피에트 군과 옥스퍼드 읍을 모델로 삼아 신화적 왕국이며 소우주인 '요크너퍼토퍼' 군과 '제퍼슨' 읍을 창조하는 데 성공하였다. 그의 예술 세계에서 이러한 신화적 왕국과 소우주의 발견은 마치 이탈리아의 탐험가 크리스토포로 콜롬보가 아메리카 대륙을 발견한 것만큼이나 획기적인 일이었다. 실제로 그가 소설가로서 큰 성공을 거둘 수 있었던 것도 꼼꼼히 따져보면 자신이 잘 알고 있던 "우표딱지만 한 고향 땅"을 작품의 소재와 배경으로 적절히 사용함으로써 미국 남부에 국한된 특수한 삶의 경험을 좀 더 보편적인 삶의 경험으로 끌어올렸기 때문이다.

　그러나 포크너가 그의 신화적 왕국 요크너퍼토퍼와 제퍼슨을 창조하게 된 것은 콜롬보가 아메리카 대륙을 발견했듯이 그렇게 우연한 일은 아니었다. 일찍이 작가가 되기로 마음먹은 때부터 그는 문학이란 어디까지나 개인적인 경험과 특정한 지역에 바탕을 두고 써야 한다고 굳게 믿고 있었다. 더구나 포크너는 체계적으로 자신만의 상상의 공간을 창안해낼 필요성을 절실히 느꼈다. 그가 그의 신화적 왕국 요크너퍼토퍼 군과 제퍼슨 읍을 창조하기에 앞서 이미 미국과 영국의 몇몇 시인과 소설가는 상상력을 발휘하여 이러한 신화적 왕국을 건설한 적이 있었다. 예를 들어 월트 휘트먼 이후 미국 시단에 토착적 전통을 세우는 데 크게 이바지한 에드윈 알링턴 로빈슨은 젊은 시절을 보낸 미국의 동북부 지방 메인 주의 가디너를 모델로 삼아 '틸베리'라는

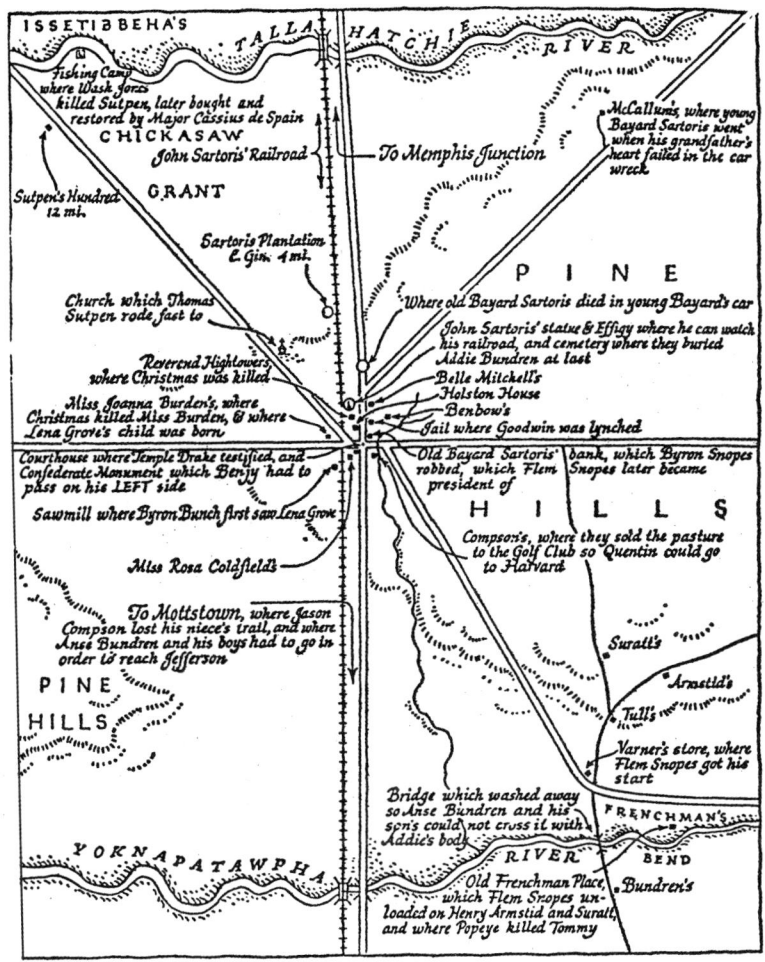

포크너가 직접 그린 미시시피 주 요크너퍼토퍼 군 제퍼슨 읍 지도. 이 지도에서 그는 주요 작품의 지리적 배경을 밝힌다. 맬컴 카울리가 편집한 『포터블 포크너』(1946)에 처음 실렸다.

상상의 지역을 창조한 뒤 그곳을 배경으로 일련의 시 작품을 썼다. 에드거 리 매스터스는 미국 중서부 지방을 모델로 한 '스푼리버'라는 상상의 공간을 창조하여 사실주의적 전통에서 시를 써서 관심을 끌었다.

미시시피 주 튜펠로에서 옥스퍼드를 향해 서쪽으로 오는 길목에 서 있는 표지판. 실제 지명인 라피에트 군 대신에 상상의 공간인 '요크너퍼토퍼 군 입구'라고 적혀 있다. 사실과 허구가 자못 헷갈린다.

포크너가 그의 신화적 왕국을 창조하는 데 큰 영향을 받은 문학가는 시인들보다는 오히려 소설가들이었다. 19세기 중엽에 영국 리얼리즘 소설 전통을 세운 앤서니 트롤럽은 자신의 고향 솔즈베리를 모델로 상상의 지역 '바셋'과 그 중심적인 도시 '바체스터'를 창조했으며, 그의 대부분의 작품은 이 상상의 지역을 무대로 펼쳐진다. 트롤럽과 마찬가지로 토머스 하디 또한 자신이 잘 알고 있는 도셋 지방을 기초로 하여 상상의 지역 '웨섹스'를, 그리고 옛 로마 도시 도체스터를 기초로 하여 역시 상상의 도시 '캐스터브리지'를 창조하였다.

이러한 문학 전통은 미국 작가들의 경우도 예외가 아니어서 미국의 몇몇 작가도 그들이 자라온 고향을 배경으로 그들 나름대로의 소우주를 창조하였다. 가령 토머스 울프는 그가 자란 노스캐롤라이나 주 애시빌 지방을 모델로 삼아 '올터몬트'와 '캐토버'라는 가상의 공간을 만들어내었다. 그러나 포크너가 그의 신화적 왕국을 건설하는 데 누구보다도 직접 영향을 받은 소설가로 역시 셔우드 앤더슨을 빼놓을 수 없다. 앤더슨의 대표작 『와인스버그, 오하이오』에서 와인스버그도 비록 오하이오 주에 속한 것으로 되어 있지만, 한낱 상상의 허구적 공간에 지나지 않는다.

굳이 먼 데서 실례를 찾을 것도 없이 한국 문학에서도 작가가 상상력으로 빚어낸 허구의 공간은 얼마든지 찾아볼 수 있다. 가령 김승옥(金承鈺)

의 대표작 중의 하나인 「무진기행」(1964)에서 '무진(霧津)'은 그 좋은 예가 된다. 이 소설은 "무진으로 가는 버스. 버스가 산모퉁이를 돌아갈 때 나는 '무진 10Km'라는 이정비를 보았다. 그것은 옛날과 똑같은 모습으로 길가의 잡초 속에서 튀어나와 있었다."라는 문장으로 시작한다. 안개가 명산물이라는 무진은 지도를 보고서는 찾아갈 수 없는 허구적 공간이다. 또 황석영의 「삼포 가는 길」(1973)의 삼포(森浦)도 마찬가지이다. '삼포'는 급속하게 진행된 산업화 과정에서 잃어버린 정신적 고향일 뿐, 한반도 그 어느 곳에서도 찾아볼 수 없는 허구적 공간일 뿐이다.

『병사의 봉급』과 『모기』를 쓸 때만 해도 나는 오로지 글 쓰는 일을 위해서 글을 썼다. 그러나 『사토리스』를 쓰면서부터 나는 우표딱지만 한 조그마한 내 고향 땅은 충분히 글을 쓸 만한 가치가 있고, 나는 그것에 대하여 평생을 두고 글을 써도 다 쓸 수 없을 것이라는 사실을 깨닫게 되었다. 또한 나는 실제 사건을 경외성서적(經外聖書的)인 것으로 승화함으로써 내가 지니고 있는 모든 재능을 절대적인 단계까지 마음껏 발휘할 수 있으리라는 사실도 깨닫게 되었다. 그와 더불어 나는 금광과도 같은 다른 인물들을 발견했으며, 따라서 나는 나 자신의 우주를 창조하였다. 나는 마치 하느님처럼 그들을 공간적으로는 물론이고 시간적으로도 마음대로 움직이게 만들 수 있었던 것이다.

이러한 고백이 말해주듯이 그는 『흙 속의 깃발』에서 비로소 "우표딱지만 한 조그마한 내 고향 땅"이 충분히 소설의 소재로 삼을 만한 가치가 있다는 사실을 깨달았다. 그에게 그것은 마치 헐벗은 산에서 '금광'을 발견한 것과 같았다. 또한 포크너는 구체적이고 지역적인 소재("실제 사건")를 보편적이고 일반적인 주제("경외성서적인 것")로 승화하려고 시도하였다. 위 인용문에서 "나 자신의 우주를 창조하였다." 또는 "나는 마치 하느님처럼 그들을 (……) 마음대로 움직이게 만들 수 있었던 것이다."라고 말하는 대목도 좀 더 찬찬히 눈여겨보아야 한다. 작중인물을 창조하고 그들을 자신이 원하는 대로 움직이게 할 수 있다는 점에서 그는 자신이 만든 소우주의 창조주와 다르지 않았다. 1946년에 맬컴 카울리가 편집하여 출간한 『포터블 포크너』를 위해 그가 직접 그린 요크너퍼토퍼 군 지도에는 "유일한 소유주요 주인, 윌리엄 포크너"라는 문구가 적혀 있다. 포크너는 이제 앞으로 그의 대부분 작품에서 이 신화적 왕국 요크너퍼토퍼 군과 제퍼슨 읍의 주인이요 소유주로서 이 지역을 지리적 배경으로 삼게 될 것이다.

포크너는 그의 신화적 왕국의 이름을 짓는 데 북부 미시시피 지방에 살았던 인디언 말을 빌려온다. 본디 '요코나'와 '페토파'를 한데 결합한 '요크너퍼토파'라는 말은 '갈라진 땅'이라는 뜻의 치커소 인디언 말이다. 이 말은 또한 포크너에 따르면 "물은 평평한 땅을 천천히 흐른다."라는 뜻의 치커소 인디언 말이기도 하다. 미시시피 주 라피에트 군의 옥스퍼드 읍에서 남쪽으로 1.6킬로미터쯤 떨어진 곳에 실제로 '요코나'라는 조그만 강이 있다. 그런데 서쪽으로 미시시피 강으로 흘러 들어가는 이 강은 옛날 문서에는 '요크너퍼토퍼'라고 적혀 있다.

한편 요크너퍼토퍼 군의 군청 소재지이며 그 군의 중심적 읍으로 등장하는 제퍼슨은 『어느 수녀를 위한 진혼곡』에 따르면 아직 이 지역이 치커소 인디언의 무역소이던 개척지 시절에 살았던 '제퍼슨 페티그루'라는 우편배달부의 이름에서 비롯한다. 1833년 이곳에 처음으로 감옥소를 세운 초기 개척자들은 이 우편배달부의 우편 배낭에서 열쇠를 훔쳐 감옥소의 문을 잠그는 열쇠로 사용한다. 이 사실을 알아차린 우편배달부가 몹시 화를 내자 그의 마음을 달래고자 개척지 사람들은 이곳의 이름을 '해버샘'에서 '제퍼슨'이라고 고쳐 부른다. 이 우편배달부의 이름은 두말할 나위 없이 버지니아 주 출신의 정치가요 미국의 제3대 대통령을 역임한 토머스 제퍼슨의 이름에서 따온 것이다. 또한 라피에트 군에는 옥스퍼드 읍에서 동북쪽으로 약 16킬로미터쯤 떨어진 곳에 실제로 '제퍼슨'이라는 조그만 시골 공동묘지가 있다.

포크너는 요크너퍼토퍼 군과 제퍼슨 읍을 다섯 살 때부터 사망할 때까지 거의 평생 살았던 북부 미시시피 주의 라피에트 군과 옥스퍼드 읍을 모델로 삼아 창조하였다. 물론 그렇다고 해서 이 상상의 지역이 라피에트 군과 옥스퍼드 읍을 그대로 옮겨놓은 것이라는 말은 아니다. 포크너는 자신이 잘 알고 있는 지역의 역사·인구·지형·위치에 관심이 있었다기보다는 오히려 "우표딱지만 한 고향 땅"을 건설하는 데 필요한 몇몇 특성에 관심이 있었다. 바꾸어 말해서 포크너는 신화적 왕국을 건설하는 데 실제 지역에 기초를 두고 있으면서도 필요에 따라 자유롭게 상상력을 발휘하여 그것을 다르게 만들어 놓는다. 무엇보다도 먼저 지리적인 면과 지형적인 면에서 볼 때 요크너퍼토퍼와 제퍼슨은 라피에트와 옥스퍼드뿐 아니라 그 주변의 군과 소도시의 특징을 자유롭게 빌려와 창조한 공간이다.

예를 들어 『팔월의 빛』에 등장하는 게일 하이타워 목사의 할아버지는 남북전쟁 때 제퍼슨에 있는 북군 장군 율리시스 그랜트의 보급 창고를 습격하여 불을 질렀다고 언급되어 있다. 그런데 이 사건은 옥스퍼드에서 일어난 것이 아니라 실제로는 그곳에서 북쪽으로 50킬로미터 조금 못 미치는 곳에 있는 마셜 군의 할리 스프링스에서 일어났다. 마찬가지로 『흙 속의 깃발』에서 존 사토리스 대령의 대리석 기념비는 제퍼슨 공동묘지에 세워져 있는 것으로 나오지만, 주변의 지형지물을 꼼꼼히 살펴보면 그것은 옥스퍼드보다는 오히려 이 읍의 북서쪽에 있는 티퍼 군의 리플리에 있다고 보는 쪽이 더 정확하다. 사토리스 대령의 대리석 기념비가 굽어보고 있는 철도의 위치를 비롯한 주변 상황이 이 점을 뒷받침한다.

한편 『성역』을 비롯한 『압살롬, 압살롬!』과 『마을』 같은 작품에 나오는 '옥스퍼드'라는 소도시는 라피에트 군의 군청 소재지 옥스퍼드와는 다른 제2의 지역을 가리킨다. 미시시피 대학교가 있는 곳으로 흔히 언급되는 이곳은 제퍼슨에서 서쪽으로 약 65~80킬로미터 정도 떨어진 곳에 있는 소도시로 언급되었기 때문이다. 이렇게 포크너는 이 신화적 왕국을 라피에트 군과 옥스퍼드 읍을 중심으로 그 인접 지역인 티퍼 군과 리플리, 마셜 군과 할리 스프링스, 그리고 유니온 군과 뉴올버니 등을 복합적으로 결합하여 창조하였다. 그러므로 요크너퍼토퍼와 제퍼슨은 어느 특정 지역보다는 사실상 북부 미시시피 지방을 두루 가리킨다고 보는 쪽이 훨씬 정확하다.

이렇게 포크너가 상상력을 구사하여 창조한 요크너퍼토퍼는 『압살롬, 압살롬!』을 출간할 무렵 작가 자신이 직접 그린 지도에 따르면 넓이 2,400평방 마일, 인구 1만 5,611명으로 이루어진 지역이다. 앞서 말했듯이 요크너퍼토퍼는 라피에트 군을 비롯한 그 인접 지역을 포함하고 있기에 실제 라피에트 군보다 훨씬 넓은 땅을 차지한다. 미시시피 강 동쪽으로 소나무 숲으로 뒤덮인 나지막한 언덕 지방인 이곳은 북쪽으로는 탤러해치 강이 흐르고, 남쪽으로는 앞서 말한 요코너 강이 흐른다. 그리고 남북전쟁이 끝난 뒤 사토리스 대령이 건설한 철도가 남북으로 요크너퍼토퍼의 심장부를 가로지른다.

요크너퍼토퍼 군에서 가장 중심적인 위치를 차지하는 제퍼슨 읍의 광장 한복판에는 『성역』에서 리 굿윈이 재판을 받는 법원 건물이 자리 잡고 있다. 제퍼슨 광장 북쪽에는 사토리스 은행이, 바로 그 뒤쪽에는 『팔월의 빛』에서 조 크리스마스가, 『무덤 속의 침입자』(1948)에서 루커스 뷰챔프가 갇혀 있는 제퍼슨 감옥이 있다. 그리고 감옥에서 북서쪽 방향에 『압살롬, 압살롬!』을 비롯한 몇몇 작품에 등장하는 '홀스턴 하우스'라는 초라한 여관이 있다.

    포크너의 요크너퍼토퍼는 지리와 지형뿐 아니라 인구에서도 실제 라피에트 군과 큰 차이가 있다. 1936년 현재 라피에트 군의 총인구는 포크너가 그린 지도에 기록된 것보다 훨씬 많은 것으로 집계되었다. 한 통계 자료에 따르면 1940년 현재 라피에트 군의 총인구는 2만 1,257명으로 요크너퍼토퍼 군의 인구보다 5,646명이 더 많다. 물론 이 통계 사이에는 4년이라는 시간상의 차이가 있지만, 이 점을 감안하더라도 5,646명은 인구의 자연 증가율을 훨씬 상회하는 숫자이다. 더구나 요크너퍼토퍼 군의 백인과 흑인의 인구 분포도 실제 숫자와는 꽤 차이가 난다. 1940년 현재 라피에트 군의 흑백 분포율을 보면 백인이 1만 2,684명, 흑인이 8,573명으로 백인이 전체 인구의 59.7퍼센트를 차지한다. 그러나 1936년 요크너퍼토퍼 군의 흑인과 백인의 인구 분포율을 보면 이와는 반대로 백인이 6,298명, 흑인이 9,313명으로 오히려 흑인이 전체 인구의 59.6퍼센트를 차지한다. 한편 라피에트 군과 북쪽에 인접해 있는 마셜 군의 경우 1940년 현재 흑인 인구가 무려 전체 인구의 70.3퍼센트를 차지하고 있어 요크너퍼토퍼 군과 마찬가지로 흑인 인구가 백인의 수보다 훨씬 많다. 이렇게 포크너가 요크너퍼토퍼 군의 흑인 인구를 백인 인구보다 더 많게 만든 까닭은 두말할 나위 없이 백인과 흑인을 둘러싼 인종 갈등을 매우 중요한 문제로 삼으려고 하기 때문일 것이다.

    요크너퍼토퍼 군의 흑백 인구 분포가 어떻든 간에 이 상상의 공간에서 살고 있는 주민은 크게 세 갈래로 나뉜다. 본디 이곳에 살았던 치커소 인디언이 그 하나이고, 흑인이 다른 하나이며, 백인이 또 다른 하나이다. 이 가운데

흑인 노예를 경매하고 매매하던 사무실(조지아 주 애틀랜타). 남북전쟁 이전 흑인 노예는 인간이 아니라 소유자의 재산으로 간주되었다.

에서 인디언들은 백인한테 살해당하거나 질병으로 죽고 얼마 안 되는 나머지 사람들은 마침내 인디언 보호 구역으로 쫓겨나면서 자취를 감추었다. 남북전쟁이 일어나기 전 흑인은 백인의 노예로서 육체적으로나 정신적으로나 백인의 소유물에 지나지 않았다. 그런데 좀 더 엄밀히 말하면 흑인도 자유 흑인과 노예 흑인으로 나뉜다. 전자는 노예 신분에서 해방된, 신분이 자유로운 흑인을 말하고 후자는 백인의 노예 상태에 놓여 있는 흑인을 말한다. 사정은 남북전쟁이 끝난 뒤에도 크게 달라지지 않았다. 가령 흑인들은 『흙 속의 깃발』에서 사토리스 집안에서 일하는 스트러더 집안사람들처럼 주로 백인의 저택에서 하인 노릇을 하고 있다. 다시 말해서 비록 법적으로는 해방되었지만, 사회적으로나 경제적으로는 여전히 노예의 굴레를 쓰고 있다.

이 세 계층에서 인디언 원주민과 흑인을 빼고 나면 오직 백인만이 남는다. 백인은 크게 귀족 계층과 '가난한 백인'으로 나뉘지만, 좀 더 자세히 나눈다면 이 두 계층 사이에는 또 하나의 계층이 있다. 흔히 자작농이나 '향사(鄕士)'라고 부르는 요먼(yeoman) 계층이 바로 그것이다. 요먼 계층은 귀족 계층처럼 대농장이나 흑인 노예를 소유하지는 않지만, 그렇다고 '가난한 백인'처럼 귀족 계층 밑에서 소작인 노릇을 하지도 않는다. 비록 적은 수이지만, 그들 가운데에는 초라할망정 목화밭을 소유한 사람도 있고, 대개는 소규모로나마 자작농에 종사한다. 또한 기술이 있는 장인 계층도 여기에 속한다. 제퍼슨 읍에서 상업에 종사하는 사람도 이 계층에 속한다.

미국의 저명한 역사학자 W. J. 캐시는 이 분야의 고전이 되다시피 한 책 『남부의 정신』(1941)에서 요먼 계층은 엄밀히 말해 '가난한 백인'의 범주에 넣을 수 없다고 잘라 말한다. 만약 그들이 '가난한 백인'에 속한다면 그것은 어디까지나 상대적 의미에서 그러할 뿐이라는 것이다. 즉, 그들의 땅이 대농장과 비교할 때 비록 규모가 작고 대농장의 경제 제도에서 착취당하고 있지만, 어느 정도 독자적으로 농장을 경영할 뿐 아니라 자립하고 있기 때문이라는 것이다.

그런데 여기에서 한 가지 찬찬히 눈여겨볼 것은 포크너의 작품에서 사회적 계급이 별로 두드러지게 드러나지 않는다는 점이다. 비록 미국 남부는 북부와는 달리 엄격한 계급 질서에 바탕을 두고 있는 것은 사실이지만, 사회 구성 단위는 계급보다는 씨족이나 가문이라고 할 수 있다. 한 가문이 한곳에 모여 사는 한국의 집성촌처럼 미국의 남부 사회도 씨족이나 가문을 중심으로 한곳에 모여 사는 경우가 흔하다. "계급보다는 오히려 가문이 포크너 세계의 기본적인 사회 단위를 이룬다."라는 어빙 하우의 주장은 바로 이 점을 지적한 것이다. 그러므로 포크너의 작품에서는 유산 계급과 무산 계급의 계급투쟁보다는 한 가문의 영고성쇠가 훨씬 더 큰 비중을 차지한다. 계급투쟁의 관점에서 문학 작품을 읽으려는 마르크스 비평가들도 포크너에 대해서는 제대로 맥을 못 추는 이유가 바로 여기에 있다.

요크너퍼토퍼는 미국의 다른 지역과는 여러모로 크게 차이가 난다. 포크너의 요크너퍼토퍼는 앤더슨의 오하이오 주 와인스버그와 마찬가지로 지리적으로 미국의 동부나 서부의 대도시들에서 멀리 떨어져 있을 뿐 아니라, 경제적으로나 문화적으로도 아주 낙후된 지역이다. 경제적으로는 주로 농업에 의존하고, 문화적으로도 어쩌다 제퍼슨 읍에 순회 서커스단이 들어올 뿐, 이렇다 할 문화 시설이 없다. 더구나 대부분 흙과 더불어 소박한 삶을 영위하는 이곳 주민은 과거로부터 전해 내려오는 전통과 인습의 굴레에서 벗어나지 못한 채 아직도 공동체적인 유대 관계를 맺으며 살아간다. 그렇기에 그들은 미국의 어느 다른 지역보다도 강한 동질성을 유지하고 있다.

신화적 왕국에 뿌리를 둔 포크너의 작품은 삶을 사실적으로 재현하거나 표상하기보다는 상징적으로 표현한다. 달리 말하자면 포크너는 그 특유의 상상력을 발휘하여 특수한 것을 보편적인 것으로 승화한다. 그러므로 그의 작품은 미국의 남부와 북부와의 갈등이라는 관점보다는 오히려 현대 세계에서 두루 찾아볼 수 있는 공통적인 문제라는 관점에서 파악해야 한다. 이 점에서 요크너퍼토퍼 세계는 단순히 구체적인 지역이 아니라 일종의 정신적 공간이라고 할 수 있다. 서구 문학에 나타난 기독교 전통을 분석한 책 『우상이 없는 기다림』(1964)에서 게이브리얼 버해니언은 포크너의 요크너퍼토퍼를 단테 알리기에리의 『신곡』 지옥편과 연옥편에 견준 적이 있다.

오늘날 어떤 서구인도 그가 적어도 한 번쯤 요크너퍼토퍼 군을 지나쳐본 적이 없다면 자신이 서 있는 위치를 제대로 파악할 수 없을 것이다. 포크너의 세계는 기독교 전통과 그것에 따르는 문화를 보여주는 일종의 역사적 지도에 해당한다. (……) 그리고 요크너퍼토퍼 군은 또한 그리스도교계의 정신적 지리, 즉 각 세대에 걸친 타락한 인간들과 기독교를 배신한 서구인들 때문에 어느 때보다도 더욱 황량해진 세계를 보여주는 정신적 지도이기도 하다.

여기에서 버해니언은 요크너퍼토퍼 세계를 단순히 기독교 전통에 한정하여 말하고 있지만, 좀 더 범위를 넓혀보면 서구 종교와 관계없이 오늘날 삶의 영역에서 두루 나타나는 문제라고 할 수 있다. 다시 말해서 포크너는 요크너퍼토퍼 소설에서 특정한 문화나 인종 또는 국경을 초월하는, 좀 더 일반적이고 보편적인 삶의 문제를 다룬다.

이 점에서 포크너의 문학은 어느 특정 지역의 향토성이나 특성을 강조하는 이른바 '지방색 문학'과는 뚜렷이 구별된다. 남북전쟁이 끝난 뒤 미국 문학은 그야말로 획기적인 변혁기를 맞이하면서 어느 때보다 이러한 지방색 문학이 찬란한 꽃을 피웠다. 예를 들어 새러 온 주에트는 『뾰족한 전나무의 지방』(1896)에서, 메리 윌킨스 프리맨은 『뉴잉글랜드의 수녀』(1891) 같은 작품에서 뉴잉글랜드 지방에 뿌리내린, 향토성 물씬 풍기는 작품을 써서 눈길을 끌었다. 또한 '미국 서부의 입센'으로 흔히 일컫는 햄린 갈런드는 『큰 길』(1891)을 비롯한 작품에서 아이오와 주와 다코타 주 같은 미국 중서부 지방의 삶을 다루었으며, 윌러 캐더 또한 네브래스카 지방의 삶을 다룬 작품을 써서 주목을 받았다. 한편 엘런 글래스고는 버지니아 주의 삶을, 케이트 쇼팬과 조지 워싱턴 케이블은 루이지애나 주의 삶을 작품의 중요한 소재와 배경으로 삼았다. 그러나 이들 작가는 어디까지나 그들에게 친근한 특정 지역의 풍물이나 풍속 또는 방언 따위를 강조하는 데 만족할 뿐, 포크너처럼 그것을 좀 더 보편적인 삶의 문제로 끌어올리는 데에는 실패하고 말았다.

작가로서 포크너의 위대함은 특수성과 일반성, 구체성과 추상성 사이에서 절묘하게 균형과 조화를 꾀하는 데 있다. 관념적이고 추상적인 문제만을 다루면 자칫 작품이 허공의 메아리처럼 공허하기 쉽다. 한편 지나치게 구체적이고 국부적인 경험만을 다루다 보면 보편성을 잃고 특수성의 함정에 빠지고 만다. 포크너는 자신이 태어나고 자란 "우표딱지만 한 고향 땅"에 굳게 뿌리를 박고 작품을 쓰되 삶의 보편적인 문제에서 좀처럼 눈을 돌리지 않는다. 그의 표현을 빌리자면 "서로 갈등하는 인간 마음의 여러 문제"에 깊은 관심을 기울인다. 지식과 정보를 돈을 주고 사고판다는 정보화 시대, 국경이 모두 허물어지다시피 한 지구촌과 세계화 시대에 이르러서도 포크너의 작품이 풍식되지 않고 여전히 창조의 새아침처럼 싱그럽고 찬란한 것은 바로 그 때문이다.

그런데 여기에서 한 가지 주목할 것은 포크너 소설의 배경이 모두 미시시피 주 요크너퍼토퍼 군이 아니라는 점이다. 스무 편 남짓한 그의 장편소설은 거의 '요크너퍼토퍼 소설'에 속하지만, 이 범주에 들지 않는 작품도 몇 편 있다. 앞서 언급한 초기 두 작품, 『병사의 봉급』과 『모기』를 비롯하여 『비행장 목표탑』, 『야생의 종려』의 일부, 그가 노벨문학상을 받고 나서 출간한 『우화』(1954) 등이 바로 그것이다. '비(非)요크너퍼토퍼 소설'은 포크너의 대표적인 작품으로 평가받지는 않지만, 그의 사상적 변모 과정과 예술적 성장 과정을 이해하는 데에는 아주 중요하다.

9. 옥스퍼드에서 할리우드로

대부분 미국 작가에게 흔히 '허식의 도시'로 일컫는 할리우드는 한편으로는 달콤한 유혹이지만 다른 한편으로는 저주와 다름없다. 지금까지 많은 작가가 미국 영화 산업의 산실 할리우드에 가서 문학가로서의 재능을 낭비하였다. J. D. 샐린저는 『호밀밭의 파수꾼』(1951)의 첫머리에서 화자 홀든 콜필드의 입을 빌려 물질적 풍요를 위해 작가로서의 성실성을 배신하고 할리우드에 가서 영화 각본을 쓰는 형 D. B.에 대해 적잖이 불만을 털어놓는다. "그래도 옛날에 집에 있을 때에는 꽤 쓸 만한 작가였지요. (……) 한데 D. B. 형은 시쳇말로 '글을 팔아먹는' 창녀 노릇하려고 할리우드에 진출한 겁니다. 내가 질색하는 게 하나 있다면 바로 영화거든요."라고 말한다. 파우스트가 세속적 지식을 얻기 위해 악마 메피스토펠레스에게 영혼을 파는 것처럼 적지 않은 작가가 할리우드에 진출하여 작가로서의 영혼을 팔았던 것이다.

그래서 할리우드에서 영혼을 파는 작가들을 향해 따끔하게 충고하는 사람이 적지 않았다. 1930년대 말 미국 비평계의 대부 중 한 사람이라고 할 에드먼드 윌슨은 할리우드에서 일하고 있던 너새니얼 웨스트에게 "왜 당신은 그 끔찍한 장소에서 빠져나오지 않는 겁니까? 당신은 예술가로 그곳에서 정말 아무런 할 일이 없습니다."라고 그야말로 우정 어린 충고를 보냈다. 할리우드에서 영화 스크립터로 일하던 작가 중에는 웨스트 말고도 F. 스콧 피츠제럴드, 레이먼드 챈들러, 도러시 파커, 닐 사이먼, 로버트 셔우드, 고어 비

1951년 아프리아의 케냐 여행 중에 캠프에서 집필에 열중한 헤밍웨이. 창작의 열정을 신성시했던 그는 결코 돈을 벌기 위해 할리우드에서 영화 제작자들이 원하는 글을 쓰는 세속적 타협을 하지 않았다.

달, 윌리엄 포크너 등 하나하나 손가락에 꼽을 수 없을 만큼 아주 많다. 처음에는 영화를 각색하다가 소설가가 된 R. W. 버니트, 니븐 부시, 제임스 케인 같은 작가들을 포함한다면 그 수는 이보다 훨씬 더 늘어난다.

그리고 보면 미국 작가 중에서 어니스트 헤밍웨이는 할리우드에 진출하여 영혼을 팔지 않은 몇 안 되는 사람에 속한다. 물론 외국에서 주로 생활하며 낚시와 사냥 그리고 투우를 즐긴 그는 그럴 만한 시간적 여유도 없었다. 또 포크너 같은 다른 작가들과 비교해 그는 경제적으로도 여유가 있었다. 그러나 헤밍웨이가 할리우드에 가지 않은 것은 시간이 없다거나 경제적으로

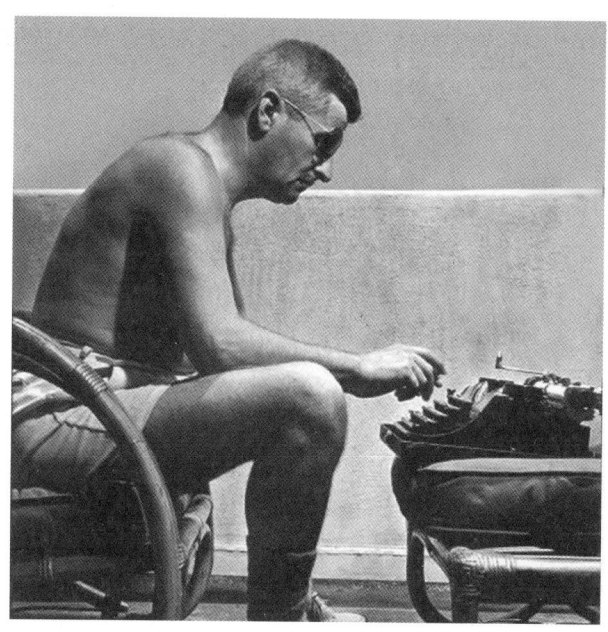

포크너는 작품 인세만 가지고는 가족을 부양할 수 없었기에 할리우드에서 영화 스크립트 일을 했다. 그는 이 시기에 미모의 여성 미터 카펜터를 만나 사랑에 빠지기도 했다.

여유가 있어서 그랬다기보다는 그 특유의 작가적 성실성 때문이었다고 보는 쪽이 옳다. 그는 "작가에게 성실성이란 마치 처녀성과 같아서 한번 상실하면 영원히 회복할 수 없다."라고 말한 적이 있다. 헤밍웨이가 자신의 은인과 다름없는 피츠제럴드와 결별하게 된 것도 선배 작가가 소설가로서의 성실성을 배반했기 때문이었다.

예외 없는 규칙이 없다고 포크너는 이 경우에서 조금 벗어난다. 그는 다른 작가들과 달리 할리우드에서 일하면서도 좀처럼 작가로서의 성실성을 잃지 않았기 때문이다. 물론 이것도 다른 작가들과 비교해서 상대적으로 그렇다는 것일 뿐, 그도 할리우드의 부정적인 영향에서 완전히 벗어날 수는 없었다. 가령 할리우드에서 영화 각본을 쓰는 데 보낸 시간을 자신의 작품을 집필하는 데 썼더라면 아마 더 좋은 작품, 더 많은 작품을 썼을 수도 있을 것이다. 실제로 그에게는 할리우드의 생활이 그다지 즐겁지 않았다.

포크너는 1932년 5월 캘리포니아 주 컬버 시티에 있는 MGM 영화사와 계약을 맺고 옥스퍼드를 떠났다. 이해부터 1955년까지 무려 23년 동안 간헐적으로 할리우드에서 영화 각본을 고쳐주는 일을 하였다. 그는 MGM 영화사를 비롯하여 유니버설 스튜디오, 20세기 폭스 영화사, 워너브라더스, 유나이티드 아티스트 등 할리우드의 거의 모든 영화사에서 일하다시피 하였다. 물론 23년 동안 내내 일한 것은 아니고 간헐적으로 일했으며, 그 사이에 뉴욕을 방문하거나 고향 옥스퍼드에 돌아와 작품을 쓰기도 하였다. 포크너가 한번은 책임자에게 "집에 가서 일해도 되겠느냐?"고 묻자 책임자는 그렇게 해도 좋다고 대답하였다. 그러자 포크너는 그 이튿날 곧바로 짐을 싸서 비행기를 타고 옥스퍼드로 돌아왔다. 그러나 책임자가 말한 '집'이란 할리우드에 있는 그의 숙소를 가리켰다. 이 무렵에는 오늘날처럼 인사 관리가 그리 철저하지 않아서 그는 할리우드에서 일하는 척하고 실제로는 고향에 와 있을 때도 가끔 있었다. 할리우드에서 일하는 동안에 그가 출간한 장편소설 중에서도 『압살롬, 압살롬!』, 『정복되지 않는 사람들』, 『마을』, 『모세여 내려가라』 등은 그의 문학 세계에서 결코 빼놓을 수 없는 가장 훌륭한 금자탑에 해당한다.

그런데 포크너가 이렇게 할리우드에서 일한 것은 크게 두 가지 이유 때문이었다. 첫째, 그는 작품 출간으로 받는 인세로는 도저히 가족의 생계를 꾸려갈 수 없었다. 1945년 무렵 그의 장편소설은 대부분 절판된 상태에 있었고, 그 이듬해 맬컴 카울리가 바이킹 출판사에서 기획하는 '포터블' 시리즈에

『포터블 포크너』(1946)를 편집하여 출간함으로써 겨우 명맥을 유지할 뿐이었다. 이 시기에 그는 잡지에 흥미 위주의 단편소설 원고를 팔아 간신히 생활하고 있었다. 오직 출판사에서 받는 인세밖에 없는 그로서는 점점 늘어나는 가족을 부양하기 어려웠다. 더구나 어렸을 적부터 부유하게 살아온 에스텔은 씀씀이가 무척 헤펐다. 포크너가 옥스퍼드를 떠나 할리우드로 간 두 번째 이유는 아내 에스텔에게서 떨어져 지내고 싶어서였다. 시간이 지나면서 두 사람의 관계는 개선되기는커녕 오히려 악화일로에 있었다.

미국 독자들에게 거의 잊히다시피 한 포크너를 재발굴한 비평가 맬컴 카울리. 1946년 『포터블 포크너』를 출간하여 그를 다시 미국 문단에 소개했다.

  포크너가 할리우드와 처음 관계를 맺게 된 것은 MGM사의 유명한 감독 하워드 혹스 때문이었다. 혹스는 『병사의 봉급』이 출간될 때부터 이 미시시피 작가의 작품을 알고 있었다. 그러던 중 할리우드에서 에이전트로 일하던 혹스의 동생 윌리엄이 포크너가 제1차 세계대전을 소재로 쓴 단편소설 「전회(轉回)」(1925)를 눈여겨보라고 귀띔해주었다. 그렇게 두 사람은 이 작품의 각색권을 구입하고 나서 포크너를 불러 각색을 부탁하였다. 영화사에서 이 무렵 인기를 끌던 여배우 조운 크로포드를 교섭하자 포크너는 그녀의 역할에 맞는 인물을 새롭게 만들어내었다. 그래서 포크너가 처음으로 각색한 영화 「오늘을 산다」(1933)가 탄생하였다. 크로포드와 게리 쿠퍼가 주연한 이 영화는 한국을 포함하여 전 세계적으로 꽤 인기를 끌었다.

  포크너는 1933년 MGM과의 계약 기간이 만료되어 옥스퍼드로 돌아갔지만, 이듬해 이번에는 하워드 혹스가 감독하는 서부 영화 『서터의 황금』을 각색하기 위해 다시 할리우드로 돌아왔다. 그러나 혹스는 이 계획을 취소

영화 「오늘을 산다」(1933)의 한 장면

하고 대신 포크너에게 또 다른 전쟁영화인 「영광에 이르는 길」의 각색을 부탁하였다. 1935년 12월 포크너는 20세기 폭스 영화사와 전속 계약을 맺고 1937년까지 일하였다. 이렇게 혹스가 감독한 영화의 각색을 맡은 것이 모두 다섯 작품이다. 포크너가 각색하고 혹스가 감독하지 않은 작품은 「노예선」(1937)이 유일하다. 이 영화는 혹스가 다른 영화사로 옮기는 바람에 그렇게 되었다.

그런데 여기에서 한 가지 눈여겨볼 것은 포크너가 직접 영화 대본을 쓰지는 않았다는 점이다. 엄밀한 의미에서 그는 스크립터, 즉 영화 대본 작가가 아니었다. 할리우드에서 자신이 한 작업과 관련하여 묻는 질문에 포크너는 자신을 "영화 의사"라고 정의하면서 직접 영화 대본을 쓰지도 않았으며 또 잘 알지도 못한다고 대답하였다. 포크너가 할리우드에서 하는 일은 다른 대본 작가들이 써놓은 글을 손보는 정도였다. 영화감독들은 대사 한 마디 한 마디에 무척 신경을 쓰기에 포크너는 그들의 마음에 들 때까지 대본을 고치고 또 고치는 일을 맡았던 것이다.

포크너는 1942년 다시 할리우드로 돌아와 이번에는 워너브라더스 영화사를 위해 1945년까지 간헐적으로 각색 일을 계속하였다. 그가 영화 각색자로서 그런대로 지위를 확고히 굳힌 것은 바로 이 무렵이었다. 즉, 그는 어니스트 헤밍웨이의 소설 『유산자와 무산자』(1937)와 레이먼드 챈들러의 범죄소설 『기나긴 잠』(1936)을 각색하면서부터 할리우드에서 자리를 잡았다. 포크너는 역시 혹스가 감독한 「공군」이라는 영화에도 관여하였다. 그리고 「노예선」처럼 이미 다른 작가가 각색해놓은 대본에 몇 장면 첨가하는 정도에 그칠 때도 있었다.

　1944년 포크너는 유나이티드 아티스트 영화사에서 제작하는 영화 「남부인」(1945)의 각색을 맡았다. 그가 평소 존경해 마지않는 프랑스 감독, 「위대한 환상」(1937)을 만든 장 르누아르 감독이 연출하는 영화였다. 그러나 포크너는 이 영화의 각색자로 인정받지 못하였다. 엄밀하게 말하자면 그는 워너 브라더스와 전속 계약을 맺고 있어서 다른 영화사를 위해서는 일할 수 없었기 때문이다. 뒷날 포크너는 문학 비평가 맬컴 카울리에게 『남부인』은 그가 그때까지 작업한 영화 각본 중에서 가장 훌륭한 작품이라고 털어놓았다. 포크너가 이 영화에 애착을 느낀 것은 어쩌면 자신의 고향 미국 남부를 소재로 한 작품이기 때문일지도 모른다. 어찌 되었든 이 영화는 1946년도 베네치아 영화제에서 그랑프리를 차지하는 영예를 안았다. 포크너가 할리우드에서 각색한 마지막 작품은 하워드 혹스가 감독한 『바로 왕의 땅』(1955)이라는 워너 브라더스 영화사의 작품이다.

　1950년대 포크너는 영화 대본을 수정하는 일 말고도 텔레비전 드라마 대본을 쓰기도 하였다. 그는 럭스 비디오 시어터를 위해 자신의 단편소설 「브로치」(1936)를 각색하였다. 이 무렵 그가 각색한 작품으로는 제2차 세계대전의 용사를 다룬 「멸망하지 않으리라」(1943)와 인디언 원주민의 이야기를 다룬 「키 큰 사나이」(1941) 등이 있다. 포크너가 대본을 쓴 마지막 텔레비전 드라마는 「졸업식 드레스」(1952)로 업무상 피후견인이요 연인이라고 할 조운 윌리엄스와 함께 작업하였다. 이 작품은 뒤늦게 제너럴일렉트릭(GE)의 극장에서 입수하여 1960년에야 비로소 방영되었다.

포크너가 구입했던 와코(Waco)-210 단발 비행기. 그러나 포크너는 막냇동생 딘 스위프트가 이 비행기를 타던 중 사망하는 사고가 발생하자, 평생 죄책감에 시달렸다.

포크너는 할리우드의 각색 일로 재정적 어려움에서 벗어날 수 있었을 뿐 아니라 어느 정도 금전적으로 여유도 생겼다. 1937년 그는 할리우드에서 번 돈으로 와코-210 단발 비행기를 구입하였다. 그리고 이듬해에는 로언 오크 주변의 베일리 숲을 구입했는가 하면, 옥스퍼드에서 27킬로미터쯤 떨어진 곳에 있는 농장을 사들여 '그린필드 농장'이라고 이름을 붙이기도 하였다. 이로써 그는 선조처럼 미시시피 주에 농장을 소유한 농장주가 되었다. 그런데 그가 농장을 구입한 데에는 경제적 이유 못지않게 심리적 이유도 컸다. 그는 평소 중세풍의 장원 농장을 소유하고 싶다는 꿈을 품고 있었기 때문이다. 그리고 이 농장을 구입함으로써 비로소 그 꿈을 실현할 수 있었던 것이다.

10. 포크너의 여성들

윌리엄 포크너가 할리우드에 머물 무렵 그의 개인적 삶에 획기적인 변화 하나가 일어난다. 1935년 12월 20세기 폭스 영화사에서 「영광에 이르는 길」을 각색할 때 그는 '미터 도허티 카펜터'라는 미모의 여성을 만나 친밀한 관계를 맺기 시작한다. 미터는 하워드 혹스 감독의 사무실에서 일하는 여성이었다.『뉴욕 타임스』에 따르면 두 사람의 관계는 비록 간헐적이기는 하지만, 18년이나 계속되었다. 포크너와 그의 아내 에스텔이 모두 사망한 뒤 미터가 출간한 회고록『사랑스러운 신사: 윌리엄 포크너와 미터 카펜터의 러브스토리』(1976)의 더스트 재킷에는 두 사람의 관계는 무려 30년 동안 계속된 것으로 되어 있다. 18년간 사귀었는지 30년간 사귀었는지는 그들의 관계를 어떻게 규정짓느냐에 달렸을 것이다.

남부 목화 농장주의 딸인 미터는 할리우드에 오기 전 클래식 피아니스트로 훈련받았지만, 이 도시에 도착해서는 모델 겸 음악 도서관 사서로 일하였다. 그러던 중 하워드 혹스 감독의 사무실에서 처음에는 비서 일을, 그 뒤에는 각색을 감독하는 일을 맡았다. 그녀가 감독한 영화 대본만도 무려 200편이 넘는다. 이 중에는 에드워드 올비의 작품을 마이크 니콜스가 감독한『누가 버지니아를 두려워하랴』(1962, 1966)와『졸업』(1967) 등

미터 카펜터, 1908~1994

할리우드에서 영화 각본 일을 할 무렵 만난 미터 카펜터의 포옹을 받고 행복한 표정을 짓고 있는 포크너. 아내 에스텔과의 불행한 결혼 생활에서 벗어나고 싶어 했던 포크너는 자주 여자를 사귀었다. 같은 남부 출신인 미터는 포크너를 좋아했지만, 그가 에스텔과 이혼하지 않자 다른 남성과 결혼했다.

이 있다. 1976년 은퇴한 미터는 각색 감독 노동조합을 결성했고, 1985년 로스앤젤레스에 본부를 둔 '여성 영화인 단체'에서 평생 공로상을 받기도 하였다.

포크너보다 무려 열한 살 어린 미터 카펜터가 그를 좋아한 데에는 아마 남부 출신이라는 점도 한몫했을 것이다. 미시시피 주 튜니카에서 태어난 미터의 선조도 포크너의 선조처럼 대농장을 소유하고 있었고, 흑인 노예를 거느리고 있었으며, 남북전쟁 때 참전해 남부를 위해 싸웠다. 이러한 공통적인 배경이 어쩌면 할리우드에서 이방인과 다름없던 두 사람을 가깝게 했을지도 모른다. 회고록에 수록하지 않은 채 아직 미발표로 남아 있는 한 장(章)에서 그녀는 "[그들은 오래전] 다 같이 똑같은 [남부] 토양에서 자랐다. (……) 비옥한 진흙 속에 뒹굴고 양치류 식물과 클로버와 야생 제비꽃 위에 드러누웠다. 나는 그가 고향에서 그렇게도 멀리 떨어져 있다는 사실을 몇 시간 동안이나 잊게 할 수 있었다."라고 적는다. 그러면서 미터는 "우리는 함께 우리만의 남부를 재창조하였다. 그래서 그는 옥스퍼드에서 멀리 떨어져 사는 것을 견딜 수 있게 되었다."라고 회고한다. 어찌 되었든 그녀는 언뜻 무관심하고 어딘지 모르게 남부 귀족 신사 같은 그에게서 매력을 느꼈을 것이다. 더구나 이 무렵 미터는 빌리 카펜터와 이혼하고 혼자 살고 있었다.

포크너가 미터에게 끌린 데에는 여러 가지 이유가 있었다. 무엇보다도 한때 할리우드에서 모델 노릇을 할 만큼 미모가 뛰어났고 나이도 어렸다. 젊은 시절 사진을 보면 미모가 할리우드 어느 여배우 못지않거나 어떤 면에서는 더 낫다고 할 수도 있다. 더구나 이 무렵 포크너는 부쩍 아내 에스텔과 소원한 상태에 있었다(아니, 미터와의 관계 때문에 포크너와 에스텔 사이가 더 나빠졌다고 말하는 쪽이 정확할지도 모른다). 또한

비행기 사고로 사망한 포크너의 막냇동생 딘 스위프트의 딸 딘이 결혼식 전날 밤 큰아버지 포크너와 함께 로언 오크에서 포즈를 취하고 있다. 포크너는 딘을 친딸처럼 보살펴주었다.

이 무렵 포크너는 자신이 준 비행기를 타고 비행하던 중 사고로 사망한 막냇동생 딘의 죽음으로 자책감과 실의에 빠져 있었다.

앞서 '간헐적'이라는 표현을 사용했지만, 포크너와 미터의 관계에는 우여곡절이 많았다. 두 사람의 관계는 1937년 그녀가 독일 출신의 콘서트 피아니스트 볼프강 레브너와 결혼할 때까지 계속되었다. 1942년 미터가 레브너와 이혼하고 공교롭게도 바로 같은 해에 포크너가 다시 할리우드로 오면서 두 사람의 관계는 자연스럽게 이어졌다. 그러다가 1945년 미터가 레브너와 재결합하자 포크너와 그녀의 관계는 다시 중단될 수밖에 없었다. 이렇듯 포크너와 미터는 서로 만났다 헤어지기를 반복하였다. 시간적으로도 간헐적이었지만, 지리적으로도 두 사람은 캘리포니아에서 뉴욕으로, 다시 뉴올리언스로 옮겨 다니면서 관계를 유지하였다. 포크너는 미터와 데이트할 때 딸 질을 데려가기도 하였다.

포크너는 미터를 만나면서 한때 그녀와 결혼하려고 생각했지만, 그 생각을 실행에 옮기기는 쉽지 않았다. 무엇보다도 에스텔이 만약 포크너가 미터와 결혼한다면 사회적으로 크게 물의를 일으키겠다고 협박했기 때문이다. 또 그는 만약 에스텔과 이혼한다면 사랑하는 외딸 질의 양육권을 포기해야 하였다. 그런가 하면 포크너는 재정으로도 이혼을 감당하기에 벅찼다. 결국, 포크너는 미터를 포기할 수밖에 없었다.

『사랑스러운 신사: 윌리엄 포크너와 미터 카펜터의 러브스토리』(1976)

미터는 회고록을 출간하여 반사회적이고 냉소적이며 때로는 투박하기까지 한 것으로 알려졌던 포크너의 공적 이미지를 바꾸어놓는 데 크게 이바지하였다. 그녀는 "하지만 이것은 [공적 이미지는] 내가 아는 윌리엄 포크너가 아니었다. 그는 사랑스러운 신사였다. 내 연인이요 친구요 내 삶에서 큰 기쁨이었다."라고 회고하였다. 『사랑스러운 신사』는 그녀가 단순히 노벨문학상을 받은 유명 인사와의 스캔들을 폭로하여 돈을 벌기 위해 쓴 책이 아니었다. 물론 그렇게 아름다운 추억이라면 무덤까지 가져가지 않고 왜 두 사람의 은밀한 관계를 온 세상에 알렸느냐며 미터의 저의를 의심하는 사람도 없지 않았다.

포크너는 미터 카펜터와의 관계가 점점 소원해질 무렵 조운 윌리엄스를 만났다. 포크너와 미터의 나이 차이가 열한 살이었다면 조운과는 나이 차이가 무려 스물한 살이나 났다. 테네시 주 멤피스 출신인 조운은 포크너의 외딸 질보다 다섯 살밖에 많지 않았기에 만약 그가 일찍 결혼했다면 조운 나이의 딸을 낳을 수도 있었을 것이다. 뒷날 조운은 포크너에게서 한 번도 성적인 매력을 느낀 적이 없다고 털어놓았다. 조운은 나이 차이가 스무 살이 넘는 그에게서 연인 사이의 연정보다는 오히려 딸에 대한 아버지의 부성 같은 것을 느꼈을 것이다. 그렇다면 포크너는 그녀를 혼자 짝사랑한 것이나 다름없다.

포크너가 조운을 만난 것은 1949년 8월로 그녀는 아직 뉴욕 주의 명문 여자 대학 바드에 다니고 있었다. 『마드무아젤』 잡지가 계획한 단편소설 모집에 응모하여 당선한 그녀는 문학가로서 성공하려는 꿈과 환상에 한껏 들떠 있었다. 그러던 중 『고함과 분노』를 읽고 나서 충동적이다 싶을 만큼 포크너를 만나러 불쑥 로언 오크에 찾아갔다. 두 사람이 처음 만날 무렵 조운은 얼굴이 주근깨로 덮인 스무 살 나이의 앳된 여대생이었다. 물론 에스텔이 두 사람의 관계를 곱게 볼 리 없었고, 이 문제로 포크너 부부는 심하게 다투기도 하였다.

줄잡아 5년 동안 계속된 두 사람의 관계는 미터와의 관계와는 또 달랐다. 겉으로 보기에 두 사람은 세계적 명성을 얻은 작가와 그에게 지도받는 젊은 작가 지망생의 관계를 유지하였다. 실제로 포크너는 조운과 함께 소설 겸 희곡이라고 할 『어느 수녀를 위한 진혼곡』을 같이 집필하기도 하였다. 그는 조운에게 세 쪽 분량의 도입부 대화를 보내주면서 플롯을 한번 만들어보라고 하였다. 앞서 언급했듯이 두 사람은 공동으로 텔레비전 각본을 집필하기도 하였다. 사실, 조운 같은 젊은 작가 지망생에게 포크너의 배려는 엄청난 기회였다.

그러나 두 사람의 관계는 문학적 사제 관계에서

소설과 희곡 장르의 결합을 시도한 포크너의 실험적인 작품 『어느 수녀를 위한 진혼곡』(1951)을 한국에서 김정옥이 무대에 올렸다. '흑인 창녀를 위한 고백'이라는 우리말 제목이 눈길을 끈다. 프랑스에서 알베르 카뮈가 각색하여 무대에 올린 대본을 그대로 사용했다.

곧 연인 관계로 발전하였다. 두 사람은 멤피스를 비롯하여 옥스퍼드와 멤피스의 중간 지역인 할리 스프링스에서 만나거나 뉴욕에서 만났으며 포크너가 멤피스로 가서 그녀의 가족을 방문하기도 하였다. 또 두 사람은 1962년 포크너가 사망할 때까지 수백 통에 이르는 편지를 주고받았다. 에스텔과 질이 멕시코 여행으로 옥스퍼드를 떠나 있을 때에는 조운이 로언 오크를 방문하여 포크너와 함께 머물기도 하였다. 한마디로 포크너에게 그녀는 예술적 차원에서 보면 문학적 영감을 불어넣는 예술의 여신 무사이요, 개인적 차원에서 보면 성적 욕망의 대상이었다. 그러나 조운에게 그는 어디까지나 문학적 멘토였을 뿐이다. 포크너가 그녀에게 좀 더 로맨틱한 관계, 더 나아가 성적인 접촉을 요구하자 조운은 점차 긴장할 수밖에 없었다.

두 사람의 관계를 보면 포크너가 『팔월의 빛』을 비롯하여 몇몇 작품에서 즐겨 사용하는 그리스 항아리의 그림이 떠오른다. 영국의 낭만주의 시인 존 키츠가 「그리스 항아리에 부치는 시」(1819)에서 노래하듯이, 항아리에 그려진 남성은 아무리 여성을 향해 손을 뻗치고 움직이려 해도 결코 그녀를 붙잡을 수 없다. 이 남녀는 그림 속에 영원히 갇혀 있기 때문이다. 포크너와 조운도 이 항아리에 그려진 남녀처럼 나이와 사회적 체면의 높은 벽 때문에 좀처럼 서로 근접할 수 없었다.

포크너는 조운과의 관계를 계속 유지하고 그녀에게서 사랑받기 위해 온갖 노력을 기울였다. 가령

포크너와 연인 관계에 있던 조운 윌리엄스는 테네시 주 멤피스 출신으로 바드 대학에 다닐 때 로언 오크로 찾아가 포크너를 처음 만났다. 포크너는 스물한 살 연하의 조운과 관계를 유지하려고 자신의 지위를 십분 활용하여 그녀가 작가가 되도록 도와주었다. 리사 히크먼은 두 사람의 관계를 다룬 『윌리엄 포크너와 조운 윌리엄스』라는 책에서 조운은 포크너를 문학적 멘토로 여겼지만, 포크너는 그녀를 성적 욕망의 대상으로 생각했다고 주장했다. 조운은 뒷날 소설가로 활약했다.

때로는 자신의 에이전트와 편집자를 동원하기도 하고, 때로는 문단에서 누리고 있는 자신의 영향력을 최대한 활용하여 조운이 문학계에 입문할 수 있게 도와주었다. 조운의 단편소설 「아침과 저녁」(1953)은 『하퍼스』 잡지에 기고했다가 거절당했지만, 포크너의 에이전트인 해럴드 오버의 도움으로 『어틀랜틱 먼슬리』에 실리면서 그녀는 화려하게 문단에 데뷔할 수 있었다.

마침내 1954년 6월 조운이 『스포츠 일러스트레이티드』의 작가 에즈러 보웬과 결혼하면서 두 사람은 자연스럽게 멀어졌다. 조운은 1960년대에 들어와 장편소설 다섯 권에 단편집 한 권을 출간할 만큼 그 나름대로 작가로서 활약하였다. 조운은 마치 "네가 아는 것에 대해 글을 써라."라는 서머싯 몸의 말을 입증이라도 하듯이 포크너와의 관계를 바탕으로 『월동』(1971)이라는 소설을 썼다. 한편 리사 히크먼은 두 작가의 관계를 다룬 『윌리엄 포크너와 조운 윌리엄스: 두 작가의 로맨스』(2006)라는 책을 출간하여 포크너의 화려한 여성 편력사에 새로운 장(章)을 덧붙였다. 조운은 포크너가 사망했을 때 그의 장례식에 참석한 유일한 '연인'이었다.

포크너는 노벨문학상을 받기 위해 스톡홀름을 방문하면서 이번에는 스웨덴의 여성 엘세 욘손과 사귀기 시작하였다. 두 사람의 관계는 1950년부터 1953년까지 3년 동안 계속되었다. 엘세는 스웨덴의 작가요 저널리스트인 소르스텐 욘손의 아내이다. 소르스텐은 뉴욕에서 특파원으로 일하면서 1946년에 로언 오크로 포크너를 찾아와 인터뷰하여 스웨덴 독자들에게 그를 널리 알린 인물이었다. 그는 포크너가 노벨문학상을 받는 데에도 그야말로 견인차 역할을 하였다. 만약 소르스텐이 없었더라면 아마 포크너는 노벨문학상을 받지 못했거나, 비록 받았다고 해도 뒤늦게 받았을 것이다.

그러나 소르스텐 욘손은 1950년에 사망하고, 대신 그의 미망인인 엘세

포크너가 연인 관계를 맺은 스웨덴 태생 엘세 욘손은 그가 1950년 12월 노벨 문학상 시상식에서 참석하러 스톡홀름에 갔을 때 처음 만났다. 그녀의 남편은 포크너를 스웨덴에 소개하여 그가 노벨문학상을 받는 데 매우 중요한 역할을 했다.

가 노벨상 시상식과 그 뒤 만찬을 포함한 행사에서 포크너를 도와주는 일을 맡았다. 남편과 함께 미국에서 오랫동안 생활한 엘세는 영어를 유창하게 구사할 뿐 아니라 미국 문화에도 꽤 능통하였다. 스웨덴 한림원에서는 이러한 이유로 그녀를 시상식과 그 밖의 행사에 초대했던 것이다. 시상식이 있기 전날 만찬이 끝난 뒤 엘세가 포크너를 자신의 아파트에 초대한 것을 보면 이 '세계적인 소설가'에게 적잖이 호감을 품고 있었음이 틀림없다.

포크너는 엘세 욘손을 처음 만나자마자 사랑하게 되었다. 노벨문학상을 받은 지 닷새째 되던 날 그는 엘세에게 보낸 편지에서 "당신을 사랑합니다. 언제나 당신 생각뿐입니다."라고 고백했으며 심지어 그녀와 함께 보낸 오후와 비교하면 노벨문학상은 아무런 가치도 없다고 말하기도 하였다. 그는 엘세의 두 눈, 머리카락, 입 등 육체를 바라보는 것이 무척 즐거웠다고 말하면서 요즘 같으면 성희롱에 해당할 발언도 서슴지 않았다. 만약 스웨덴 한림원에서 이 말을 들었다면 무척 섭섭하게 생각했을 것이다. 엘세는 미터 카펜터보다 네 살 적고 조운 윌리엄스보다는 여섯 살 많았다.

그렇다면 포크너는 엘세의 어떤 점에서 그토록 강렬한 매력을 느꼈을까? 모르긴 해도 어쩌면 다른 연인한테서는 겪어보지 못한 지적인 면에서 매력을 느꼈을 것이다. 엘세는 미터 카펜터나 조운 윌리엄스보다 그의 작품을 훨씬 잘 이해할 뿐 아니라 문학에도 상당히 조예가 깊었다. 프랑스의 포크너 전문가 미셸 그리셰는 "엘세야말로 포크너의 가장 지적이고 감수성이 풍부한 독자였는지도 모른다."고 말한 적이 있다. 어찌 되었든 포크너는 스톡홀름은 말할 것도 없고 노르웨이의 홀멘콜렌, 그리고 프랑스의 파리 등지에서 그녀를 만났다. 그리고 두 사람은 연인의 관계가 끝난 뒤에도 계속 편지를 주고받았다. 엘세가 그에게 마지막으로 편지를 쓴 것이 1960년 12월이었다. 포크너는 생전에 출간한 마지막 작품 『회상』(1962)이 나오자마자 서명하여 스웨덴에 있던 엘세에게 보냈지만, 그녀는 그가 사망한 다음에야 그 책을 받아볼 수 있었다.

할리우드 영화계 거물 줄스 스타인의 딸인 진 스타인은 포크너의 마지막 연인이었다. 1953년 12월 포크너는 하워드 혹스의 부탁을 받고 『바로 왕의 땅』의 촬영을 돕기 위해 이집트로 가는 길에 잠시 스위스의 제네바에 머문 적이 있었다. 그리고 크리스마스 날 생모리츠에서 그는 열아홉 살의 젊은 여성 진을 처음 만났다. 캘리포니아에서 학교를 졸업한 진은 이 무렵 스위스 로잔에 있는 학교에 다니고 있었다. 이듬해 1월 포크너는 파리에서 진을 만나 며칠 동안 함께 지냈다. 그리고 3월 하워드 혹스와의 계약이 끝나고 미국으로 돌아가는 길에 파리에 들러 다시 한 번 진을 만났다. 흥미롭게도 이 자리에는 엘세 욘손도 함께 있었다.

다양했던 여성 편력에서 마지막 연인이 되었던 진 스타인과 함께한 포크너.

이렇게 유럽에서 처음 만난 포크너와 진은 이제 미국으로 무대로 옮겨 만남을 계속하였다. 포크너는 1954년 12월의 뉴욕 랜덤 하우스의 편집자 색스 커민스 부부 집에서 열린 크리스마스 파티에도 진 스타인을 데려갔다. 그녀와의 만남이 주로 크리스마스와 관련되었다는 점이 흥미롭다면 흥미롭다. 1955년 진은 뉴욕으로 돌아와 영화감독 엘리아 카잔이 테네시 윌리엄스의 희곡 『뜨거운 양철 지붕 위의 고양이』(1955)를 연출할 때 그를 도와주고 있었다. 이 무렵 포크너는 옥스퍼드와 뉴욕을 오가고 있었기에 두 사람은 비교적 자주 만날 수 있었다.

파리 대학교에 머무는 동안 진 스타인은 포크너를 인터뷰하였다. 평소 인터뷰하기를 무척 꺼리는 그가 이렇게 선뜻 인터뷰에 응한 것은 두 사람의 관계가 그야말로 아주 친근했기 때문이다. 포크너의 전기 작가요 역사학자인 조얼 윌리엄슨에 따르면 진은 이 인터뷰를 『파리 리뷰』에 제공하는 대가로 그 잡지의 편집자 자리를 요구했다고 한다. 그것이 사실이라면 진은 포크너를 인터뷰하기 위해서 아마도 그와 잠자리를 함께했을 가능성을 배제할 수 없다. 어찌 되었든 이 유명한 인터뷰는 이 잡지 1956년 봄 호에 실려 포크너 연구자는 말할 것도 없고 일반 독자들로부터 큰 호응을 얻었다. 포크너가 이 인터뷰에서처럼 그토록 진솔하게 자신의 삶과 문학에 대해 이야기한 적이 일찍이 없었기 때문이다.

그러나 포크너와 진 스타인의 관계는 1958년 진이 미 법무부 변호사로 근무하던 윌리엄 밴든 휴벌과 결혼하면서 단절되었다. 언젠가 하루는 한밤중에 역시 남부 출신 작가인 트루먼 커포티가 우연히 랜덤 하우스 사무실에 들른 적이 있었다. 그런데 사무실의 작은 방에서 누군가가 무척 구슬프게 흐느끼며 우는 소리가 들려 들어가보니 다름 아닌 포크너가 울고 있더라는 것이다. 포크너는 커포티에게 "이제 모든 게 끝장이야. 모든 게 끝났어."라며 울먹였다고 한다. 바로 진과의 결별을 의미했던 것이다. 그날 포크너는 맨해튼의 앨곤퀸 호텔에서 진과 함께 점심

트루먼 커포티, 1924~1984. 루이지애나 주 뉴올리언스에서 태어나 한때 포크너를 잇는 남부 출신의 작가로 큰 기대를 모으기도 했다. 우리나라에서는 영화 「티파니에서 아침을」의 원작 소설가로 잘 알려졌다.

을 먹었는데, 그 자리에서 그녀는 그에게 결혼 소식을 전하면서 결별을 선언했다. 그 일이 있은 지 몇 년 뒤 포크너는 심장마비로 사망하였다. 그런데 커포티는 그가 심장마비로 죽은 것이 아니라 진과의 이별이 준 마음의 상처 때문에 사망했다고 주장하였다. 심장마비로 사망했건 마음의 상처 때문에 사망했건 심장과 관련 있는 것만은 틀림없는 사실이다.

포크너는 언젠가 어니스트 헤밍웨이에 대해 "그의 실수는 [그가 만나는] 모든 여자와 결혼해야 한다고 생각하는 데 있었다."라고 날카롭게 꼬집은 적이 있다. 헤밍웨이가 네 번이나 결혼했던 사실을 생각하면 포크너의 말에도 일리가 있다. 그러나 포크너의 실수는 만나는 여자마다 사랑해야 한다고 생각하는 데 있었다. 어찌 된 영문인지 그는 젊은 여성을 만날 때마다 사랑에 빠졌다. 모르긴 해도 아마 에스텔과의 불행한 결혼 생활 때문일 것이다. 그는 늘 불평만 늘어놓는 아내에게서 벗어나 젊은 여성에게서 위안을 찾고 싶었

는지도 모른다.

　이렇듯 포크너는 헤밍웨이처럼 드러내놓고 애정 행각을 벌이지 않아서 그렇지 염문으로 치자면 헤밍웨이 못지않다. 대충 꼽아보아도 포크너와 염문을 퍼뜨린 여성이 네댓 명은 된다. 그래서 어떤 비평가는 그에게 "일류 작가, 일류 술주정뱅이, 일류 난봉꾼"이라는 꼬리표를 붙이기도 한다. 같은 일류라도 '작가'라는 말에 붙는 것과 '술주정뱅이'나 '난봉꾼'이라는 말에 붙는 것에는 큰 차이가 있다. 그러나 여기에서 한 가지 분명한 사실은 포크너에게도 헤밍웨이에게도 젊은 여성은 예술 창작에 영감을 불어넣는 샘물 같은 존재였다는 점이다. 만약 이러한 샘물이 없었다면 그들의 예술적 대지는 일찍이 고갈되어 더는 '작품'이라는 꽃을 피우지 못했을지도 모른다.

　F. 스콧 피츠제럴드의 지적대로 헤밍웨이는 새로운 작품을 쓸 때마다 새로운 여성이 필요하였다. 실제로 『태양은 다시 떠오른다』(1926)를 쓸 때에는 첫 번째 아내 해들리 리처드슨이 있었다. 『무기여 잘 있어라』(1929)를 집필할 때에는 두 번째 아내 폴린 파이퍼가 그의 곁에 있었다. 『누구를 위해 종은 울리나』(1940)를 쓸 때는 세 번째 아내 마사 겔혼이 있었고, 『노인과 바다』(1952)를 쓸 때는 네 번째 아내 메리 웰시가 있었다. 실제로 헤밍웨이 자신도 "가장 훌륭한 작품은 누군가를 사랑하고 있을 때 쓸 수 있다."고 고백하였다. 이렇듯 그에게 예술의 신 무사이와 사랑의 신 에로스는 아주 가까운 사이였다. 적어도 이 점에서는 포크너도 헤밍웨이와 크게 다르지 않은 듯하다.

11. 세계 문단의 '작은 거인'

제2차 세계대전은 윌리엄 포크너의 작가적 생애에 분수령이 되어 이때부터 그는 미국뿐 아니라 전 세계 문단에서 주목받기 시작하였다. 이는 전쟁 이후 미국이 막강한 군사력과 경제력에 힘입어 세계 무대에서 맏형 역할을 하기 시작한 것과 무관하지 않다. 그러나 포크너의 진가를 먼저 발견하고 그를 극찬한 사람들은 프랑스의 작가와 비평가들이었다. 가령 앙드레 말로는 『성역』의 서문을 쓰고 장 폴 사르트르는 포크너에 관한 일련의 글을 써서 프랑스 독자들에게 그를 알리는 데 크게 이바지하였다. 또한 카뮈는 1956년 『어느 수녀를 위한 진혼곡』을 파리 무대에 올렸을 뿐 아니라 그 이듬해에는 모리스 쿠엥드로가 프랑스어로 번역한 이 소설의 서문을 쓰기도 하였다.

이렇게 프랑스를 비롯한 유럽에서 주목받은 포크너는 드디어 고국인 미국에서도 제대로 평가받기 시작하였다. 맬컴 카울리가 『포터블 포크너』를 출간한 지 2년 뒤인 1948년 그는 미국 예술원(AAAL) 회원에 추대되었고, 1950년에는 이 예술원이 역량 있는 작가에게 수여하는 윌리엄 하우엘스 메달을 받았다. 그리고 1949년에는 문학가로서 최고의 영예라고 할 노벨문학상을 받기에 이르렀다. 그는 상금 일부를 소설가를 지원하고 격려하는 기금으로 내놓았다. 지금 '펜/포크너상'으로 알려진 상은 바로 이 기금이 밑거름이 되었다. 또한 포크너는 백인 중심의 미국 사회에서 주변인으로서 소외당하는 흑인들의 고등교육을 위한 기금으로 상금 일부를 기증하기도 하였다.

이 무렵 포크너는 개인적으로도 이전과 비교하여 훨씬 여유 있고 풍요롭게 살아갈 수 있었다. 말을 타고 여우 사냥을 즐기는 등 한마디로 남부 신사로서의 체면을 유지할 수 있었으며 옥스퍼드 주민 역시 그를 대하는 태도가 전과는 전혀 달랐다. 건달이나 '무능한 백작'으로 여기고 골칫거리로 간주하던 태도를 바꾸어 자신이 사는 작은 시골 마을에서 이렇게 세계적인 작가가 태어났다는 사실에 오히려 가슴 뿌듯한 자부심을 느끼게 되었다.

더구나 이 무렵 포크너는 그동안 은둔하여 살다시피 했던 미시시피 주 옥스퍼드를 벗어나 미국을 대표하는 작가로 활약하기 시작하였다. 다시 말해서 유별나고 기벽스러운 미국 변방의 작가가 아니라 미국 문단의 중심, 더 나아가 세계적인 작가로 발돋움하였다. 여러 대학에서 학생들과 만나고 자신의 문학관을 밝히기 시작한 것도 바로 이 무렵이었다. 1947년 봄 포크너는 미시시피 대학교에서 일주일에 한 번씩 영문학과 학생들과 만나 질문을 받고 대답하였다. 그런데 한 가지 흥미로운 점은 포크너가 담당 교수들이 절대로 자기 강의에 참석해서는 안 된다는 조건을 붙였다는 사실이다. 그는 형식에 얽매이지 않고 젊은 학생들과 허심탄회하게 문학에 관해 이야기하기를 원했기 때문이었다. 영국의 소설가 D. H. 로렌스는 "작가를 믿지 말고 작품을 믿으라."고 충고했지만, 작가의 말은 때로 작품 못지않게 소중하다. 포크너는 모두 여섯 차례에 걸쳐 학생들을 만났다. 이 모임에서 그는 작가로서의 삶을 비롯하여 창작 방법, 문학관, 동료 작가들에 대한 평가, 젊은 작가 지망생에게 주는 충고 등 여러 주제에 대해 솔직하게 생각을 털어놓았다. 예를 들어 한 학생으로부터 그의 작품 중에서 가장 뛰어난 소설이 무엇이냐는 질문을 받자, 그는 『내 죽으며 누워 있을 때』, 『고함과 분노』, 『모세여 내려가라』 세 작품을 꼽는다. 처음 언급한 작품에 대해 그는 다른 작품과 비교할 때 집

1950년 버지니아 주의 샤로트빌 파밍턴 사냥 클럽에서 그로버 H. 반더벤더 와 함께 사냥에 나선 포크너.

필하기가 "좀 더 쉬웠지만, 흥미로운" 소설이라고 밝힌다. 두 번째 작품에 대해서 그는 "아직도 여전히 감동을 준다."고 말한다. 이 말을 뒤집어 보면 이 소설을 집필하면서 무척 감동했다는 뜻이기도 하다. 뒷날 포크너는 이 작품을 두고 "위대한 실패작"이라고 평가한 적이 있다. 그토록 노력을 기울였지만, 여전히 마음에 들지 않는다는 것이다. 또 이 소설에 대한 태도를 불구의 자식을 둔 부모의 마음에 빗대기도 한다. 그런가 하면 마지막 작품에 대해 포크너는 처음에는 단순히 단편소설 일곱 편을 모아놓은 단편집으로 구상했지만, 같은 주제를 일곱 가지 관점에서 다룬 색다른 장편소설로 개작했다고 밝힌다.

이 모임에서 포크너는 창작 과정에 대해 언급하기도 한다. 가령 한 학생이 그에게 작품을 처음에 어떻게 구상하느냐고 묻자, 그는 작품의 상황에 따라 다르지만, 일반적으로 얼핏 대수롭지 않게 보이는 작은 실마리가 소중한 단서가 될 때가 많다고 대답한다. 그러면서 『고함과 분노』를 집필할 때에는 시냇가에서 놀다가 속옷이 물에 젖은 한 소녀의 이미지가 발단이 되었다고 말한다. 여기에서 그가 말하는 어린 소녀는 바로 콤슨 집안의 외딸 캐디를 말한다. 다른 자리에서 포크너는 보따리 하나를 들고 시골길을 걸어가는 어느 시골 소녀의 이미지를 주춧돌로 삼아 『팔월의 빛』이라는 집을 지었다고 밝힌 적도 있다.

그러나 미시시피 대학교 학생들과의 대화에서 가장 눈길을 끄는 것은 역시 헤밍웨이에 대한 포크너의 평가이다. 포크너 자신을 포함하여 현재 활약하는 미국 작가 중에서 가장 중요한 다섯 사람이 누구라고 생각하느냐는 질문을 받자 그는 1) 토머스 울프, 2) 포크너, 3) 존 도스 패서스, 3) 헤밍웨이, 4) 윌러 캐더, 5) 존 스타인벡을 꼽는다. 이러한 평가는 비평가들이나 학자들이 내리는 평가와는 사뭇 다르다. 노스캐롤라이나 주 애시빌 출신인 울프는 독자들에게서 거의 잊히다시피 하였다. 패서스는 '길 잃은 세대(lost generation)' 작가로 그 이름을 유지하고 있고, 캐더도 '지방색 작가'라는 꼬리표가 늘 붙어 다니면서 전보다는 빛을 많이 잃었다. 포크너가 평가하는 작가 중에서 자신을 포함하여 헤밍웨이와 스타인벡만이 미국 문학사에 길이 남을 중요한 작가이다.

포크너는 이제 '미국'이라는 울타리를 넘어 국제적으로도 저명인사가 되었다. 미국은 군사적·경제적으로 맏형일 뿐 아니라 문화적으로도 맏형이라는 사실을 전 세계에 알리는 데 포크너를 적극 활용하였다. 1952년 5월 포크너는 미 국무부의 주선으로 한 달 동안 프랑스와 영국 그리고 노르웨이를 방문하였다. 유럽으로 떠나기 하루 전에는 미시시피 주 클리블랜드의 델타

포크너와 에스텔 사이에서 태어난 외딸 질과 그녀의 친구들에 둘러싸여 있는 포크너. 첫딸 앨라배마는 출생하고 나서 곧바로 사망했다. 포크너는 에스텔과 이혼하고 싶었지만, 질 때문에 끝내 이혼하지 못했다.

위원회에서 연설하였다. 유럽 여행에서 돌아와서는 옥스퍼드에서 몇 달 쉬고 나서 다시 프린스턴과 뉴욕에 갔다. 1954년 1월에는 다시 영국, 프랑스, 스위스, 이탈리아 등을 방문하였다. 이해 2월 그는 이집트의 카이로를 방문하고 8월에는 브라질의 상파울루에서 열린 국제 작가회의에 참석하였다.

포크너가 하워드 혹스의 영화 일로 유럽에 머물고 있을 때 옥스퍼드에 있는 외딸 질로부터 편지를 받는다. 결혼하고 싶은 남자를 만났으니 어서 서둘러 옥스퍼드로 돌아오라는 내용이었다. 질이 만났다는 남성은 '폴 D. 서머스'라는 미 육군사관학교 출신의 젊은 장교였다. 두 사람은 1954년 노스캐롤라이나 주 포트브래그 군기지에서 처음 만났다. 폴은 한국에서 근무를 마치고 갓 돌아온 보병 장교였고, 질은 친구 결혼식에서 신부 들러리였다. 이해 유월 그는 질에게 청혼했고, 그들은 8월에 결혼하였다. 그런데 흥미로운 것은 서머스가 처음 질을 만났을 때 사람들이 그에게 질이 윌리엄 포크너의 딸이라고 말해주자, 그는 "도대체 윌리엄 포크너가 누구인데?"라고 물었다고 전해진다. 그만큼 서머스는 노벨문학상을 받은 그 유명한 작가에 대해 아무것도 모르고 있었다. 양가의 부모는 처음에 두 사람의 결혼을 반대했지만, 결국 허락하였다.

1955년 4월 중순 포크너는 오리건 대학교와 몬태나 주립 대학교에서 강연하고 8월에는 미 국무부의 외국 방문 기획의 일환으로 일본을 방문하였다. 그때까지 주로 유럽 국가들을 방문했을 뿐이었던 그가 동양에 있는 나라를 방문한 것은 그것이 처음이자 마지막이었다. 포크너는 나가노(長野)에서 열린 '미국 문학 하계 세미나'에 참석하여 열흘 동안 머물면서 주로 미국 문학을 전공하는 일본인 학자 50여 명을 만나 그들의 질문에 대답하였다. 말하자면 미시시피 대학교에서 진행한 모임을 일본에 옮겨놓은 것과 크게 다르지 않았다. 그는 어니스트 헤밍웨이를 비롯하여 셔우드 앤더슨, 시어도어 드라이저, 존 스타인벡, 에드가 앨런 포, T. S. 엘리엇, 오스카 와일드, 그리고 앙드레 지드에 관해 매우 흥미로운 언급을 남겼으며 일본과 동양에 대한 인상이며 자신의 인생철학 등을 솔직하게 털어놓기도 하였다. 이 대화와 세미나는 『나가노에서의 포크너』(1956)라는 책으로 출간되었다.

1955년 8월 포크너는 미 국무부 주선으로 일본 나가노를 방문하여 미국 문학 전공 학자들과 일련의 세미나를 했다. 사진은 그가 머물던 나가노의 고메이칸 여관.

일본에서 돌아오는 길에 포크너는 역시 미 국무부 주선으로 이번에는

버지니아 대학교에서 학생과 교수들의 질문에 대답하는 포크너. 1957년부터 포크너는 이 대학에서 '거주 작가'의 신분으로 일련의 세미나를 열었다. 이 세미나의 내용은 『대학 강단의 포크너』라는 책으로 출간되었다.

필리핀의 마닐라를 방문하였다. 이해 8월에는 이탈리아를 방문했고, 9월에는 프랑스를 방문하였다. 그리고 프랑스에서 뉴욕으로 돌아오는 도중 10월에는 아이슬란드를 방문하였다. 그야말로 구두를 벗을 틈도 없을 정도로 바쁜 일정이었다.

1957년부터 1958년까지 포크너는 버지니아 대학교에 '거주 작가' 자격으로 머물면서 학생과 교수들과 만나 일련의 모임을 가졌다. 이 대학에서도 미시시피 대학교에서처럼 그는 비교적 자유롭게 청중의 질문을 받고 그 질문에 대답하였다. 다만 미시시피 대학교의 모임과 차이가 있다면 버지니아 대학교에서는 학생들과 함께 교수들도 참여했다는 점이다. 그는 모두 서른일곱 차례에 걸쳐 세미나를 열었고, 온갖 주제에 관해 무려 2천여 가지 질문

1957~1958년 포크너는 버지니아 대학교에서 거주 작가 신분으로 세미나를 진행했다. 사진에서 그와 담소하고 있는 사람들은 버지니아 대학의 교수들이며 맨 왼쪽은 포크너의 전기를 쓴 조제프 블로트너 교수다.

을 받고 답하였다.

포크너는 미시시피 대학교 모임에서는 주로 문학과 관련한 문제에 초점을 맞추었다면, 버지니아 대학교 모임에서는 문학은 말할 것도 없고 문학 외적인 문제도 함께 다루었다. 가령 작가의 사회적 역할이라든지, 개인과 사회 사이의 긴장을 둘러싼 문제라든지, 흑백의 인종 갈등을 비롯한 미국 남부가 안고 있는 여러 문제 등 그가 다루지 않은 주제가 거의 없다시피 하였다. 이 일련의 세미나는 뒷날 『대학 강단의 포크너』(1959)라는 책으로 출간되었다. 버지니아 대학교에서는 포크너의 공로를 인정하여 1960년 8월 그를 이 대학의 교수로 임명하였다.

포크너는 1956년 11월과 이듬해 2월 워싱턴과 뉴욕에서 열린 '피플 투 피플' 프로그램에 참석했고 1956년 3월에는 미 국무부의 기획으로 2주일 동안 그리스의 아테네를 방문했으며 1958년에는 프린스턴 대학교의 인문학 연구소에서 2주일을 보내면서 연구원들과 일련의 모임을 계속하는 등 미국 전역과 지구촌 곳곳을 누비며 분주한 나날을 보냈다. 말하자면 그는 미국의 문학을 전 세계에 홍보하는 친선 문화 대사 역할을 맡았던 것이다.

이렇게 자신에 대한 관심이 부쩍 높아지자 그는 은근히 속물근성을 드러내기도 하였다. 예를 들어 1949년 MGM 영화사에서 그의 소설 『어둠 속의 침입자』를 영화로 만들었을 때 그는 옥스퍼드에서 열린 특별 시사회에 참석하지 않겠다고 고집을 부렸다. 옥스퍼드에서 영화를 촬영할 때에는 푸에르토리코 출신 배우(루커스 뷰챔프 역)에게 흑인 발음을 고쳐주는 등 그런대로 촬영에 협조하였다. 그러던 그가 세계가 주목하는 가운데 막상 특별 시사회를, 그것도 일부러 그의 고향 옥스퍼드에서 성대하게 열었을 때 참석하지 않겠다고 했던 것은 아무리 생각해도 상식 밖의 행동이라고 아니할 수 없다. 결국, 그의 친척들이 멤피스에서 사는 그의 종조모 앨라배마 포크너를 설득하여 가까스로 그를 참석하게 할 수 있었다. 즉, 앨라배마가 포크너에게 영화 시사회에 꼭 가고 싶으니 동행해달라고 부탁했던 것이다. 포크너 가문의 여자 가장(家長)과 다름없는 그녀의 부탁이었기에 그로서도 도저히 거절할 도리가 없었다.

또한 노벨문학상을 받았을 때에도 포크너는 스톡홀름에서 열리는 시상식에 참석하지 않겠다고 한사코 고집을 부렸다. 스웨덴의 한림원과 노벨위원회는 1949년에 노벨문학상 수상자를 선정하지 않기로 했다가 이듬해에 영국 철학자 버트런드 러셀을 수상자로 선정하면서 포크너를 1949년 수상자로 선정하였다. 예년과 달리 수상식이 일 년 늦어진 까닭이 바로 여기에 있다. 그런데 어찌 된 영문인지 포크너는 노벨상을 받으러 스웨덴에 가지 않겠다고 고집을 부렸다. 미 국무부가 그에게 압력을 넣고 주미 스웨덴 대사가 설득하고 마침내 그의 가족이 나서서 애원하였다. 특히 그가 사랑하는 외딸 질이 이번 기회에 유럽을 여행하고 싶다면서 아버지를 설득하자 포크너는 비로소 마음을 바꾸었다.

물론 포크너는 평소 유명 인사로 행세하려 들지 않기로 유명했지만, 이번에는 사정이 조금 달랐다. 노벨문학상은 전 세계 작가들이 선망하는 상징적인 상이었으며 포크너가 그 상을 받는다는 것은 그 개인뿐 아니라 미국으로서도 자부심을 느낄 만한 일이었고, 미국이 군사·경제 분야만이 아니라 문화 분야에서도 강대국임을 전 세계에 알릴 절호의 기회였다. 만약 포크너가 시상식에 참석하여 수상 연설을 하지 않았다면 오늘날 그의 유명한 연설문도 없었을 것이다. 이 연설문에서 그는 "오늘날 젊은 남녀 작가들은 서로 갈등하는 인간 마음의 여러 문제를 잊고 있습니다. 오로지 그것만이 쓸 만한 가치가 있으며, 고뇌하고 땀을 흘릴 만한 가치가 있습니다."라고 천명하였다. 그러면서 "나는 인간의 종말을 받아들이지 않습니다. (……) 인간은 단순히 참고 견딜 뿐 아니라 승리하리라고 믿습니다."라며 자신의 믿음을 토로하였다. 포크너의 연설은 지금까지도 역대 노벨상 수상 연설문 중에서 가장 훌륭한 연설로 꼽힌다.

한번은 존 F. 케네디 대통령이 미국인 노벨상 수상자들을 백악관으로 초빙하여 만찬을 베푼 적이 있었다. 그러나 포크너는 "백악관은 1백 킬로미터하고도 60킬로미터가 넘게 떨어져 있는 곳이야. 저녁 한 끼 얻어먹자고 가기에는 너무 먼 길이지."라고 말하면서 거절하였다. 또 "낯선 사람과 저녁 한 끼 먹자고 그렇게 먼 길을 여행하기에는 내 나이가 너무 많다고 전해주게." 또는 "농부가 집을 비우면 가금(家禽)은 누가 돌보나?"라고 말했다는 이야기도 전해진다. 그런데 이 시기에 포크너는 미시시피 주 옥스퍼드가 아니라 버지니아 주 샬로츠빌에 머물고 있었다. 샬로츠빌에서 백악관이 있는 워싱턴까지는 겨우 두 시간 삼십 분밖에 걸리지 않는 가까운 거리이다. 포크너가 백악관 만찬에 참석하지 않은 것은 퓰리처상을 받은 시인 로버트 로웰이 린든 B. 존슨 대통령의 백악관 초대를 거절한 것과는 차원이 조금 다르다. 로웰의 거절은 냉전을 고수하는 미국의 외교 정책에 불만을 표시하는 정치적 항의였다. 그러나 포크너의 거절은 다분히 속물근성에서 비롯한 것이라고 볼 수밖에 없다. 그러나 한편으로 생각해보면 포크너의 이러한 태도가 단순히 속물근성에서 비롯했다고 말할 수 없을지도 모른다. 로웰처럼 그도 거부의 몸짓을 빌려 미국 정부에 대해 무언가를 항의했을 가능성을 배제할 수 없기 때문이다. 1958년 포크너는 미국 예술원에서 연설한 적이 있다. 이때 그는 예술가들을 홀대하는 미국 정부에 대해 불편한 심기를 드러냈다. 그는 "오늘날 [미국의] 예술가는 미국 경제에서처럼 미국 문화에서도 실제적인 위치를 차지하지 못하고 있다. (……) '미국의 꿈'이라는 모자이크에서 전혀 위치를 차지하지 못하고 있다."라고 말하였다. 그렇다면 포크너는 만찬에 참석하지 않음으로써 그 나름대로 작가나 지식인들을 배려하지 않는 미국 행정부에 불만을 토로한 셈이다.

포크너는 사망하기 석 달 전 뉴욕 주 웨스트포인트에 있는 미 육군사관학교를 방문하여 곧 출간될 작품 『회상』에서 몇몇 에피소드를 발췌하여 낭독하였다. 그리고 낭독이 끝난 뒤에는 생도와 교수, 직원들 그리고 신문기자들의 질문에 대답하였다. 이튿날에는 문학 강의를 듣는 생도들과 만나 자신의 인생관과 세계관, 작품 창작, 그리고 미국에 대한 견해를 폭넓게 피력하였다. 버지니아 대학교나 일본 나가노 회의에서처럼 육군사관학교 세미나 내용도 『웨스트포인트에서의 포크너』(1964)라는 책으로 출간되었다.

그 뒤에도 포크너는 국내외에서 여전히 분주한 시간을 보냈다. 1960년 콜로라도 주 덴버에서 열린 유네스코 회의에 참석했고 이듬해 4월에는 미 국무부 주선으로 2주일 일정으로 남아메리카 베네수엘라를 방문하였다. 이처럼 빠듯한 일정에서도 1962년 1월 버지니아 주 샬로츠빌에서 말을 타다가 떨어져 부상하는 사고가 일어났고 같은 해 7월에는 옥스퍼드에서 말을 타던 중 낙마하여 미시시피 주 바이헤일리아에 있는 한 병원에 입원하였다. 그리고 7월 6일 새벽 1시 30분에 심장마비로 사망하여 이튿날 옥스퍼드의 세인트 피터스 공동묘지에 묻혔다.

생각할수록 포크너의 작가적 역량은 참으로 놀랍기만 하다. 『사토리스』(『흙 속의 깃발』)를 출간한 1929년부터 『모세여 내려가라』를 출간한 1942년까지 줄잡아 13년 동안 포크너는 다른 작가들이라면 평생 썼을 만한 양의 작품을 집필하였다. 물론 한 작가의 위대성은 작품의 양과 정비례하지는 않는다. 세계 문학사를 들여다보면 단 한 편의 작품으로 고전의 반열에 오른 경우를 가끔 보게 되기 때문이다. 예술가에게 중요한 문제는 양이 아니라 질이다. 이 기간에 포크너가 출간한 작품은 양만이 아니라 질적으로도 미국 문단은 말할 것도 없고 세계 어느 문단에 내놓아도 손색이 없을 만큼 뛰어나다. 포크너의 작품은 미국 남부와 북부 사이의 갈등보다는 오히려 현대인이라면 누구나 부딪히는 보편적인 문제와 인간 조건을 다룬다. 그의 위대성은 이처럼 특수한 것으로부터 보편적인 것, 즉 그의 표현을 빌리자면 "우표딱지만 한 고향 땅"을 "서로 갈등하는 인간 마음의 여러 문제"로 끌어올린 데 있다. 그의 작품이 빛을 내뿜을 때에는 지리적 한계와 공간적 제약을 훌쩍 뛰어넘는다. 그가 사망한 지 50여 년이 지난 지금, 그리고 태평양 건너 한반도에 살고 있

포크너의 장례식에 참석한 에스텔 올드햄(사진의 가운데). 미시시피 주 옥스퍼드 세인트 피터스 공동묘지에 안장된 포크너의 무덤 묘석에는 "사랑하는 당신이여, 하느님과 함께 기소서."라는 구절이 새겨져 있다.

는 독자가 읽어도 그의 작품은 오월의 훈풍처럼 싱그럽다.

더구나 포크너는 작품의 형식 면에서도 전통에 안주하지 않고 부단히 실험적인 시도를 거듭하여 영역을 넓혀갔다. 자신을 '실패한 시인'으로 불렀던 그는 소설에 시적 요소를 가미하였다. "나는 작품에서 시적 요소를 사용한다. 결국 산문도 시가 아닌가."라고 말하는 그의 몇몇 작품은 소설보다는 산문시를 읽는 느낌이 들기도 한다. 또한 『어느 수녀를 위한 진혼곡』에서 볼 수 있듯이 그는 소설과 연극을 결합하여 작품에서 독특한 효과를 내려고 시도한 적도 있다. 한마디로 그는 어떤 작가보다도 소설과 시와 연극 사이의 인위적인 장벽을 허물고 자기 방식대로 그 간극을 채우려고 애썼다.

포크너 문학에서 빼놓을 수 없는 특징은 다름 아닌 만연체 문체이다. 헤밍웨이는 언제나 "산문은 실내 장식이 아니라 건축이다. 그리고 바로크 건축은 지나갔다."고 말한 적이 있다. 그의 미학적 선언문과 다름없는 이 문장은 특유의 하드보일드 스타일을 천명한다. 소설 작품에서 그는 실내 장식처럼 정교한 스타일이 아니라 건축물처럼 단순하고 소박한 스타일을 추구하였다. 한마디로 헤밍웨이의 문체는 한 치의 낭비도 없이 기능주의를 목숨처럼 생각하는 모더니즘 건축 양식에 가깝다. 그는 마치 "적은 것이 많은 것이다."라는 모더니즘 건축의 슬로건을 작품에 그대로 옮겨놓으려고 하는 것 같다. 그러나 포크너라면 헤밍웨이의 이 말을 받아 아마 "산문은 건축이 아니라 실내 장식이다. 그리고 모더니즘 실내 장식은 지나갔다."고 말했을 법하다. 또 실내 장식이라도 모더니즘이나 미니멀리즘의 단순한 스타일이 아니라 왕궁이나 대성당에서 흔히 볼 수 있는 복잡하고 정교한 스타일을 추구했을 것이다. 헤밍웨이는 바로크 건축 양식 시대는 이제 한물갔다고 말하지만, 포크너는 바로 바로크 건축 양식이나 그보다 앞서 중세기 말에 한때 유럽을 풍미한 고딕 건축 양식을 문학 작품에 그대로 옮겨놓으려고 하였다. 서울에 있는 건축에 빗대어 말하자면, 헤밍웨이의 문체가 여의도 63빌딩과 비슷하다면 포크너의 문체는 명동성당과 비슷하다.

    포크너의 바로크나 고딕 스타일 문장을 읽다 보면 어느 러시아 여성 발레리나의 말이 떠오른다. 그녀는 무대에서 아주 정교하고 복잡한 율동을 선보였다. 누가 보아도 무엇을 의미하는 동작인지 도무지 알 수 없는 난해한 발레였다. 공연이 끝난 뒤 청중 한 사람이 그녀에게 다가가 "당신은 발레를 조금 더 쉽게 할 수 없나요?"라고 물었다. 그랬더니 발레리나는 "그렇게 할 수만 있다면 왜 그렇게 하지 않겠어요?"라고 되물었다. 다시 말해서 그렇게밖에는 달리 표현할 길이 없다는 것이다. 포크너도 그 러시아 발레리나와 다르지 않다. 만약 포크너가 다른 작가들처럼 쉽고 간단하게 작품을 쓸 수 있었다

같은 시대에 활약한 포크너와 헤밍웨이는 서로 경쟁 관계에 있었다. 특히 문체에서 두 작가는 아주 대조적이다. 포크너가 바로크 스타일의 만연체를 중시한다면 헤밍웨이는 하드보일드의 간결체를 지향한다. 위의 그림은 문체에 대한 두 작가의 상반된 생각을 축약적으로 표현했다.

면 굳이 어렵게 쓰지는 않았을 것이다. 그도 발레리나와 마찬가지로 그렇게 밖에는 달리 쓸 방법이 없었다. 예를 들어 『압살롬, 압살롬!』의 첫 장 첫 단락은 오직 두 문장으로만 구성되어 있다. 그런데 첫 문장은 열 줄이고 두 번째 문장은 열네 줄로 첫 단락만 해도 한 쪽이 넘는다. 이렇게 긴 문장을 읽다 보면 쉬지 않고 달릴 때처럼 숨이 차다. 꼬리에 꼬리를 물고 이어지는 그의 긴 문장은 때로 최면 효과를 낸다. 헤밍웨이라면 포크너의 한 문장을 아마 서너 문장, 아니 네다섯 문장으로 나누었을 것이다. 포크너의 글에서는 헤밍웨이의 하드보일드 스타일에서 도저히 맛볼 수 없는 독특한 맛을 느낄 수 있다.

비단 문장의 길이만이 아니다. 어휘 선택에서도 포크너는 헤밍웨이와는 사뭇 다르다. 단순하고 소박한 앵글로색슨 계통의 토착어를 즐겨 사용하는 헤밍웨이와는 달리, 포크너는 고대 그리스어나 라틴어에서 파생된 난해한 어휘를 즐겨 사용한다. 헤밍웨이의 문체와 관련하여 포크너는 "어휘를 적절하게 사용했는지 알아보기 위해 독자가 사전을 찾아보게 할 만한 어휘 한 마디도 사용한 적이 없는" 작가라고 날카롭게 꼬집는다. 포크너에게 질세라 헤밍웨이도 "아, 가엾은 포크너! 그 사람은 정말 엄청난 어휘를 사용하기만 하면 엄청난 감정이 생긴다고 생각한단 말인가?"라고 되받아쳤다.

물론 그렇다고 헤밍웨이의 문체가 포크너의 문체보다 못하다는 말은 아니다. 단지 두 사람의 문체가 서로 다르다는 점을 말하는 것뿐이다. 프랑스의 박물학자요 철학자인 조르주 루이 뷔퐁의 말대로 "문체가 곧 그 사람"이라면 작가의 개성이나 인격이 문체를 결정짓게 마련이다. 이렇듯 헤밍웨이와 포크너가 저마다 구사하는 문체는 곧 그들의 개성이나 인격, 좀 더 넓혀 보면 그들의 문학관이나 세계관의 반영에 지나지 않는다. 헤밍웨이는 단순하고 소박한 문체로밖에는 자신의 문학을 표현할 수 없었고, 이러한 사정은 포크너도 마찬가지였다.

포크너는 이렇게 어려운 어휘와 난삽한 문장 구조를 사용하는 탓에 심지어 영어를 모국어로 삼는 사람들조차도 그의 작품을 읽어내기가 쉽지 않다고 불평한다. 가령 그의 작품 중에서도 비교적 읽기 쉽다는 『팔월의 빛』의 첫 단락 첫 문장만 해도 그러하다. 이 첫 장면에는 시골 처녀가 보따리를 들고 길을 걸어가다가 언덕바지에 앉아 잠시 쉬는 장면이 나온다. 그녀는 "앨라배마 주에서 왔지."라고 생각한다. 포크너는 이 문장 바로 다음에 콜론을 찍고 난 뒤 "a fur piece"라는 구를 덧붙인다. 그런데 미국 독자 중에도 이 구를 제대로 이해하는 사람이 많지 않다. 이 영어 표현은 글자 그대로 받아들이면 밍크 코트 같은 두터운 털옷을 말한다. 날씨가 무더운 한여름, 그것도 미국 남부 미시시피 주의 한여름에 도대체 여주인공은 왜 털옷 이야기를 꺼낸 단 말인가? 이 소설의 첫 문장을 읽으며 이렇게 생각하는 사람이 적지 않을 것이다. 그러나 여기에서 포크너가 말하는 것은 '털옷'이 아니라 '먼 길'이다. 누구나 알기 쉽게 그저 "a long distance"라는 표현을 사용해도 될 것을 굳이 남부 사투리를 구사하여 "a fur piece"라는 표현을 사용한 것이다. 그러나 이 두 표현 사이에는 함축적 의미에서 묘한 뉘앙스의 차이가 있다.

포크너의 바로크나 고딕 스타일은 비단 그의 만연체 문체에 그치지 않고 플롯의 구성 방법에도 해당한다. 그의 작품 중에서도 가장 난해한 작품으로 꼽히는 『고함과 분노』만 해도 그러하다. 만약 독자들이 좀 더 쉽게 이해하게 했다면 지금 상태처럼 '벤지→ 퀜틴→ 제이슨 → 전지적 시점'으로 이야기를 구성하지 않고 평범하게 연대기적으로 구성할 수도 있었을 것이다. 그런데도 포크너는 굳이 현재의 구성 방법을 고집하였다. 만약 이 소설의 구성을 바꾸었더라면 독자들은 이 작품을 훨씬 다르게 느낄 것이다.

앞에서 말했듯이 포크너는 어느 독자가 그의 작품을 세 번 읽어도 잘 모르겠는데 어떻게 하면 좋겠느냐고 물었을 때 "그러면 네 번을 읽으라."고 충고한 적이 있다. 세 번 읽어서 이해할 수 없다면 네 번 읽어야 하고, 네 번 읽어도 이해할 수 없다면 다섯 번 읽어야 할 것이다. 어찌 보면 지극히 상식적이고 당연한 대답을 하고 있는 셈이다. 포크너의 작품이 난해한 것은 사실이지만, 저자가 독자를 골탕 먹이려고 일부러 어렵게 쓴 것은 아니다. 다시 한번 되풀이해 말하지만, 그로서는 그렇게밖에는 달리 쓸 수가 없었기에 그렇게 쓴 것이다.

12. 부정에서 긍정으로

　　윌리엄 포크너가 요크너퍼토퍼 소설을 비롯한 그의 모든 작품에서 다루는 삶의 본질은 과연 무엇일까? 물론 그것을 한마디로 요약한다는 것은 불가능한 일이겠지만, 편의상 그것을 '실존주의적 휴머니즘'이라고 부를 수 있을 것이다. 포크너는 대부분 실존주의자와 마찬가지로 삶을 본질적으로 비극적인 것으로 보았다. 삶의 비극적 의미는 후기 작품에 이르러 한결 누그러져 나타나지만, 초기와 중기 작품에서는 말할 것도 없고 모든 작품에 걸쳐 광범하게 다루어지는 주제이다. 포크너가 소설가로서 첫걸음을 내딛기 시작하던 시절에 쓴 작품들, 이를테면 『뉴올리언스 스케치』에 수록된 산문 소품에서 포크너는 인간을 "물기가 다 빠지면 먼지로 돌아가는 한 줌의 축축한 진흙 덩어리"에 빗댄다. 자칫 염세주의적이라고 할 인간에 대한 이러한 비유를 그는 『흙 속의 깃발』을 비롯하여 『고함과 분노』와 『압살롬, 압살롬!』을 거쳐 『정복되지 않는 사람들』에 이르기까지 끊임없이 사용한다. 삶의 비극적 의미가 가장 뚜렷이 나타난 작품은 역시 『오월제』라는 우화이다. 이 작품에는 '갤윈'이라는 젊은 기사가 주인공으로 등장한다. 갤윈은 꿈속에서 만난 미모의 여성을 찾아 헤맨다. 그런데 그는 언제나 왼쪽에 '고통', 오른쪽에 '배고픔'이라는 동반자와 함께 여행한다. 갤윈은 여행 중 숲 속에서 '시간'이라는 노인을 만난다. 이 노인은 갤윈을 동반하는 두 사람에게 도대체 '갤윈'이라는 기사가 누구냐고 묻는다. 그러자 '고통'과 '배고픔'은 동시에 이렇게 대답한다.

"그는 한 줌의 축축한 진흙 덩어리입니다. 마치 서로 다른 두 줄기 바람이 깃털을 장난치듯이 그에게서 물기가 모두 말라버릴 때까지 우리가 그를 마음 내키는 대로 이리저리 끌고 다니는 그런 진흙 말입니다. 그래서 물기가 모두 빠져버리면 그는 여느 다른 한 줌의 흙과 마찬가지가 되지요. 그렇게 되면 우리는 더 이상 그에게 관심을 두지 않는답니다."

이 젊은 기사는 마침내 강에 몸을 던져 죽음을 맞이한다. 포크너가 이 우화에서 말하려는 바는 분명하다. 인간은 '고통'과 '배고픔'에 시달리며 평생 환상을 찾아 헤매지만, 그 여로 끝에는 죽음이 그를 기다리고 있다는 것이다. 그러고 보니 포크너의 세계관은 불가(佛家)에서 말하는 고해(苦海)와 비슷하다. 불가에서 말하는 삼계는 괴로움이 가득하여 끝이 없으므로 이를 흔히 괴로움의 바다에 빗댄다. 좀 더 구체적으로 말하면 인간은 생로병사(生老病死)의 사고(四苦) 말고도 사랑하는 사람과 헤어지고, 미워하는 사람과 만나고, 구해도 얻지 못하고, 오온(伍蘊)에 집착하는 탓에 일어나는 고통을 포함하여 모두 여덟 가지 고통, 즉 팔고(八苦)에 시달린다.

그런데 포크너는 실존주의자 장 폴 사르트르와 마찬가지로 인간의 비극은 무엇보다도 '시간'이라는 쇠사슬에 묶여 있기에 생겨난다고 보았다. 사실 미국 문학을 통틀어 포크너의 주인공만큼 시간에 대한 강박관념에 사로잡힌 인물도 드물다. 대부분 포크너 주인공은 '시간'이라는 거센 흐름 앞에서 인간의 모든 욕망과 노력은 한낱 헛수고에 지나지 않는다는 사실을 깨닫는다. 가령『고함과 분노』에서 콤슨 집안의 가장(家長) 제이슨은 큰아들 퀜틴에게 "인간은 불행의 총화이다. 언젠가 불행이 지치리라고 생각하겠지만, 그때에는 시간이 너의 불행이 된다."고 말한다.

인간의 모든 행동은 궁극적으로 이렇게 파멸적인 시간 앞에서 완전히 의미를 상실한다는 주제가 가장 극적으로 형상화되어 있는 작품이 바로 『압살롬, 압살롬!』이다. 가난했던 어린 시절에 겪은 치욕을 씻고자 토머스 섯펜은 평생 이룩해야 할 목표를 설정해놓고, 그것을 향하여 온갖 노력을 아끼지 않지만, 결국 그의 야망은 한 줌의 물거품처럼 무너지고 만다.

　그러나 포크너는 어느 작가보다도 삶의 비극적 의미를 절감하고 있으면서도 결코 삶 자체를 부정하지는 않는다. 그는 고통과 절망과 슬픔을 삶의 본질로 받아들임으로써 오히려 그것을 삶을 영위하는 창조적인 에너지로 전환하려고 한다. 이러한 태도는 초기 작품보다는 후기 작품에서 뚜렷하게 엿볼 수 있다. 그는 『어느 수녀를 위한 진혼곡』에 등장하는 개빈 스티븐스처럼 "이 세상의 구원은 인간의 고통 속에 있다."고 굳게 믿는다. 그리고 『야생의 종려』에 등장하는 해리 윌번처럼 "슬픔과 무(無) 중에서 나는 슬픔을 택하겠노라."라고 잘라 말한다. 그의 작중인물들은 아무리 보잘것없는 것이라고 할지라도 현세의 삶을 결코 포기하지 않고 그것을 끝까지 지키려고 노력한다. 그렇기에 포크너는 실존주의자들처럼 자살을 삶에 대한 배신 행위로 간주한다. 그의 몇몇 주인공은 삶의 비극에 절망한 나머지 스스로 목숨을 끊지만, 대부분 주인공은 삶이 그렇게 살 만한 가치가 많은 것은 아니지만, 결국 그것이 그가 지닌 모든 것이라고 생각한다. 다시 말해서 삶이 장밋빛처럼 낙관적이지는 않아도 한 번밖에 허락되지 않는 일회적인 것이라는 사실을 깊이 깨닫는다.

　이렇게 삶의 본질이 '무엇'인지 깨달은 포크너 주인공들은 이 소중한 일회적 삶을 '어떻게' 살 것이냐는 문제에 관심을 기울인다. 포크너의 주인공들은 대부분 삶을 의미 있게 사는 방법 중 하나로 과거부터 전해 내려오는 인습·전통·도덕·종교 등의 이름으로 '나' 외의 외부에서 오는 제약을 모두 배격한 채 오로지 자신이 창조한 가치 체계에 따라 살기를 바란다. 다시 말해서 그들은 마치 도공이 진흙 덩어리를 손에 쥐고 그들이 원하는 대로 빚어내듯이 자신의 삶을 영위하려고 노력한다. 포크너의 몇몇 주인공은 자연주의 작품에 등장하는 작중인물처럼 유전이나 환경과 같은 외적인 힘에 희생되는 인물이다. 그러나 포크너의 중기 작품과 후기 작품에 등장하는 대부분 주인공은 결정론의 영향을 받기보다는 오히려 자유의지를 행사하여 자신의 삶을 의미 있는 것으로 만들어간다. 예를 들어 『팔월의 빛』의 조 크리스마스가 그러하고, 『모세여 내려가라』와 『무덤 속의 침입자』의 루커스 뷰챔프가 그러하다. 또한 이 두 작품에 나오는 아이작 맥캐슬린과 찰스 맬리슨도 그러한 인물이다. 그리고 『우화』의 주인공 사병 스테판 역시 예수 그리스도처럼 사랑과 평화의 사도로서의 삶을 살기로 선택한다. 이들 주인공은 모두 사회가 정한 인습이나 관습에 따라 행동하기를 거부한 채 추상적 사물이 아닌 진정한 인간으로서 대접받기를 바란다. 오스트리아 출신의 유대계 실존주의자 마르틴 부버의 표현을 빌리자면, 그들은 하나같이 '그것(it)'이 아닌 '나(I)'로 인정받고 싶은 것이다.

그런데 포크너의 주인공들은 이렇게 개인의 자유와 자신의 정체성을 지키기 위해 아주 값비싼 대가를 치르게 된다. 그 대가는 다름 아닌 소외와 고립이다. 그러나 그들은 흔히 사회로부터 어쩔 수 없이 버림받은 추방자들이라기보다는 오히려 '사회'라는 울타리를 스스로 박차고 나온 국외자들이다. 그렇기에 그들은 '소외와 고립'이라는 쓰라린 멍에를 걸머지고 있으면서도 비굴하기는커녕 오히려 당당하고 의기양양하다. 그 대표적인 인물이 조 크리스마스로 그가 제퍼슨에 처음 도착했을 때 많은 사람이 그를 매우 '오만한' 인물로 생각한다. 포크너는 그의 이러한 오만함과 소외를 두고 "마치 그것이 깃발인 듯이 그는 자랑스럽게 그것을 지니고 다닌다."고 말한다. 그래서 조가 제퍼슨에서 처음 일하는 제재소의 우두머리는 그의 오만한 태도에 대해 "우리는 그 녀석을 평삭기에 밀어버려야 해. 그래야만 그의 얼굴에서 그런 표정을 없애버릴 수 있을지 몰라."라고 말한다. 그러나 조의 얼굴에서 이러한 표정은 쉽게 사라지지 않으며, 마침내 퍼시 그림에게 살해되는 순간까지도 그의 표정은 '의기양양'하다.

더구나 포크너의 주인공들은 대부분 무신론적 실존주의자들과 마찬가지로 초월적이거나 초자연적인 존재를 좀처럼 받아들이지 않는다. 비록 포크너는 흔히 '성서 지대'로 일컫는 미국 남부, 즉 다른 어느 지역보다도 정통파 기독교가 영향력을 발휘하는 남부 지방에서 살았으면서도 그의 주인공들은 제도화된 기독교에 남다른 혐오감을 품는다. 포크너의 작품에는 『내 죽으며 누워 있을 때』의 휘트필드나 『팔월의 빛』의 게일 하이타워, 『우화』의 토브 서터필드 같은 '실패한' 목사가 자주 등장하는데 그들은 형식화한 기독교가 얼마나 제구실을 하지 못하는지를 말해주는 인물들이다.

이렇듯 포크너의 주인공들은 비록 신의 존재 자체를 부인하지는 않지만, 신은 20세기 현대인들을 구원할 만한 어떤 능력도 없다고 믿는다. 예를 들어 『압살롬, 압살롬!』에서 제이슨 콤슨은 그의 큰아들 퀜틴에게 "신은 이제 노인이 되었다."면서 신은 이제 인간에게 아무런 영향력을 행사할 수 없다고 말한다. 이와 마찬가지로 『모세여 내려가라』에 수록된 「곰」에서도 커라더스 맥캐슬린 에드먼스는 그의 사촌 아이작 맥캐슬린에게 "하나님은 괴팍하거나 무능하거나, 아니면 눈 먼 장님이다."라고 잘라 말한다. 자칫 불경스럽고 신성모독적으로 들릴 만한 발언이다. 포크너가 19세가 말엽에 태어났기 망정이지 만약 중세에 태어났더라면 아마 장작더미 위에서 화형당했을 것이다.

요컨대 포크너가 그의 여러 작품에서 다루는 삶의 문제는 사르트르가 말하는 실존주의적 휴머니즘에 가장 가깝다. 요크너퍼토퍼 소설이건 비요크너퍼토퍼 소설이건 그의 모든 작품에서 그가 즐겨 다루는 인간 조건은 비록 비극적이지만 그렇다고 염세주의적이지는 않다. 여기에서 '비극적'이라는 말과 '염세주의적'이라는 말을 엄격히 구분할 필요가 있다. 전자에서는 궁극적으로 삶을 긍정하지만, 후자에서는 삶을 부정한다.

포크너는 흔히 추악하고 어두운 삶의 경험을 즐겨 다루면서도 궁극적으로는 삶을 긍정함으로써 인간에 대한 깊은 이해와 신뢰를 보여준다. 인간은 그의 힘으로 극복할 수 없는 비극에 직면해 있지만, 그는 그것을 가지고 여전히 무엇인가 만들어내려고 노력한다는 데 그의 불멸성이 있다. 포크너는 인간의 삶이 한낱 "한 줌의 축축한 진흙 덩어리"에 지나지 않는다 할지라도 인간은 또한 그것을 가지고 자신이 원하는 모습을 마음대로 빚어낼 수 있다는 믿음을 버리지 않는다. 그가 노벨문학상 수상 연설문에서 천명하듯이 모든 피조물 가운데에서 오직 "인간만이 영혼 —연민하고 희생하고 인내할 수 있는 정신"을 소유하고 있기 때문이다.

윌리엄 포크너는 요즈음 기준으로 보면 대학을 졸업했다는 학사학위증은 말할 것도 없고 고등학교 졸업장도 제대로 받지 못한 낙오자요 사회 부적응자였다. 더구나 그가 태어나 자라고 평생 살았던 미시시피 주는 지금도 미국 오십 개 주 중에서도 가장 가난한 축에 낀다. 가장 가난한 주의 조그마한 소읍 옥스퍼드에서 그가 이룩한 업적은 가히 기적이라고밖에는 달리 설명할 수 없다. 그러나 좀 더 따져보면 그것은 단순히 기적이 아니라 포크너의 타고

난 예술적 재능이며 예술가로서 갈고닦은 성실성 덕분에 가능한 일이었다. 그는 비록 평생 술독에 빠져 살다시피 했어도 작품을 쓸 때에만은 음주를 삼가려고 애썼다. 알코올이 창작에 별다른 도움을 주지 못한다고 판단했기 때문이었다. 그에게 술은 일상생활의 온갖 압력에서 벗어나기 위한 도피처였을 뿐이다.

이렇게 타고난 재능과 성실성을 유기적으로 결합하면서 포크너는 윌리엄 셰익스피어 이후 가장 훌륭한 작가가 되었다. 그동안 미국 작가 중에는 '미국의 셰익스피어'라는 칭호를 받은 사람이 한둘이 아니었다. 헤밍웨이와 포크너 그리고 그들이 존경해 마지않는 '미국 문학의 링컨' 마크 트웨인도 흔히 그러한 칭호를 받았다. 그러나 엄밀히 말해서 포크너만큼 그 칭호가 잘 어울리는 작가도 찾아보기 어려울 것 같다. 작품에서 온갖 작중인물을 두루 다룬다는 점에서 그러하고, 그러한 인물을 빌려 만물상 같은 인간사를 폭넓게 다룬다는 점에서도 그러하다. 그런가 하면 포크너는 셰익스피어처럼 시간과 공간을 초월하는 보편적인 경험을 다룬다. 이러한 점에서 포크너야말로 참다운 의미에서 '미국의 셰익스피어'라고 부를 수 있을 것이다.

제2장

신화적 왕국의 창조, 『흙 속의 깃발』

    포크너의 요크너퍼토퍼 세계는 전체적인 구성과 계획에서 연작소설의 형태를 취한다. '연작소설'이란 동일한 사건이나 작중인물 또는 주제가 한 작가의 여러 작품에 되풀이되는 소설을 말한다. 포크너는 "한 권 한 권의 책에는 제각기 계획이 있어야 할 뿐 아니라 한 작가의 작품 전체에도 하나의 일관된 계획이 있어야 한다."고 하였다. 그리고 요크너퍼토퍼 소설 전체에 일관성이나 통일성을 부여하는 방법으로 연작소설의 형태를 택했던 것이다.

    이렇게 자신의 소설을 연작소설의 형태로 발전시키는 데 포크너는 여러 선배 작가에게서 영향을 받았다. 예를 들어 어떤 의미에서 미국 소설의 기틀을 처음 마련한 작가라고 할 제임스 페니모어 쿠퍼는 모두 다섯 권으로 이루어진 「레터스타킹 이야기」에서 '내티 범포'라는 동일한 인물을 주인공으로 등장시킨다. 쿠퍼와 마찬가지로 프랑스의 자연주의 문학 전통을 세운 에밀 졸라 또한 '루공 마카르' 소설에서 동일한 작중인물을 한 편 이상의 작품

『흙 속의 깃발』줄거리

　　미국 미시시피 주 북부에 자리 잡은 요크너퍼토퍼 군의 제퍼슨 읍. 사토리스 집안은 대농장을 소유한 지역의 명문가이다. 남북전쟁 중에 존 사토리스 대령은 혁혁한 공을 세우고, 전쟁이 끝나자 고향으로 돌아와 철도를 건설하고 정치에 참여하는 등 활발한 활동을 펼친다. 그러나 어느 날 그가 정적(政敵)에게 살해당하면서 사토리스 가문은 쇠퇴의 길을 걷는다. 비록 존 사토리스는 사망했지만, 그의 가문에는 여전히 그의 그림자가 짙게 드리워져 있다.

　　이 소설은 제1차 세계대전이 휴전되면서 '젊은' 베이어드 사토리스가 유럽 전선에서 고향 미시시피로 돌아오면서부터 시작한다. 그는 존 사토리스 대령의 증손자로 그의 아버지는 일찍이 사망했고 지금은 할아버지('나이 많은' 베이어드 사토리스)와 대고모(제니 뒤프레)와 함께 살고 있다. 전투기 조종사였던 '젊은' 베이어드는 전투 중에 쌍둥이 형제 존을 잃는다. '젊은' 베이어드는 한편으로는 가문의 무거운 짐에 시달리고, 다른 한편으로는 형제를 죽게 했다는 죄책감에 시달린다. 이처럼 불안한 심리 상태를 보이는 그는 자기 파괴적인 무모한 모험을 일삼는다. 귀족 가문의 딸 나시서 벤보와 결혼하여 한때 안정을 되찾는 듯하지만, 삶의 좌표를 잃은 그는 방황에 방황을 거듭한다. 그러던 중 그는 얼마 전에 사들인 자동차를 과속으로 몰다가 할아버지를 심장마비로 사망하게 하는 사고를 일으킨다. 이 사고 직후 제퍼슨 읍을 떠나는 '젊은' 베이어드는 아들이 태어나는 날 비행기를 시험 조종하던 중에 사망한다.

에 되풀이하여 등장시킨다.

　그러나 포크너가 요크너퍼토퍼 연작소설을 구상하는 데 누구보다도 큰 영향을 받은 작가는 다름 아닌 오노레 드 발자크와 제임스 조이스였다. 포크너는 일찍이 발자크가 무려 20년이 넘는 기간에『인간 희극』에서 창조한 '완전한 세계'에 깊은 관심을 보였다. 그는 "발자크의 작중인물들은 단순히 한 책의 첫 쪽에서 시작하여 320쪽까지 움직이지 않는다. 그의 모든 작품에는 한 책의 첫 쪽에서 시작하여 2만 쪽까지 계속되는 혈맥 같은 연속성이 있다. 같은 피와 근육과 조직이 그의 모든 작중인물을 결합한다."고 말한다. 물론 포크너의 '완전한 세계'는 발자크의 그것과 비교할 때 공간적으로나 시간적으로 훨씬 규모가 작다. 발자크는 처음『인간 희극』을 계획할 무렵 중세기부터 19세기에 이르는 프랑스 사회사 전체를 염두에 두고 있었다. 그렇기에 포크너의 요크너퍼토퍼는 사회사적인 측면에 무게를 두는 발자크의 세계와 비교하면 훨씬 산만하고 비체계적이다.

　포크너의 요크너퍼토퍼 소설은 조이스의 작품에서도 큰 영향을 받았다. 조이스는 발자크와 마찬가지로『더블린 사람들』(1914)과『젊은 예술가의 초상』(1916) 그리고『율리시스』(1922) 같은 작품에서 아일랜드의 수도 더블린을 배경으로 같은 인물과 사건, 일화를 되풀이하여 등장시킨다. 가령『더블린 사람들』에 등장하는 인물들은 나중에 출간한 두 작품에 다시 등장한다. 『젊은 예술가의 초상』의 주인공 스티븐 디덜러스는 질식할 것 같은 더블린을 떠나 유럽으로 유랑의 길을 떠나는데『율리시스』는 바로 파리에서 갓 돌아온 스티븐이 친구와 함께 샌디 마운트 해변의 마텔로 탑에서 머무는 이야기로 시작한다. 이와 마찬가지로 아일랜드의 애국자 찰스 스튜어트 파넬의 삶과 그의 비극적 몰락은『더블린 사람들』에서부터『피네건의 경야』(1939)에 이르기까지 두루 중요한 모티프로 쓰인다.

이렇게 포크너의 요크너퍼토퍼 소설은 발자크와 조이스의 문학처럼 같은 배경과 작중인물 그리고 거의 같은 상황에서 서로 유기적으로 깊이 관계를 맺은 채 펼쳐진다. 맬컴 카울리는 포크너 작품의 이러한 특성에 주목한, 아마 최초의 비평가라고 할 만하다. 『포터블 포크너』(1946)의 서문에서 그는 포크너의 작품이 하나의 패턴을 이루고 있다고 말한다.

요크너퍼토퍼 연작소설에 속한 모든 소설은 살아 있는 하나의 패턴을 이룬다. 포크너가 이룩한 업적은 바로 이러한 패턴을 만들어낸 데 있는 것이지 그 패턴의 일부가 기록되어 있는 인쇄된 책 속에 있는 것이 아니다. (……) 개별적인 모든 작품은 마치 동일한 채석장에서 캐낸 대리석과 같아서 그것들은 모암(母岩)의 결과 흠을 그대로 간직한다. 조금 어색하지만 다른 비유를 써서 말한다면, 포크너의 작품들은 통나무가 아니라 아직 살아 있는 나무에서 잘라낸 목재와 같다. 이 목재는 대패질과 끌질을 거쳐 최종적인 형태로 다듬어지지만 나무 그 자체는 상처가 아물어 계속 자라고 있다.

포크너의 작품이 지니고 있는 유기적인 상호관련성을 설명하기 위해 카울리는 채석장과 나무의 비유를 들고 있지만, 또 다른 비유를 빌려 표현한다면 그것은 마치 페르시아 양탄자와 같다. 요크너퍼토퍼 연작소설은 개별적인 작품의 실오라기들이 모여 '요크너퍼토퍼'라는 완성된 양탄자의 그림을 그리고 있기 때문이다. 그러므로 포크너의 작품은 한 편 한 편 독립적으로도 훌륭한 가치가 있지만, '요크너퍼토퍼'라는 전체적인 맥락에서 읽을 때 더욱 큰 의미가 있다. 요컨대 '부분의 총화는 전체'라는 유클레이데스 기하학의 명제는 적어도 포크너의 작품 세계에서는 잘 들어맞지 않는다.

1. 『사토리스』와 『흙 속의 깃발』

요크너퍼토퍼 연작소설의 맨 첫 장을 여는 작품은 1929년에 '사토리스'라는 제목으로 출간되었다. '흙 속의 깃발'이라는 원래의 제목으로 출간된 것은 1973년, 그러니까 『사토리스』가 출간된 지 무려 44년이 지난 뒤였다. 이렇게 제목이 달라진 데에는 그럴 만한 사정이 있었다. 포크너가 이 작품을 처음 쓰기 시작한 것은 1926년 가을이었다. 셔우드 앤더슨한테서 "우표딱지만 한 고향 땅"을 소재로 소설을 써보라는 권고를 받고 난 뒤였다. 작품에 손을 댄 지 줄잡아 일 년 뒤, 그러니까 1927년 9월 말쯤에 탈고한 포크너는 타자원고로 600쪽에 가까운 이 작품을 '흙 속의 깃발'이라는 제목을 달아 『병사의 봉급』과 『모기』를 출간한 보니 앤 라이브라이트 출판사에 보냈다.

포크너는 호러스 라이브라이트에게 보낸 편지에서 이 작품이야말로 "올해에 당신이 보게 될 가장 훌륭한 책"이라든가 "작가로서의 이름을 얻게 될 책"이라면서 자못 자부심에 차 있었다. 그러나 작가의 기대와는 달리 라이브라이트는 이 원고가 그다지 마음에 들지 않았다. 그래서 다른 출판사에도 보내지 않는 것이 좋겠다는 권고와 함께 원고를 포크너에게 되돌려 보냈다. 그가 받은 충격은 그야말로 엄청났다. 이 충격에 대하여 뒷날 그는 마치 "부모가 남한테서 자기 아이가 도둑이거나 바보 멍텅구리 또는 나병 환자라는 말을 듣는 것" 같은 느낌이었다고 고백한 적이 있다.

라이브라이트가 이렇게 포크너의 세 번째 장편소설을 탐탁지 않게 생

미국 문학사, 아니 세계 문학사에 굵직한 획을 그은 포크너. 파이프 담배를 들고 등나무 의자에 앉아 있는 모습이 여유롭다. 그는 파이프 담배와 술과 종이만 있으면 작품을 쓸 수 있다고 호언했다.

각한 데에는 그럴 만한 까닭이 있었다. 플롯과 구성에서 너무 느슨하고 산만하여 도무지 종잡을 수가 없었기 때문이다. 따라서 원고를 대충 손봐서는 출간할 수 없다고 판단하기에 이른 것이다. 그러나 여전히 이 작품에 대한 믿음을 버리지 못한 포크너는 몇몇 친구에게 이 원고를 보였지만, 그들의 생각도 라이브라이트와 똑같았고, 장편소설이라면 반드시 갖추어야 할 기본적인 플롯이나 구성이 부족하다고 입을 모았다.

　몇 달 동안 이 원고를 다시 고쳐 쓴 포크너는 새로운 타자 원고를 자신의 에이전트인 벤 왓슨에게 보내면서 출판사를 알아봐 달라고 부탁하였다. 왓슨은 무려 출판사 열한 곳과 교섭했지만, 하나같이 출간을 거절하였다. 그러다가 마침내 왓슨은 이 무렵 하코트 브레이스 출판사에서 편집인으로 일하던 해리슨 스미스에게 원고를 보여주었고, 스미스는 이 원고를 읽고 앨프리드 하코트에게 출판을 추천하였다. 하코트는 스미스의 권고를 받아들여 이 원고를 출간하기로 결정하였다.

　그러나 하코트는 포크너가 아닌 다른 제삼자가 원고를 대폭 삭제해야 한다는 조건을 내세웠다. 포크너는 이 작품을 출간하기 위해서는 울며 겨자 먹기로 이 조건에 동의하지 않을 수 없었고, 왓슨이 이 원고를 삭제하는 일을 맡았다. 어쩔 수 없이 하코트의 조건에 동의했지만, 포크너는 여전히 개작을 탐탁지 않게 여겼다. 마치 자신의 신체 일부를 떼어내는 듯한 느낌이 들었기 때문이다. 뒷날 이 문제를 두고 왓슨과 논쟁을 벌인 일을 회상하면서 포크너는 양배추가 균형이 잡히지 않았다고 하여 보기 좋게 다듬는다면 아마 그 양배추는 죽을 것이라고 말하였다.

　개작 과정에서 벤 왓슨은 포크너에게 뜯어고친 부분을 보여주면서 이 작품의 문제점을 지적해주었다. 왓슨도 호러스 라이브라이트나 앨프리드 하코트처럼 이 작품의 플롯과 구성에 심각한 문제가 있음을 깨달았다. 그는 포크너에게 "문제는 이 작품 안에 여섯 권 정도의 책을 집어넣은 데 있네. 이 여섯 권의 책을 한꺼번에 쓰려고 했단 말일세."라고 말하였다. 그러나 포크너에게는 이 말이 비판이 아니라 오히려 칭찬으로 들렸다. 하코트와의 계약 조건에 따라 왓슨은 수술로 치면 대수술에 해당하는 작업에 들어갔다. 줄잡아

2만 낱말, 무려 4분의 1에 해당하는 부분을 삭제했으니 가히 환골탈태에 가까운 작업이라고 할 만하다.

『사토리스』와 『흙 속의 깃발』을 두고 학자와 비평가 사이에서는 의견이 엇갈린다. 어떤 사람들은 1929년에 나온 작품을 더 높이 평가하는가 하면, 어떤 사람들은 1973년에 나온 작품을 더 중요하게 생각한다. 『사토리스』는 플롯과 구성 면에서 훨씬 더 짜임새 있다. 한편 『흙 속의 깃발』은 비록 짜임새가 부족하고 그 때문에 박진감이 떨어지는 것은 사실이지만, 작중인물이나 내용 면에서 『사토리스』보다 훨씬 더 다채롭고 풍부하고 복잡하다. 앞 작품이 잘 가꾼 정원이라면, 뒤 작품은 온갖 식물이 어우러진 원시림이라고 말할 수 있을 것 같다. 1973년의 텍스트가 가장 완벽한 최상의 텍스트는 아닐지 모르지만, 1929년의 텍스트보다 상대적으로 더 낫다는 것이 일반적인 견해이다.

이 두 작품은 서로 다른 별개의 텍스트로 볼 수 있을 만큼 여러모로 큰 차이가 난다. 그 차이를 밝히는 데에는 제목이 아주 소중한 실마리가 된다. 『사토리스』는 제목 그대로 사토리스 집안사람들에 초점을 맞춘다. 남북전쟁에 참가한 사토리스 대령 형제에서 제1차 세계대전에 참전하는 베이어드와 존 사토리스 형제에 이르기까지 무려 4대에 걸친 사토리스 가문의 역사를 다룬다. 이 과정에서 벤보와 맥캘럼 그리고 스놉스 집안사람을 비롯한 작중인물들은 제대로 조명을 받지 못하고 무대 뒷전으로 밀려나 있다. 한편 『흙 속의 깃발』에서 포크너는 사토리스 집안사람들을 중심인물로 다루되, 다른 가문에 속한 사람들에게도 좀 더 관심을 기울인다. 이 작품에는 한 가문의 테두리를 벗어나 좀 더 보편적인 인간 군상을 다룬다. 포크너는 이 작품을 요크너퍼토퍼 소설의 사회 구조 전체를 보여주는 일종의 해부도로 삼으려고 했던 것이다.

2. '길 잃은 세대'의 소설

『흙 속의 깃발』은 윌리엄 포크너의 가족사와 아주 깊이 연관되어 있다. 작가는 멀게는 증조할아버지에게서, 가깝게는 형제에게서 자유롭게 그 소재를 빌려 온다. 가령 존 사토리스 대령은 작가의 증조할아버지 윌리엄 클라크 포크너와 여러모로 비슷하고, 베이어드 사토리스 2세는 그의 할아버지 존 웨슬리 톰슨 포크너와 닮았다. 또한 존 사토리스 2세는 작가의 아버지 머리 포크너에게서 유사점을 발견할 수 있다. 존 사토리스 2세가 이 작품에서 이렇다 할 역할을 하지 않는 것처럼 작가의 아버지도 선조나 후손과 비교하여 아주 평범한 삶을 살았다. 또한 제1차 세계대전에서 독일군과 공중 전투 중 전사한 '젊은' 존 사토리스는 비행기 사고로 죽은 작가의 동생 딘 스위프트 포크너와 비슷한 점이 많다. 사토리스 집안사람이 아닌 다른 작중인물도 포크너 집안과 관련한 사람들에게서 빌려 온다. 가령 호러스 벤보는 포크너의 문학적 스승이자 친구로서 변호사로 일하고 있던 필 스톤을 떠올리게 하는 인물이다. 토머스 울프는 "모든 진지한 창작품은 본질적으로 자전적이다. 실제로 가치 있는 어떤 것을 창작하려면 작가는 반드시 자기 삶의 자료와 경험을 사용해야 한다."고 말한 적이 있다. 포크너는 울프의 말을 실천에 옮겨 자신의 삶과 그 주변에서 소설의 소재를 가져왔다.

그러나 포크너의 다른 작품처럼 이 작품도 단순히 가족사에 그치지 않고 이 소설을 집필할 무렵의 시대정신이나 분위기를 반영한다. 비록 『병사의 봉급』과 비교할 때 정도는 덜하지만 이 작품 곳곳에서 제1차 세계대전이 남긴 흔적이 눈에 띈다. 전쟁을 겪고 난 뒤 으레 찾아오게 마련인 전후파적인 환멸의 그림자가 짙게 드리워져 있다. 독일 사람들이 흔히 '벨트슈메르츠(Weltschmerz: 世界苦)'라고 부르는 염세주의적이고 비관적인 분위기가 작품 전편에 안개처럼 자욱이 깔려 있다. 그래서 클렌스 브룩스는 이 작품을 '길 잃은 세대'의 소설로 간주면서 작중인물들을 T. S. 엘리엇의 '황무지에 사는 사람들'에 견준다.

'젊은' 베이어드 사토리스의 무모하기 이를 데 없는 온갖 행동도 이러한 점에서 보면 어느 정도 이해할 수 있다. 전장에서 돌아온 뒤 그는 삶에서 이렇다 할 의미도 가치도 느끼지 못한 채 방황을 거듭한다. 말하자면 삶의 방향 감각을 송두리째 잃어버린 것이다. 그는 나시서 벤보와 결혼한 뒤 잠시 안정을 되찾는 듯하지만, 곧바로 다시 방황을 계속한다. 그의 갖가지 행동을 보면 죽음에 강한 충동을 느끼고 있는 것 같다. 이 소설의 끝 부분에서 실험 비행기를 타다가 죽음을 맞는 것도 자살로 보아 크게 틀리지 않을 듯하다.

그렇다면 '젊은' 베이어드는 왜 그토록 삶을 낭비하며 방황하는 것일까? 무엇보다도 그가 자라난 가정환경에서 그 원인을 찾을 수 있다. 그는 어렸을 적에 일찍이 부모를 여의고 할아버지 슬하에서 자란 탓에 사회화나 인격 형성이 제대로 이루어지지 않았다. 그러나 이것은 괴팍하면서도 무모한 그의 행동을 부분적으로 설명할 수는 있겠지만, 전적으로 설명하기에는 여전히 미흡하다. 왜냐면 쌍둥이 형제인 '젊은' 존은 '젊은' 베이어드와 여러모로 무척 다르기 때문이다. 존은 베이어드와 달리 상냥하고 예의 바르며 책임감 있다. 샐리 와이어트 부인은 "다른 형제 대신에 존을 데려간 것은 그 집안에 내린 심판이었다."고 말한다. 또한 찬란했던 가문의 명예와 전통에 크게 못 미친다는 자괴감도 톡톡히 한몫했을 것이다. 남북전쟁을 전후하여 존 사토리스 대령이나 베이어드 사토리스 대령이 보여준 행동과 비교해보면 후대 사토리스의 행동은 거인 옆에 서 있는 난쟁이처럼 왜소하게 보인다.

'젊은' 베이어드의 행동은 전쟁 중 쌍둥이 형제 존 사토리스 3세를 죽게 했다는 죄의식과도 무관하지 않다. 나시서와 결혼한 뒤에도 좀처럼 안정을 찾지 못하는 베이어드는 그녀와 자신 사이에 '유령'이 가로막고 있다고 말한다. 여기에서 '유령'이란 다름 아닌 '젊은' 존을 가리킨다. 작품의 마지막 부분에서 '젊은' 베이어드가 맥캘럼 집안사람들과 함께 지내는 동안 자신에게 "네가 그랬어! 네가 모든 일의 원인이야. 네가 조니를 죽였단 말이야."라고 혼잣말하는 것을 보면 죄의식에 몹시 시달리고 있음이 틀림없다.

그렇다면 그 근본 원인은 다른 곳에서 찾아보는 편이 나을 것이다. 무엇보다도 '젊은' 베이어드는 인류 역사에서 유례를 찾아볼 수 없는 제1차 세계대전에 참전한 병사라는 사실을 기억하는 것이 좋을 듯하다. 서구 문명을 잿더미로 만들어버린 전대미문의 전쟁을 겪으면서 그는 삶에 적지 않은 환멸과 절망을 느꼈을 것이다. 그 정신적 상처가 너무나 큰 탓에 사회 부적응자가 되어버렸다고 볼 수 있다. 겉으로는 멀쩡해 보이지만, 정신적으로는 절룩거리는 영적 불구자와 크게 다르지 않다. 이 점에서 그는 제이크 반스 같은 어니스트 헤밍웨이의 작중인물을 떠올리게 한다. 그런가 하면 F. 스콧 피츠제럴드가 말하는 '슬픈 젊은이들'의 범주에 속하기도 한다. 퀜틴 콤슨이나 달번드런 같은 포크너의 작중인물처럼 '젊은' 베이어드는 정상적인 삶을 살지 못하는 병적인 인물이다.

3. 대립과 갈등의 주제

『흙 속의 깃발』은 무엇보다도 서로 상반되는 두 힘 사이의 갈등이나 긴장을 중심 주제로 다룬다. 과거와 현재, 기성세대와 젊은 세대, 전통과 혁신, 그리고 보수와 진보가 마치 전기 스파크처럼 불을 튀기며 맞부딪친다. 이 둘 사이에서는 좀처럼 타협이나 조화 또는 균형을 찾아볼 수 없고, 늘 첨예하게 맞선다. 이 소설에서 두 축을 이루는 남북전쟁과 제1차 세계대전도 따지고 보면 이러한 점에서 큰 의미가 있다.

이 소설에서 과거는 늘 잃어버린 낙원의 모습으로 나타난다. 후세 사람들의 뇌리에 남북전쟁에서 싸운 사람들은 하나같이 전설적인 영웅으로 남아 있다. 북부군과 맞서 싸운 존 사토리스 대령의 용맹은 말할 것도 없고 반찬거리를 빼앗기 위해 북부군을 습격하다가 목숨을 잃은 베이어드 사토리스 대령의 만용이나 치기에 가까운 행동마저도 아름답게 분식(粉飾)되기 일쑤이다. 사토리스 집안사람들이 보여주는 이러한 특징은 가히 '사토리시즘'이라고 불러도 좋을 듯싶다. 그러나 현재에 이르러 서쪽 하늘에 뉘엿뉘엿 지는 석양처럼, 화려했던 지난날의 영광이나 명예는 눈을 씻고도 찾아보기 어렵다. 오히려 베이어드 사토리스 3세와 존 사토리스 3세 같은 사토리스 가문의 후예는 선조의 화려한 전통의 무게에 짓눌린 채 신음하고 있다. 제1차 세계대전에 참전한 그들은 대개 영웅적으로 용맹을 떨친 선조와 대조를 이룬다.

이렇듯 세대와 세대 사이에는 큰 차이가 난다. 존 사토리스 대령과 베이어드 사토리스 대령, 그리고 '젊은' 베이어드 사토리스와 존 사토리스 3세 사이에서는 말할 것도 없고, 사토리스 집안에서 살림을 맡고 있으며 흔히 '미스 제니'라고 부르는 버지니아 뒤프레와 '젊은' 베이어드와 결혼하는 호러스 벤보의 여동생 나시서 사이에도 그야말로 건너지 못할 깊은 심연이 가로놓여 있다. 사토리스 두 대령의 누이동생인 미스 제니는 늘 존 사토리스 대령이 남북전쟁에서 이룩한 놀라운 공적과 전쟁이 끝난 뒤의 업적을 존경하고 흠모해 마지않는다. 더구나 많은 나이에도 사토리스 집안의 살림을 꾸려나가는 등 가모장(家母長)으로서 구실을 톡톡히 한다. 미스 제니는 포크너 작품에서 흔히 의지력이 강하고 온갖 역경과 고난을 헤쳐나가는 강인한 여성상으로 꼽힌다. 전쟁에서 패하고 난 뒤 남부 남성들이 패배 의식의 수렁에서 헤어나지 못하고 있을 때 그들에게 용기와 희망을 불어넣어 준 것도, 전쟁 전에 남성들이 맡았던 역할을 대신 떠맡았던 것도 바로 그녀처럼 무쇠 같은 의지가 있는 여성들이었다. 모든 것이 무너져 잿더미로 변해버린 이 무렵의 남부 사회에는 미스 제니 같은 여성만이 질서와 의미를 부여할 수 있었다.

한편 나시서는 '수선화'라는 이름만큼이나 감수성이 예민하고 나약한 모습을 보인다. 빈혈기가 느껴질 듯한 그녀는 여러모로 미스 제니와는 적잖이 차이가 난다. 물론 좀처럼 이기적인 태도를 보이지 않는다든지, 세속에 물들지 않았다든지, 나시서에게 미덕이 없는 것은 아니지만, 당시 그녀가 겪어야 할 역경과 세파를 견뎌내기에는 역부족이다. 남성을 무서워하며 회피하는 태도에서도 그녀의 나약한 성격을 읽을 수 있다. 이 작품의 화자는 "그녀는 오직 남자가 한 사람도 없는 세계에서만 평화를 얻을 수 있을 것이다."라고 말한다. 더구나 일찍이 부모를 여의고 오빠 호러스 벤보와 함께 살아온 탓인지는 몰라도 그녀는 그와 근친상간 관계를 맺고 있는 듯하다. 이러한 행동은 언뜻 대수롭지 않은 것처럼 보일지 모르지만, 나시서의 도덕적 타락을 보여주는 단면이다.

이러한 세대 차이는 비단 사토리스 집안사람들에게만 있는 것은 아니다. 사토리스 집안에서 일하는 흑인 하인 사이먼 스트로더와 그의 아들 캐스피 사이에서도 언제나 긴장감이 감돈다. 사이먼은 백인 귀족 집안에서 전통적인 하인 역할을 충실히 해내고 있는 반면, 사토리스 후손들과 마찬가지로 제1차 세계대전에 참전한 캐스피는 백인과 흑인 사이의 주종 관계와 역할 구분에 불만을 품는다. 이러한 세대 차이는 제퍼슨에서 병원을 경영하는 피버디 의사와 앨포드 의사 사이에서도 찾아볼 수 있다. 질병을 치료하거나 환자를 대하는 태도에서 두 사람은 크게 다르다.

또한 「에밀리를 위한 장미」(1930)의 주인공 에밀리 그리어슨을 떠올리게 하는 샐리 와이어트 부인은 벨 미첼 같은 젊은 여성과는 큰 차이가 난다. 샐리가 1901년 이후에 일어난 일에 대해서는 완전히 담을 쌓고 사는 반면, 벨은 『병사의 봉급』의 세실리 손더스처럼 경솔하고 무분별하고 무책임하다. 이 밖에도 문명의 손길이 미처 닿지 않은 깊은 산골에서 결혼도 하지 않은 장성한 여섯 아들과 함께 사는 맥캘럼 집안의 가장(家長) 버지니우스와 '늙은' 베이어드의 친구 윌 폴스 영감 등이 기성세대를 대변하는 인물이라면, 나시서의 오빠 호러스 벤보와 해리 미첼 그리고 플렘 스놉스 등은 젊은 세대를 대변하는 인물이라고 할 수 있다.

포크너는 전통과 혁신의 갈등을 기계 이미지를 빌려 상징적으로 보여준다. 제1차 세계대전이 끝나고 요크너퍼토퍼 군에도 문명의 상징이라고 할 자동차가 들어오기 시작한다. 전쟁에서 갓 돌아온 '젊은' 베이어드는 자동차를 구입하여 전속력으로 읍내를 질주하며 돌아다닌다. 그러나 '늙은' 베이어드는 한사코 자동차를 타지 않으려고 한다. 제퍼슨에 있는 은행에서 일하는 그는 출퇴근할 때에도 늘 사이먼이 모는 마차를 타고 다닌다. 심지어 자동차가 있는 사람에게는 은행 돈도 빌려주지 않으려고 한다. 이 소설의 화자가 "그는 자동차를 마치 뱀처럼 싫어하곤 하였다."라고 말하는 것을 보면 그가 얼마나 끔찍이 자동차를 싫어하는지 미루어 알 수 있다. 자동차가 "가솔린으로 움직이는 보잘것없는 물건"이라고 한다면, 말이나 노새가 끄는 마차는 "신사의 운송 수단"이다. '늙은' 베이어드에게 마차는 사이먼의 말대로 "신분의 청우계요 신사 계급의 유리창"과 다름없다.

마침내 '늙은' 베이어드는 자동차 사고로, 그것도 자기 손자가 운전하는 차 때문에 죽음을 맞는다. 전통을 대변하는 그가 혁신의 상징이라고 할 자동차 때문에 목숨을 잃는다는 것은 아이러니이다. 포크너 작품에서 자동차나 비행기를 비롯한 기계에는 아주 중요한 상징적 의미가 있다. 그것은 곧 19세기 세계와 20세기 세계가 서로 맞부딪치는 싸움터의 구실을 한다. 자동차나 비행기의 상징은 이 작품만이 아니라 뒷날 다른 작품에서도 아주 중요한 의미를 지니게 될 것이다.

4. 추상적 개념의 한계

『흙 속의 깃발』에서 포크너가 다루는 또 다른 주제는 추상적인 개념에 집착하는 인간에게서 볼 수 있는 부정적인 결과이다. 이 소설에서 작중인물들은 하나같이 관념에 매달린 나머지 현실에서 만족을 느끼지 못한 채 삶을 헛되이 낭비한다. 물론 인간은 늘 질퍽한 대지에만 뿌리를 박고 살 수는 없지만, 그렇다고 비현실적인 집착에 깊이 빠지면 자칫 관념의 노예가 되어 헤어나지 못한다. 이러한 인간은 마치 모딜리아니의 조각 작품처럼 머리통만 비대할 뿐, 몸통은 초라하기 그지없다. 그것은 또한 구체적인 현실과 동떨어진 삶을 살고 있는 현대인의 자화상이기도 하다.

'젊은' 베이어드 사토리스는 가문의 명예나 전통과 같은 추상 개념의 노예이다. 그는 증조할아버지 형제 존 사토리스 대령과 베이어드 사토리스 대령이 보여주었던 용맹성과 무모함을 잣대로 자신의 삶을 재단하려고 든다. 그가 그토록 절망하고 방황하는 데에는 물론 전쟁에서 입은 정신적 외상 같은 까닭도 있지만, 선조의 행동 기준에 미치지 못한다는 자괴감도 큰 몫을 차지한다. 그는 가문의 명예나 전통이라는 것도 꽤 과장되고 미화되었다는 사실을 까맣게 잊고 있다. 사토리스 대령에 대해 미스 제니가 후손들에게 들려주는 이야기를 보면 명예나 전통 같은 추상 개념을 맹신한다는 것이 얼마나 무모한 일인지를 쉽게 알 수 있다. 이 소설의 화자는 "제니가 그 이야기를 되풀이할수록 점점 더 전설적이고 영웅적인 것으로 바뀐다."고 말한다.

나시서는 순결이나 체면 또는 외견 같은 '우상'을 섬긴다. 늘 흰옷을 즐겨 입는 습관에서도 드러나듯이 그녀는 세속에 때 묻지 않으려고 무척 애쓴다. 남성을 그토록 두려워하는 것도 따지고 보면 순결성을 잃지 않으려는 몸부림이다. 나시서의 친정 오빠 호러스 벤보가 자주 입에 올리는 존 키츠의 "아직도 짓밟히지 않은 정적(靜寂)의 신부여!"라는 시구처럼 순결의 상징인 그녀는 순결을 지키기 위해서라면 어떠한 대가라도 치를 각오가 되어 있다.

　더구나 나시서에게는 덕성이나 윤리보다는 체면, 실재보다는 외견이 더 중요하다. 그녀는 자신이 지체 높은 명문 집안의 귀부인이라는 사실을 남이 알아주기를 바란다. 그녀가 얼마나 체면이나 외견을 중요하게 생각하는지는 『흙 속의 깃발』의 한 에피소드를 단편소설로 발전시킨 「여왕이 있었네」(1933)를 보면 금방 알 수 있다. 장편소설에서 나시서는 '젊은' 베이어드와 결혼식을 올리기 전날 밤 바이런 스놉스가 익명으로 보냈던 여러 장의 연애편지를 잃어버린다. 그런데 포크너는 단편소설에서 나시서가 잃어버린 그 편지를 되찾는 과정을 중요한 플롯으로 삼는다. 어처구니없게도 그 편지는 미국 연방수사국(FBI)의 어느 수사관 손에 넘어가고, 나시서는 자신의 체면이 걸린 그 편지를 되찾으려고 수단과 방법을 가리지 않는다. 마침내 그녀는 그 수사관에게 몸을 허락한 다음에야 비로소 편지를 돌려받는다.

　미스 제니는 이 사실을 눈치채게 되고, 너무 큰 충격을 받은 나머지 숨을 거둔다. 그러고 보면 이 작품의 제목에서 '여왕'은 반어적 표현에 지나지 않는다. 아마도 나시서는 '위선의 여왕'은 될지언정 절대로 한 나라를 다스리는 여왕은 될 수 없을 것이다. 그녀의 행동은 여왕보다는 차라리 창녀에 더 가깝다. 이 점과 관련하여 영어로 '여왕(queen)'이라는 말과 '창녀(quean)'라는 말이 동음이의어라는 사실은 시사하는 바 자못 크다고 할 것이다.

남달리 감수성이 예민한 호러스 벤보는 '아름다움'이라는 추상 개념의 포로가 되어 있다. 가문의 전통을 이어 변호사로 일하고 있지만, 그에게서는 율사보다는 오히려 예술가 냄새가 짙게 풍긴다. '젊은' 베이어드 사토리스와 마찬가지로 제1차 세계대전에 참가하면서도 그와는 달리 전투에 직접 참가하지 않고 YMCA에서 근무한다. 휴전이 되자, 그는 훈장이 아니라 유리 조각품을 만드는 풀무를 가지고 고향으로 돌아온다. 유리로 온갖 조각품을 만드는 일에 빠져 있는 그는 현실에 적응하지 못하는 나약한 지성인의 모습을 보여준다. 지나치게 예술 세계에 빠져 있는 사람들이 흔히 그러하듯이 그에게서도 왠지 모르게 퇴폐적인 냄새가 짙게 풍긴다.

　그런가 하면 바이런 스놉스는 '음욕(淫慾)'이라는 추상 개념에 매달린다. 언뜻 음욕은 추상적인 것과는 거리가 멀게 느껴질지도 모르지만, 좀 더 꼼꼼히 따져보면 그렇지 않다는 것을 알 수 있다. 기독교에서 말하는 지옥에 떨어질 '일곱 가지 죄' 가운데 하나인 음욕은 어떤 구체적인 행동을 통해 나타나기도 하지만, 관념적으로 머릿속에서 일어나기도 한다. 나시서를 연모하는 바이런의 행동도 관념적 특징이 강하다. 같은 스놉스 집안사람이라고는 하지만, 지극히 계산적이고 타산적인 물질주의자 플렘 스놉스와는 여러 모로 다른 인물이다. '스놉스 삼부작'의 하나인 『읍내』(1957)와 『저택』(1959)에서 바이런은 사토리스 은행에서 돈을 훔쳐 멕시코로 달아난 뒤 아파치 인디언 여성 사이에서 네 명의 아들을 낳는다.

　한편 맥캘럼 집안의 가부장 버지니우스는 충성심이나 애국심이라는 추상 개념에 사로잡혀 있다. 좀 더 구체적으로 말해서 그는 남북전쟁 이전의 옛 남부의 대의명분을 아직도 굳게 믿은 채 현재의 삶에서 멀리 떨어져 있다. 그래서 그에게 남북전쟁에서 남부가 북부에 패했다는 역사적 사실은 별다른 의미가 없다. 예를 들어 버지니우스는 남부군의 잭슨 장군과 자기는 결코 북부군에 항복한 적이 없노라고 말한다. 여섯 명이나 되는 아들의 이름을 하나같이 전쟁 때 남부군 총사령관 로버트 에드워드 리 장군 지휘 아래 있던 장군들의 이름을 따서 붙인 것을 보면 그가 아직도 얼마나 옛 남부 전통을 존경하고 흠모하는지를 알 수 있다. 심지어는 버지니우스 앞에서는 막내아들 버디가 제1차 세계대전에 참전했다는 이야기를 아예 입 밖에도 꺼내지 못할 정도이다. 버지니우스에게 미국 정부는 아직도 옛 북부 정부와 다르지 않기 때문이다. 버디가 받은 무공 훈장을 '양키의 부적'이라는 이유로 싫어하는 것은 어찌 보면 지극히 당연하다.

적어도 이 점에서 『흙 속의 깃발』에 나오는 작중인물들은 '젊은' 베이어드 사토리스처럼 대부분 정신적 불구자들이다. 그들의 육체는 멀쩡할는지 모르지만, 정신은 하나같이 비정상적이다. 호러스 벤보는 "습득된 지혜란 메마른 나뭇가지이다. 시시한 수액이 무모하게 흐르지 않는 곳에서 그 지혜는 쉽게 먼지로 부스러져버리고 마는 법이다."라고 말한다. 다른 사람도 아닌 호러스의 입에서 이러한 말이 나온다는 것이 그다지 썩 어울리지 않지만, 이 말은 이 작품의 주제와 관련하여 귀담아들을 만하다. 여기에서 그가 말하는 '습득된 지혜'란 현실과는 동떨어진 추상 개념을 가리키는 반면, '생명의 수액'이란 사회적 공간과 역사적 시간 속에 살아 숨 쉬는 구체적인 지혜나 슬기를 가리킨다.

5. 요크너퍼토퍼 소설의 씨앗

포크너는 『흙 속의 깃발』과 더불어 마침내 금광과도 같은 작중인물들을 찾아냈을 뿐 아니라 '소우주'라고 할 예술 세계를 창조하였다. 그는 이 소설에서 앞으로 다루게 될 주요 배경·작중인물·사건·주제·수법 따위를 처음으로 도입한다. 이 소설은 포크너가 즐겨 쓰는 비유를 빌려 표현한다면 '목수의 창고'와도 같은 작품이다. 그는 새로운 요크너퍼토퍼 작품을 쓸 때마다 이 창고에 보관해둔 재목을 꺼내 작품의 집을 지었다. 이 작품에서 부분적으로 사용한 작중인물이나 사건은 뒷날의 작품에서는 중심적인 인물이나 사건으로 발전하는 등 모든 요크너퍼토퍼 소설의 씨앗은 이 작품에 뿌려졌다고 해도 지나친 말이 아니다. 포크너가 자신의 작품을 처음 읽는 독자들에게 어느 작품보다도 이 소설을 먼저 읽기를 권하는 까닭도 바로 여기에 있다.

『흙 속의 깃발』에서는 포크너의 대표적인 작품에서 볼 수 있는 미시시피 주 북부 지방의 지리적 특성이 잘 나타나 있다. 이 소설에서 작가는 유서 깊은 사토리스 집안의 비옥하고 넓은 농장이나 흰꽃독말풀이 허리까지 자란 시골 들판을 묘사한다. 그런가 하면 요크너퍼토퍼의 중심적 읍인 제퍼슨도 이 작품에서 처음 소개된다. 광장 한복판에 자리 잡은 요크너퍼토퍼 군 법원 건물, 사토리스 집안사람들이 경영하는 은행, 광장에서 조금 벗어난 골목길에 있는, 이중 베란다에 장방형 목조 건물인 비어드 부인의 하숙집, 그리고 믿을 만한 단골손님들에게만 몰래 밀주를 파는 식료품 가게 겸 음식점인 디

컨의 가게 등이 생생하게 묘사되어 있다. 이 밖에도 포크너는 이 소설에서 제퍼슨 남쪽에 있는 '프렌치먼스 벤드'라는 음산한 지역을 처음 소개한다.

더욱이 『흙 속의 깃발』에서 포크너는 앞으로 자신의 작품에 등장시킬 중요한 인물들을 거의 모두 선보인다. 이 작품에서 가장 중심적인 인물로 등장하는 사토리스 집안사람들은 말할 것도 없고 제퍼슨에서 오랫동안 판사직을 맡아온 벤보 집안사람들, 프렌치먼스 벤드에서 출발하여 제퍼슨을 향해 조금씩 침식해 들어오는 스놉스 집안사람들, 그리고 시간의 변화를 거부한 채 산간 지방에서 칩거하는 맥캘럼 집안사람들이 등장한다. 또한 이 작품에는 사회적 신분이 높은 귀족 출신들과 '가난한 백인들'과 더불어 흑인 작중인물들을 본격적으로 소개한다. 물론 흑인들은 이미 『병사의 봉급』에도 나왔지만, 거기에서는 틀에 박힌 전형적 인물의 수준을 벗어나지 못하였다. 하지만 『흙 속의 깃발』에 이르러 포크너는 흑인을 더욱 개성 있고, 살아 숨 쉬는 인물로 그리기 시작한다.

『흙 속의 깃발』은 포크너의 말 그대로 "많은 사람이 득실거리는 세계"이다. 그의 모든 작품을 통틀어 이 소설만큼 작중인물이 많이 등장하는 사례도 찾아보기 어렵다. 특히 그가 이 소설에서 처음 선보인 인물들은 뒷날 요크너퍼토퍼 소설에 다시 등장한다. 예를 들어 『흙 속의 깃발』에서는 사토리스 가문의 후손 사람들을 주로 다루는 반면, 『정복되지 않는 사람들』(1938)에서는 시간이 50여 년 전의 과거로 거슬러 올라가 사토리스 가문 선조들의 이야기가 펼쳐진다. 또한 사토리스 집안사람들은 「모든 죽은 비행사들」(1931)과 「아드 아스트라」(1931) 그리고 「나의 할머니 밀러드」(1943) 같은 단편소설에서도 중요한 작중인물로 나온다.

포크너가 『흙 속의 깃발』에서 사토리스 집안사람들 다음으로 중요하게 다루는 벤보 집안사람들 또한 『성역』(1931)을 비롯한 장편소설과 「여왕이 있었네」 같은 단편소설에 다시 등장한다. 한편 포크너가 이 작품에서 부분적으로만 다루는 스놉스 집안사람들은 뒷날 『마을』(1940)과 『읍내』(1957)와 『저택』(1959)의 '스놉스 삼부작'에 이르러 가장 중심적인 인물로 발전한다. 그런가 하면 이 소설의 후반부에 잠시 등장하는 맥캘럼 집안사람들도 「키 큰 사람들」(1941)이라는 단편소설에서는 중요한 주인공들로 부각한다. 이 밖에도 이 소설에 등장하는 루시어스 피버디 의사, 재봉틀 상인이요 재담꾼인 V. K. 슈랫(래틀리프), 제퍼슨의 보안관 벅, 제퍼슨의 변호사 유스터스 그레이엄, 그리고 사토리스 가문의 흑인 하인 스트로더 집안사람들 또한 뒷날의 여러 장편소설과 단편소설에 다시 등장하여 흥미진진한 이야기를 펼치게 된다.

그런데 『흙 속의 깃발』의 작중인물과 관련하여 한 가지 새겨두어야 할 것은 흥미롭게도 이 작품에는 이름이 똑같은 동명이인(同名異人)의 인물이 유난히 많이 나온다는 점이다. 맥캘럼 집안의 막내아들 버지니우스의 이름은 그의 아버지의 이름과 같고, 인정 많은 제퍼슨의 의사 루시어스 피버디의 아들 또한 그의 아버지 이름과 똑같다. 특히 포크너는 사토리스 집안사람들의 세례명을 존과 베이어드 두 가지로만 번갈아 쓰기 때문에 처음 이 작품을 읽는 독자에게는 적잖이 혼란스럽다.

가령 존 사토리스라는 이름은 세 사람의 서로 다른 작중인물을 가리킨다. 첫 번째 인물은 남북전쟁에 참전하여 지휘관으로 혁혁한 무공을 세우고, 고향에 돌아와 철도를 건설하고 지방 정치에 참가하는 등 정력적인 삶을 살다가 마침내 정적(政敵)이요 사업 경쟁자에게 살해당한 존 사토리스 대령이다. '존 사토리스'라는 이름의 두 번째 인물은 사토리스 대령의 손자인 '젊은' 베이어드의 아버지로 그의 할아버지와 마찬가지로 이 소설의 현재 사건이 시작되기에 앞서 이미 사망하였다. 그리고 세 번째 존 사토리스는 다름 아닌 '젊은' 베이어드의 쌍둥이 형제로 제1차 세계대전에 비행사로 참전하여 전투 중 독일군의 저격을 받고 사망하였다.

'베이어드 사토리스'도 예외는 아니어서 이 이름 또한 네 사람의 서로 다른 작중인물을 가리킨다. 먼저 첫 번째 인물은 존 사토리스 대령의 동생이며 제니 뒤프레의 오빠로서 그는 남북전쟁 중 북부군의 야영지에서 무모한 영웅심을 과시하다가 적군의 총탄에 맞아 죽는다. 두 번째 베이어드 사토리스는 이 소설에서 흔히 '늙은' 베이어드로 일컫는 인물로 존 사토리스 대령의 아들을 가리킨다. 세 번째 인물은 이 작품에서 가장 중요한 작중인물이라고 할 '젊은' 베이어드이며 네 번째 인물은 그의 첫 번째 부인 캐롤라인 화이트에게서 태어난 아들을 가리킨다. 이렇게 서로 다른 작중인물에게 똑같은 이름을 붙이는 포크너의 전략은 앞으로 『고함과 분노』(1929)를 비롯한 다른 작품에서 더욱 효과적으로 펼쳐진다. 이러한 수법은 개인의 행동이 자신의 자유의지에 따라 결정된다기보다는 가문이나 혈통 같은 유전의 영향에서 비롯한다는 점을 보여주는 장치이다. 적어도 이 점에서 이들 작품은 생물학적 결정론을 믿는 자연주의 문학 전통에 서 있다. 포크너의 소설이 흔히 그러하듯이 이 작품에서도 실존주의적 세계관과 자연주의적 세계관은 샴의 쌍둥이처럼 공존한다.

더구나 『흙 속의 깃발』에서 포크너는 함께 앞으로 다루게 될 사건이나 에피소드를 처음 소개한다. 그의 대부분 작품은 이 소설에서 이미 언급했거나 부분적으로 다룬 사건과 에피소드를 발전시킨 것에 지나지 않는다. 앞에서 말한 나시서의 편지 도난 사건을 다룬 「여왕이 있었네」나 「키 큰 사람들」은 이러한 경우를 보여주는 좋은 예이다.

버지니아 대학교 캠퍼스에 서 있는 포크너. 1957~1958년 그는 '거주 작가' 자격으로 이 대학에 머물며 학생들이나 교수들과 일련의 세미나 모임을 가졌다. 그로서는 보기 드물게 정장 차림을 하고 있어 노벨문학상 수상 작가다운 근엄함이 엿보인다.

이 소설의 제3부에서는 플렘 스놉스가 어느 날 갑자기 프렌치먼스 벤드에서 제퍼슨 읍에 나타나 뒷골목에 조그만 음식점을 차리고 마침내 사토리스 은행의 부은행장이 되는 이야기가 전개된다. 포크너는 뒷날 '스놉스 삼부작'에서 이 에피소드를 중심적인 플롯으로 발전시킨다. 좀 더 구체적으로 말하자면 『마을』에서는 프렌치먼스 벤드에 있던 플렘의 생활을 묘사하고, 『읍내』에서는 그가 제퍼슨에 도착하여 재산과 사회적인 지위를 얻기까지의 과정을 그리며, 『저택』에서는 은행가로서 성공한 그가 마침내 그의 사촌 밍크 스놉스에게 살해되는 내용을 다룬다. 그뿐 아니라 『흙 속의 깃발』에서는 '늙은' 베이어드의 노년 시절이, 『정복되지 않는 사람들』에서는 그의 소년 시절과 청년 시절이 중심을 이룬다.

주제 면에서도 포크너는 『흙 속의 깃발』에서 요크너퍼토퍼 작품에서 본격적으로 다루게 될 내용을 제시한다. 앞으로 크고 작은 작품을 통해 비교적 일관성 있게 추구하는 삶의 문제는 사실상 이 소설에서 거의 모두 다루어졌다고 해도 지나친 말이 아니다. 이 소설에는 한 가문의 몰락과 와해, 사랑이나 애정 같은 정신적 교감의 부재와 상실, 그리고 그 때문에 생겨나는 소외와 고립, 시간과 죽음에 대한 강박 관념, 시간의 집적적(集積的) 효과, 유전과 환경 또는 심리적 외상의 영향이 빚어내는 인간의 행동 등 작가 특유의 비극적인 시선으로 인간 조건을 폭넓게 다룬다. 이러한 삶의 비극적 의미 말고도 이 작품에는 삶의 희극적 비전도 중요한 자리를 차지한다. 실제로 삶의 희극적 의미는 포크너의 후기 소설에서 아주 중요한 주제로 떠오른다. 요컨대 이 작품은 작가의 전반적인 주제가 발전해가는 과정, 곧 부정에서 긍정으로, 삶의 비극적 의미에서 희극적 의미로 옮아가는 과정을 이해하는 데 아주 중요한 역할을 하고 있다.

마지막으로, 기법 면에서도 포크너는 『흙 속의 깃발』에서 앞으로 사용할 여러 수법이나 스타일을 처음 시도한다. 언뜻 이 소설은 전통적인 수법의 테두리에서 크게 벗어나지 않는 것처럼 보인다. 실제로 많은 비평가가 이 소설은 기교 면에서 작가가 뒷날 쓰게 될 작품을 향해 다가간다기보다는 오히려 이전의 작품으로 뒷걸음치고 있다고 지적해왔다. 다시 말해서 이 소설에는 스타일이나 구성 또는 수법에서 눈에 띌 만한 발전이 없다는 것이다.

물론 이 작품에 『고함과 분노』나 『내 죽으며 누워 있을 때』 또는 『압살롬, 압살롬!』에서 볼 수 있는 실험적인 기교는 없다. 그러나 꼼꼼히 살펴보면 이 소설에서 포크너는 초기 장편소설을 답습하지 않고 기교상 몇 가지 실험을 시도하고 있음을 곧 알 수 있다. 첫째, 그는 갖가지 시적 이미지를 사용한다. 둘째, 서로 다른 작중인물의 성격을 대조시키고자 일종의 몽타주 수법을 즐겨 쓴다. 셋째, 작중인물의 내적 세계를 묘사하는 데 의식의 흐름이나 내면 독백의 수법을 사용한다. 넷째, 개방적 결말이나 시점의 변화 등 작가 특유의 서술 기법을 시도한다. 물론 이러한 기법들은 이미 초기 소설에서도 부분적으로 시도된 적이 있지만, 이 소설에 이르러 작품의 주제와 더욱 유기적으로 결합되어 있다.

『흙 속의 깃발』은 단순히 포크너의 작품 세계를 이해하는 데 도움이 되는 작품으로만 볼 수 없다. 물론 요크너퍼토퍼 소설의 첫 작품인 이 소설은 그의 작품 세계를 이해하는 데 없어서는 안 될 중요한 작품임은 틀림없다. 작가의 말대로 '요크너퍼토퍼'라는 세계의 정상에 오르려는 사람들에게 이 소설은 친절한 길잡이 노릇을 한다. 그러나 이 소설은 이러한 가치나 의미를 떠나 독립된 한 편의 소설 작품으로 충분히 가치가 있다. 비록 『고함과 분노』나 『팔월의 빛』, 『압살롬, 압살롬!』 같은 훌륭한 작품군에는 들지 않는다고 하더라도 20세기 미국 소설에서 자못 중요한 자리를 차지하고 있다. 이 작품은 다만 포크너의 워낙 뛰어난 다른 작품의 그늘에 가려 제대로 빛을 보지 못하고 있을 따름이다. 만약 작가의 다른 작품이 없었더라면 포크너는 아마 이 작품으로 평가받게 되었을 것이다.

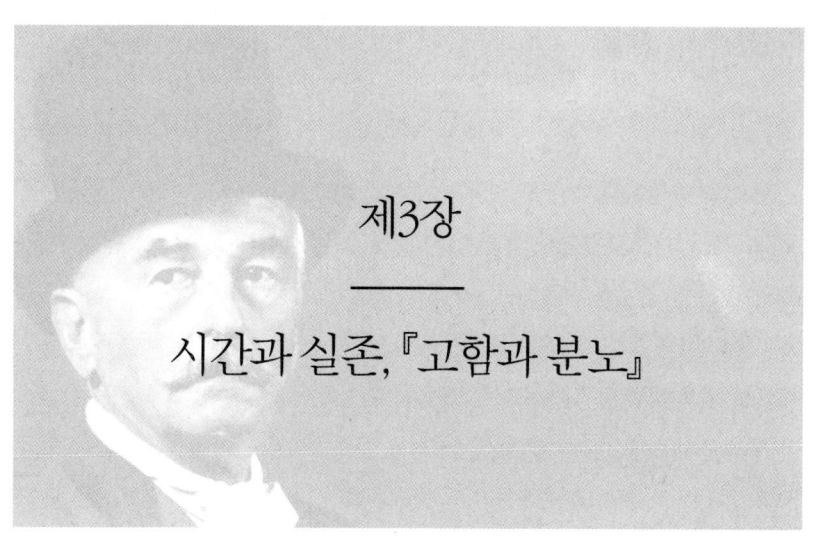

제3장

시간과 실존,『고함과 분노』

윌리엄 포크너는 네 번째 장편소설『고함과 분노』(1929)를 집필하면서 희열감과 환희감에 한껏 도취되어 있었다. 그 감정은 그가 이전에 장편소설을 쓸 때 느꼈던 것과도 전혀 달랐고 이후에 작품을 쓸 때 느낀 것과도 또 달랐다. 그는『성역』(1931)을 쓴 뒤 "이 작품에서는『고함과 분노』에서 느낀 무엇이 빠져 있었다."라고 털어놓았다. 뒷날 포크너는『고함과 분노』를 집필하면서 느낀 감정을 "몸으로 느낄 만큼 분명하고 물리적이면서도 무엇이라고 딱히 말하기 어려운 감정, 아직 더럽혀지지 않은 하얀 종이가 내 손 밑에서 해방되기를 기다리며 고스란히 간직하고 있는 경이감에 대한 열렬하고도 행복한 믿음과 기대"라고 묘사하였다. 이러한 묘사는 소설 창작이 아니라 마치 성행위를 묘사하듯이 자못 육감적이다.

그렇다면 포크너는『고함과 분노』를 쓰면서 왜 그렇게 희열감에 취해 있었을까? 두말할 나위 없이 그는 "아름답고 비극적인 소녀" 캐디를 작중인

『고함과 분노』 줄거리

　　미국 남부 미시시피 주의 귀족 가문인 콤슨 집안은 남북전쟁 이전에 대농장을 소유한 지역 세력가였을뿐더러, 선조 중에는 남부군으로 전쟁에 참가하여 공을 세운 장군도 있었고, 주지사를 지낸 정치가도 있었다. 그러나 후대로 내려올수록 쇠퇴하여 몰락의 길을 걷게 된다. 현재 콤슨 집안의 가장(家長)은 제이슨 콤슨 3세로, 그는 허무주의와 패배의식에 사로잡혀 술에 의지하며 살아가며 아버지의 임무를 다하지 못한다. 자기연민과 우울증에 시달리는 그의 아내 캐롤라인 콤슨 또한 자식을 제대로 돌보지 못하여 흑인 유모 딜지 깁슨이 어머니의 역할을 도맡다시피 하고 있다.

　　콤슨 집안에는 큰아들 퀜틴, 큰딸 캐디, 둘째 아들 제이슨 4세, 그리고 막내아들 벤지의 네 자녀가 있다. 감수성이 예민하고 지적인 퀜틴은 콤슨 집안의 명예를 지키지 못하고 있다는 죄책감에 시달리는 데다 누이동생 캐디를 '오빠 이상으로' 사랑한다. 결국, 그는 하버드 대학 재학 중에 찰스 강에 뛰어들어 자살한다. 외딸 캐디는 성적(性的)으로 무분별하여 결혼하고도 사생아를 낳는 바람에 이혼당하고 어디론가 자취를 감춘다. 둘째 아들 제이슨은 형 퀜틴과 누나 캐디에게 모든 것을 박탈당했다는 피해의식에 사로잡혀 있다. 아버지와 형이 사망한 뒤 집안을 책임지고 있는 제이슨은 캐디가 딸 '미스 퀜틴'의 부양비 명목으로 보내주는 돈을 가로챌 만큼 파렴치하고 냉소적인 인물로 변한다. 태어날 때부터 백치인 막내아들 벤지는 나이가 서른세 살이지만, 정신연령은 세 살 정도에 불과하다.

　　캐디의 딸 미스 퀜틴은 제이슨의 돈을 훔쳐 제퍼슨 읍에 공연하러 온 서커스 단원과 함께 가출한다. 제이슨은 두 사람을 뒤쫓지만 결국 찾지 못하고 절망하며 집으로 돌아온다. 이 작품은 흑인 유모 딜지가 벤지를 데리고 부활절 예배에 참석하는 것으로 끝을 맺는다.

1957~1958년 버지니아 대학교 '거주 작가'로 있을 무렵 연구실에서 파이프 담배를 피우며 망중한을 즐기고 있는 포크너. 그는 집필할 때면 으레 파이프 담배를 피웠다. 술과 파이프 담배는 그에게 예술적 영감을 불어넣는 영매와도 같았다.

물로 등장시켰기 때문이다. 현실 세계에서 욕망을 충족하지 못했던 포크너는 이 작품을 빌려 보상적으로 만족을 느끼려고 하였다. 그러니까 작가에게 작중인물 캐디는 아름다운 누이동생이요 사랑스러운 딸과 같은 인물이었다. 욕망의 상징이었던 만큼 그녀는 그에게 각별한 의미가 있었다. 이렇게 각별한 의미가 있는 작중인물을 창조하면서 그는 자못 희열과 황홀감을 맛보았던 것이다.

그러나 포크너가 『고함과 분노』를 집필하면서 희열과 황홀감을 느낀 데에는 또 다른 이유가 있었다. 이 소설을 쓰기에 앞서 그는 『흙 속의 깃발』

(1973)의 원고를 처음 두 장편소설을 출간한 보니 앤 라이브라이트에 보냈으나 뜻밖에도 출판을 거절당하였다. 그는 이 사건으로 작가로서의 직업에 대해 회의를 느낄 정도로 충격을 받았으니 그 실망과 좌절이 어떠했는지는 미루어 짐작할 수 있다. 그래서 포크너는 이를 계기로 작가로서 얻게 될 명성이나 세속적 명예, 작품 창작에서 오는 물질적 보상 따위를 모두 접어두고 오직 자신만을 위해 작품을 쓰기로 결심하였다.

어느 날 나는 나와 모든 출판사 주소와 책 목록 사이에 문을 굳게 닫아놓은 것 같았다. 자, 이제 비로소 나는 작품을 쓸 수 있구나, 이제 저 옛날 로마 사람이 침대 머리맡에 놓아두고 입을 맞추어 천천히 그 가장자리를 닳게 만든 것 같은 항아리를 만들어 낼 수 있게 되었구나.—나는 이렇게 생각했다.

출판사 주소와 자기 사이에 문을 굳게 닫아놓았다는 것은 이제 더는 출판사에 작품 원고를 보내지 않겠다는 말이다. 다시 말해서 작품 창작과 출판을 별개의 작업으로 생각하겠다는 의지를 천명한 것이다. 만약 출판을 염두에 두지 않는다면 오직 작가로서 쓰고 싶은 작품을 쓸 수 있을 것이다. 『고함과 분노』는 바로 이러한 새로운 각오로 쓴 첫 작품이다. 그가 이 작품을 집필하면서 일찍이 느껴보지 못한 희열과 자유를 맛본 것은 바로 그 때문이다.

1. '위대한 실패작'

　　희열 뒤에는 흔히 고통이 따르듯이 『고함과 분노』도 윌리엄 포크너의 말처럼 그렇게 희열과 환희에서만 나온 산물은 아니었다. 그는 이 작품을 쓰면서 희열과 환희 못지않게 슬픔과 고뇌를 겪었다. 이 작품에 대해 그는 뒷날 "가장 큰 고뇌를 안겨준 작품, 내가 가장 열심히 노력한 작품"이라고 밝힌다. 이렇게 슬픔과 고뇌 가운데 썼기에 포크너는 이 소설에 더욱 애틋한 사랑과 애정을 느꼈다. 이 작품에 대해 그는 "신부(神父)가 된 자식보다 도둑이나 살인자가 된 자식을 더 사랑하는 어머니 같은" 심정이라고 털어놓았다.

　　포크너는 왜 그토록 심한 고통과 고뇌를 겪었을까? 그는 이 작품을 "타락한 두 여성의 비극"이라고 불렀다. 여기에서 두 여성이란 다름 아닌 여주인공 캐디 콤슨과 결혼 뒤 그녀가 낳은 사생아 미스 퀜틴을 말한다. 작가는 불행하게 살아가는 두 젊은 여성의 이야기를 쓰면서 정신적으로 괴로움을 느꼈겠지만, 그보다는 이 이야기를 독자에게 전달하는 과정에서 더 큰 고통을 느꼈는지도 모른다. 바꾸어 말해서 작가가 느낀 고통과 고뇌는 캐디와 퀜틴의 비극을 표현하는 형식의 문제에서 비롯했을 것이다. 포크너가 창작 행위를 흔히 여성이 아이를 낳으며 겪는 진통과 산고(産苦)에 빗대는 것은 바로 그 때문이다.

　　포크너는 이 작품의 창작 과정에 대해 똑같은 이야기를 네 차례에 걸쳐 썼다고 밝힌다. 그 '네 차례'란 바로 『고함과 분노』의 네 장(章)을 가리킨다.

즉, 그는 애초에 벤지의 입을 빌려 캐디의 비극을 이야기하려고 했지만, 실패하였다. 그러자 이번에는 퀜틴을 통해 말하려고 했지만, 역시 성공하지 못하였다. 그래서 다시 제이슨의 입을 빌려 말하려고 했지만, 그 역시 실패하였다. 결국, 자신이 직접 나서 말하려고 했지만, 그 역시 실패하고 말았다는 것이다. 실제로 『고함과 분노』를 출간하고 15년이 지난 뒤 맬컴 카울리가 편집한 『포터블 포크너』(1946)에 싣기 위해 쓴 「부록: 콤슨 집안사람들」까지 넣는다면 그는 네 차례가 아니라 무려 다섯 차례에 걸쳐 이 작품을 쓴 셈이다.

포크너가 이 작품을 '미완성'으로 간주하는 것도 바로 그 때문이다. 그는 『포터블 포크너』에 실린 「부록」에 대해 언급하면서 "그 작품은 15년이 지난 뒤에도 여전히 살아 있으며, 여전히 살아 있다는 것은 곧 계속 자라고 변화한다는 것을 뜻한다."라고 밝힌다. 물론 이것은 「부록」의 내용과 작품의 내용이 몇몇 세부 사항에서 차이가 난다는 비판에 대해 변명 삼아 한 말이다. 어쩌면 포크너는 프랑스의 상징주의 시인 폴 발레리처럼 모든 예술 작품은 결코 완성될 수 없으며 오직 중도에서 포기할 뿐이라고 생각했는지도 모른다. 발레리에게도 포크너에게도 예술 작품은 「모나리자」처럼 하나같이 미완성품에 지나지 않는다.

『고함과 분노』는 '미완성' 작품일 뿐만 아니라 더 나아가서는 '실패작'이기도 하다. 그러나 포크너는 이 작품이 비록 실패한 작품일망정 "가장 훌륭한 실패작"이라고 말한다. 심혈을 기울여 썼을 뿐 아니라 지금까지 쓴 작품 가운데에서 가장 뛰어난 작품이기 때문이라는 것이다. 그의 작품 중에서 어느 것이 가장 훌륭하다고 생각하느냐는 물음을 받을 때마다 그는 서슴지 않고 『고함과 분노』를 꼽았다.

"가장 비극적으로, 가장 찬란하게 실패한 작품 — 그것은 바로 『고함과 분노』였습니다. 그 작품은 내가 가장 오랫동안, 가장 힘들게 쓴 작품입니다. 나에게 그것은 가장 열정적이고 가장 감동적인 발상이었으며, 또 가장 찬란하게 실패했습니다. 그래서 내게는 가장 뛰어난 — 글쎄, '뛰어난'이라는 말은 정확한 말이 아니지요. — 내가 가장 사랑해 마지않는 작품입니다."

포크너가 이 작품을 이렇게 "가장 찬란하게 실패한 작품"이라고 부르는 데에는 또 다른 까닭이 있다. 이 작품을 쓰면서 그는 남다른 야심을 품고 있었기 때문이다. 같은 시대에 활약한 작가들에 대해 언급하면서 그는 "우리는 모두 완벽의 꿈을 이룩하는 데 실패했다."라고 말하였다. 그리고 자신의 작품에 대해서는 "내가 쓴 어느 작품도 내가 세운 기준에 맞지 않는다."라고 고백하였다. 이것은 포크너가 예술의 목표를 얼마나 높게 설정했는지를 말해주는 대목이다.

포크너가 『고함과 분노』의 원고를 완성한 것은 1928년 9월, 그러니까 『흙 속의 깃발』 원고가 다음 해에 '사토리스'라는 제목으로 출간되기 몇 달 전이었다. 그는 원고를 마치자마자 곧바로 타자 원고로 작성하였다. 앞에서 밝혔듯이 누구도 이 작품을 출판해주리라고 기대하지 않았던 포크너는 처음부터 아예 출판할 계획을 세우지 않았다. 대고모 앨라배마에게 보낸 편지에서 이 소설을 두고 "제가 이제까지 읽은 책 가운데에서 가장 어처구니없는 책"이 되리라고 말하면서 아무도 10년 안에 이 원고를 출판하려 들지 않으리라고 말하였다. 이처럼 출판을 염두에 두지 않은 덕분에 그는 마음껏 상상의 나래를 펼치면서 형식적 실험을 극단으로 밀고 나갈 수 있었다.

그러나 내용을 대폭 수정하여 『흙 속의 깃발』이 '사토리스'라는 제목으

1959년 마틴 리트 감독이 연출한 포크너 원작 영화 「고함과 분노」의 한 장면. 율 브린너(사진의 가운데)가 제이슨 콤슨 역을, 조운 우드워드(사진의 왼쪽) 가 미스 퀜틴 역을 맡았다. 제임스 조이스의 『율리시스』처럼 영화로 만들 수 없는 작품을 영화로 만들었다는 평을 들었으며 예상대로 흥행에 실패했다.

로 출간되자 포크너는 출판에 좀 더 자신감을 얻게 되었다. 소설 작품을 출판 한다는 것이 그렇게 불가능한 일만은 아니라는 사실을 깨달았기 때문이었 다. 그래서 그는 '출판'이라는 관점에서 작품을 다시 생각하기 시작하였다. 포크너는 『사토리스』의 인세로 받은 300달러와 『고함과 분노』의 원고 뭉치 를 들고 곧바로 뉴욕으로 향하였다. 그리고 뉴욕에 머물면서 심혈을 기울여 이 작품을 고쳐 쓰면서 타자 원고를 작성하였다. 오직 '자신만을 위해서' 썼 던 이 작품을 독자들도 이해할 수 있도록 시간적 추이를 비롯하여 애매한 부 분을 좀 더 분명하게 뜯어고쳤다. 마침내 타자 원고를 완성한 포크너는 친구 이자 에이전트인 벤 왓슨에게 넘겨주며 출판사를 찾아달라고 부탁하였다.

포크너의 예상을 뒤집고 『고함과 분노』는 생각보다 쉽게 출판사를 찾을 수 있었다. 앨프리드 하코트는 왓슨에게서 받은 이 원고를 몇 주 동안 보관하고 있다가 그의 동료 편집자 해리슨 스미스가 독립하여 출판사를 세우자 그에게 원고를 넘겨주었다. 평소 포크너의 작품을 좋아하던 스미스는 곧 그 작품을 출판하기로 했고, 왓슨을 편집자로 기용하여 출판을 위한 본격적인 작업에 들어갔다.

1929년 7월 미시시피 주 옥스퍼드에 돌아와 있는 포크너에게 이 작품의 교정쇄가 도착하였다. 그런데 왓슨은 사건의 시간적 추이를 알리기 위해 집어넣었던 이탤릭체를 모두 없애버리고 그 대신 줄과 줄 사이에 빈칸을 남겨 놓았다. 그뿐 아니라 텍스트에 여기저기 부분적으로 가필한 곳도 있었다. 포크너는 왓슨에게 원고에 절대로 손대지 말라고 하면서 본래의 타자 원고 그대로 다시 돌려놓았다. 지금까지도 텍스트 곳곳에서 눈에 띄는 애매하고 모호한 곳은 바로 이 환원 과정에서 생긴 실수의 흔적이다. 어찌 되었든 이 작품은 1929년 10월 7일, 그러니까 뉴욕의 증권 시장이 폭락하면서 미국의 경제 대공황의 한파가 몰아닥치기 2주일 전에 출간되었다. 그러나 이 작품은 독자들로부터 이런저런 이유로 거의 외면당하다시피 했고 오히려 유럽, 특히 프랑스에서 큰 관심을 끌었다. 가령 앙드레 말로, 모리스 르브르통, 장 폴 사르트르 등이 이 작품을 격찬해 마지않았던 것이다. 그들은 통찰력 있는 분석을 통해 일반 독자들에게 이 작품을 소개하는 데에도 크게 이바지하였다. 미국에서는 1940년대 말과 1950년대 초가 되어서야 이 소설이 본격적으로 받아들여지기 시작하였다.

모리스 에드가 코앵드로의 번역으로 프랑스 갈리마르 출판사에서 출간한 프랑스어 판 『고함과 분노』(1938)

2. 가문의 몰락과 비극적 상실감

소설 전통에서 보면 『고함과 분노』는 한 가문의 몰락과 붕괴를 다루는 계보소설에 속한다. 가문의 몰락이나 붕괴는 서구 문학 전통에서 보면 꽤 흔한 주제이다. 옛 그리스 비극이나 『구약성서』에서부터 윌리엄 셰익스피어의 작품을 비롯한 르네상스 시대 문학을 거쳐 현대 작품에 이르기까지 많은 작가가 이러한 주제에 관심을 기울여왔다. 미국 문학으로 그 범위를 좁혀보아도 19세기에 너새니얼 호손이 『일곱 박공의 집』(1851)에서, 에드가 앨런 포가 「어셔 가(家)의 몰락」(1839)에서 한 가문의 붕괴를 중심 플롯으로 다루었다. 특히 미국 문학에서 남부 작가들은 사회의 구성 단위라고 할 가족에 아주 깊은 관심을 기울였다. 산업화나 공업화가 빠르게 진행되면서 혈연관계가 무의미해진 북부와는 달리, 농경 사회인 남부에서는 여전히 가족을 중심으로 한 혈연관계가 무엇보다도 중요한 사회 단위였기 때문이다.

윌리엄 포크너는 다른 남부 작가와 마찬가지로 한 가문을 중심으로 펼쳐지는 인간관계에 초점을 맞춘다. 이러한 특징은 요크너퍼토퍼 연작소설에서 더욱 두드러지게 드러난다. 가령 사토리스 집안사람들을 다루는 『흙 속의 깃발』을 비롯하여 번드런 집안사람들을 다루는 『내 죽으며 누워 있을 때』(1930), 벤보 집안사람들을 다루는 『성역』, 섯펜 집안사람들을 다루는 『압살롬, 압살롬!』(1936) 등은 그 좋은 예이다. 이 밖에도 맥캐슬린 집안사람들을 다루는 『모세여 내려가라』(1942)와 『무덤 속의 침입자』(1948), 그리고 스놉스 집안사람들을 다루는 『마을』(1940)과 『읍내』(1957)와 『저택』(1959)의 '스놉스 삼부작'도 여기에 속한다.

『고함과 분노』에서 포크너가 다루는 콤슨 가문은 사토리스 가문과 마찬가지로 요크너퍼토퍼 군과 제퍼슨 읍에서 중추적인 역할을 맡았던 귀족 가문이다. 찬란한 전통과 화려한 명예를 자랑하는 가문으로 선조 중에는 남북전쟁 때 장군으로 이름을 떨친 군인도 있고 미시시피 주의 주지사를 지낸 정치가도 있다. 제퍼슨 읍 창설에 주역을 맡기도 한 콤슨 집안사람들은 저택 주위에 수백 에이커의 땅을 소유하고 있다. 그러나 이 작품이 주로 다루는 현재 시점에 그 찬란한 전통과 명예는 한낱 그림자에 지나지 않는다. 가장(家長) 제이슨 콤슨 3세는 가문의 무거운 짐에 억눌린 채 좌절감과 실망감을 술과 라틴어 시와 냉소주의로 달래다가 숨을 거둔다. 심한 우울증에 시달리는 그의 아내 캐롤라인은 열등감에 빠져 언제나 불평만 늘어놓는다.

제이슨 콤슨의 자손 대에 내려와서는 상황이 더욱 나빠져서 큰아들 퀜틴은 이상과 현실 사이의 간극에 절망한 나머지 마침내 하버드 대학교 재학 중 스스로 목숨을 끊는다. 하나밖에 없는 딸 캐디는 결혼도 하기 전에 무분별한 남자관계로 사생아를 낳고, 결혼 뒤에는 남편으로부터 버림받아 어디론가 자취를 감춘다. 둘째 아들 제이슨은 형과 누이가 받은 기회를 박탈당한 것에 몹시 분개하며 지금은 아버지와 형을 대신하여 가장으로서의 무거운 짐을 걸머진 채 살아간다. 그리고 태어날 때부터 백치인 막내아들 벤지는 나이가 서른세 살이건만 정신 능력은 겨우 세 살 정도밖에 되지 않는다.

이 작품은 캐디의 사생아 미스 퀜틴이 외삼촌 제이슨의 돈을 훔쳐 어느 서커스 단원과 함께 가출하고, 제이슨이 그들의 뒤를 쫓다가 끝내 잡지 못하고 분노와 절망 속에 제퍼슨으로 돌아오는 것으로 끝을 맺는다. 뒷날 포크너가 쓴 「부록: 콤슨 집안사람들」에 따르면 캐디는 1940년 프랑스 파리에서 어느 독일 장군의 정부(情婦)가 되고, 제이슨은 멤피스의 창녀 로레인과 사귀지만, 결국 결혼하지 않은 채 독신으로 외롭게 지낸다. 벤지는 어머니가 죽자마자 1933년에 미시시피 주 주도(州都)인 잭슨에 있는 주립 정신병원으로 보내진다. 이로써 한때 찬란한 전통과 과거를 자랑하던 콤슨 집안은 마침내 막을 내리고 저택은 폐허가 되어버린다.

그렇다면 콤슨 가문은 과연 무엇 때문에 몰락하는가? 호손의 『일곱 박공의 집』에 나오는 핀천 가문처럼 선조가 저지른 죄나 비행 때문인가? 아니면 포의 어셔 가문처럼 운명적으로 어쩔 수 없이 몰락하고 파멸할 수밖에 없는가? 그것도 아니라면 콤슨 집안사람들 탓으로 돌릴 수 있는가? 바로 이 물음에 대한 답에서 『고함과 분노』의 주제를 파악하는 실마리를 찾을 수 있다.

언뜻 보면 콤슨 가문의 파멸은 소포클레스의 비극처럼 운명적이고 필연적인 것 같다. 실제로 퀜틴은 캐디에게 "우리한테는 저주가 내려져 있어. 그건 우리 잘못이 아니야."라고 말한다. 그의 말대로라면 오이디푸스 왕이 신탁 때문에 필연적으로 파멸하는 것처럼 콤슨 집안사람들도 그들의 자유의지와 관계없이 몰락한다. 그러나 본질적으로 콤슨 집안의 몰락은 외부적인 힘에서 비롯한다기보다는 내적 결함에 원인이 있다. 좀 더 구체적으로 말해서 콤슨 가문의 몰락과 파멸은 가족 구성원 사이에 사랑이나 애정 같은 정서적 교감이나 정신적 교섭이 제대로 이루어지지 않는 데서 비롯한다.

제이슨 콤슨 3세와 그의 아내 캐롤라인 사이에는 정상적인 부부 사이에서 볼 수 있는 어떠한 정서적 교감도 없다. 두 사람은 상대방을 조금도 배려하지 않고 오직 자신만의 세계에 깊이 빠져 있다. 술과 냉소주의에서 도피처를 찾는 제이슨은 좀처럼 허무주의의 늪에서 헤어나지 못한다. 그에게 인간은 한낱 "불운의 총화"에 지나지 않으며, 인간의 모든 "희망과 욕망"은 '시간'이라는 거센 흐름에 묻혀 결국 '무덤'으로 변해버리고 만다. 제이슨은 아내에게 애정을 느끼지 못할뿐더러 자녀에게도 아버지 구실을 제대로 하지 못한다. 그들에게 애정을 느끼면서도 패배주의와 허무주의 때문에 정신적 지주가 되어주지 못하는 것이다.

이러한 점에서 캐롤라인 콤슨도 남편과 크게 다르지 않다. 제이슨 3세가 아버지 구실을 제대로 못 하는 것처럼 캐롤라인도 제대로 된 어머니 역할을 하지 못한다. 그녀는 늘 자기연민에 빠져 불평을 늘어놓고 때로는 신경질환 증세마저 보인다. 무엇보다도 그녀는 자식을 편애하여 정상적인 가족 관계를 유지하지 못한다. 친정집 식구를 닮았다는 이유로 둘째 아들 제이슨만을 편애하고 다른 자녀는 좀처럼 받아들이려고 하지 않는다. 더구나 캐롤라인은 벤지 같은 백치를 낳은 것을 몹시 부끄럽게 생각한다. 백치 아들을 둔 것을 신이 자신에게 내린 저주로 간주한다. 더구나 외동딸 캐디가 성적으로 난잡한 행동을 일삼는 것도 귀족 신분이나 체면에 대한 모독으로 여긴다. 이처럼 캐디의 행동에 지나치게 과민한 반응을 보임으로써 그녀는 오히려 딸의 몰락을 재촉하는 결과를 낳는다. 사춘기를 겪는 캐디가 동네 사내아이와 첫 키스를 했을 때 이튿날 그녀는 자기 딸 캐디는 이제 죽었다고 말하면서 검은 상복에 베일을 쓰고 집 안을 돌아다닌다. 결국, 이러한 과민한 행동으로 캐디는 심한 죄책감에 시달리고 질식할 것 같은 집안 분위기에 대한 반발로 더욱 어긋나게 된다. 그리고 캐롤라인이 채우지 못하는 어머니 역할을 나이 어린 캐디가 대신하거나 흑인 하인 딜지 깁슨이 떠맡는다.

제이슨 콤슨 3세와 캐롤라인의 이러한 태도는 두말할 나위가 없이 자식들에게 그야말로 치명적인 해를 끼친다. 어느 다른 형제보다도 남달리 감수성이 예민한 퀜틴은 늘 부모 없는 고아처럼 느낀다. "나에게 어머니, 어머니라고 부를 수 있는 어머니가 있다면 얼마나 좋을까."라고 절망감을 털어놓는다. 퀜틴은 비단 어머니만이 아니라 아버지에 대해서도 이와 똑같은 감정을 느낀다.

이렇듯 콤슨 집안 자녀들은 육체적으로는 멀쩡할는지 모르지만, 정신적으로는 불구자와 다름없다. 태어날 때부터 백치인 벤지는 그렇다 쳐도 다른 자녀도 하나같이 정상적인 인간으로 성장하지 못한다. 앞서 이미 밝혔듯이 캐디는 성적으로 무분별한 행동을 일삼는다. 퀜틴은 콤슨 자녀 중에서 가장 교육을 많이 받은 지적인 인물인데도 지나친 자의식 탓으로 정상적인 생활을 하지 못한다. 캐디가 타락하자 정신적 지주를 찾지 못하는 퀜틴은 마침내 자살하기에 이른다. 한편 제이슨은 극도의 물질주의자로 변한다. 어머니의 사랑을 독차지하고 있으면서도 교묘히 그녀를 속이고, 퀜틴이나 캐디가 받은 기회를 자신에게는 주지 않았던 아버지에 대해 몹시 분개한다. 제이슨에게 인간의 모든 행동은 오직 돈으로 환산할 수 있는 가치로서밖에는 별다른 의미가 없다. 가령 아버지의 장례식 날 캐디가 집안 식구 몰래 찾아와 아버지의 무덤에 가져다 놓은 꽃다발을 보면서 그는 속으로 "50달러어치는 충분히 되겠는걸."이라고 생각하며 꽃을 사는 데 쓴 돈을 아까워한다. 마찬가지로 그의 정부(情婦) 로레인과의 관계도 오직 돈의 관점에서만 의미가 있을 뿐, 이렇다 할 정서적 교감이 없다.

『고함과 분노』에서 콤슨 가족은 사랑과 이해의 부족으로 파멸을 맞는다. 그들에게서는 정상적인 가족 구성원에게서 흔히 볼 수 있는 사랑과 관용 그리고 이해를 찾아보기 어렵다. 애정보다는 증오, 화해보다는 갈등, 그리고 협력보다는 반목과 질시가 있을 뿐이다. 포크너는 콤슨 가문의 몰락을 통해 사랑이나 동정 또는 이해가 얼마나 소중한가를 역설적으로 이야기한다. 다른 작품에서도 흔히 그러하듯이 그는 이 주제를 표현하는 데 긍정적인 방법보다는 부정적인 방법을 이용한다. 다시 말해서 작가는 이러저러해야 한다고 말하는 대신 오히려 이러저러해서는 안 된다고 말한다. 역설적으로 들릴지 모르지만, 콤슨 가문이 가족 구성원 사이에 사랑이나 이해가 없어서 파멸에 이른다는 것은 사랑이나 이해가 그만큼 중요하다는 반증이기도 하다.

　　포크너에게 가족의 붕괴나 가문의 파멸은 그 이상의 상징적 의미가 있다. 콤슨 가문의 몰락은 전통적인 남부 사회의 붕괴를 상징한다. 난해한 실험적 기교 탓에 자칫 독자들은 사회적 의미나 정치적 차원을 놓쳐버리기 쉽지만, 좀 더 꼼꼼히 따져보면 이 작품에는 나름대로 사회적·정치적 의미가 담겨 있다. 실제로 가족은 그저 혈육의 집합체에 지나지 않는 것처럼 보이지만, 사회의 최소 구성 단위가 된다. 이것은 좁게는 한 공동 사회의 구성원, 넓게는 한 민족, 더 넓게는 우주의 시민을 축소해놓은 것과 다름없다. 가족은 개인을 보호해주는 울타리가 되기도 하지만, 때로는 개인을 억압하고 제어하는 걸림돌이 되기도 한다.

　　한때 찬란한 명예와 전통을 자랑하는 콤슨 가문이 점차 파멸의 길을 걷듯이 미국 남부도 시간이 지남에 따라 점차 쇠퇴의 길로 들어선다. 전통적인 남부 사회에서도 콤슨 가문이 그러하듯이 동료 인간에 대한 사랑과 이해를 찾아보기 어렵다. 북부 사회와 비교할 때 남부 사회는 신분과 혈통에 따라 계급 질서가 뚜렷이 구분되고 똑같은 백인이라고 해도 사회적 위계질서에 따라 차이가 난다. 가령 계급 질서의 사다리에서 콤슨 집안사람들이나 사토리스 집안사람들은 맨 꼭대기를 차지한다. 캐롤라인 콤슨이 친정집 배스콤 가문도 시가(媤家) 콤슨 가문 못지않게 뼈대 있는 가문이라는 강박 관념에 사로

버지니아 대학교에서 강의하는 포크너(1957~1958)

잡혀 있는 것을 보면 같은 상류 계급에서도 갈등과 긴장이 적지 않다.

더구나 남부는 '비인간적인 흑인 노예제도'라는 원죄의 짐을 지고 있다. 이렇게 노예제도에 의존하는 남부의 전통적 농경 사회는 남북전쟁 이후 북부 공업 사회의 위협을 받자 여지없이 무너질 수밖에 없었다. 남부의 몰락은 내적 요인 못지않게 외부 요인에서도 비롯한다. 남부는 정치뿐 아니라 사회·경제적으로도 큰 혼란을 겪는다.

미국의 전통적 남부 사회의 몰락과 붕괴는 또한 20세기 현대인의 정신적 파산을 보여주는 상징이기도 하다. 거의 같은 시대에 활약한 T. S. 엘리엇처럼 포크너도 제1차 세계대전이 끝난 뒤의 서구 사회를 황무지에 빗댄다. 콤슨 집안사람들이 사는 요크너퍼토퍼 군의 제퍼슨 읍도 황량한 불모지와 크게 다르지 않다. 콤슨 집안사람들처럼 20세기 현대인도 삶다운 삶을 살지 못한 채 엘리엇이 말하는 "죽음 속의 삶" 또는 "삶 속의 죽음"을 겪는다.

19세기 이전의 전통 사회에서 살던 사람들은 신 같은 초월적 존재에 기대어 그로부터 큰 힘을 얻고 위안을 찾았다. 때로는 살아 숨 쉬는 자연이 인간에게 큰 힘이 되기도 했고, 공동사회나 가족이 개인의 울타리가 되어주기도 하였다. 그러나 초월적인 존재나 자연, 공동사회와 가족을 잃어버린 현대인들은 어느 때보다도 소외감과 비극적 상실감에 사로잡힌다. 그들에게 참다운 정신적 교섭이나 의사소통은 마치 무지개를 잡으려는 노력처럼 부질없어 보인다.

현대인들은 제이슨 콤슨 3세처럼 허무주의와 냉소주의를 '일용할 양식'으로 받아들인다. 초월적 존재를 믿는 종교는 캐롤라인 콤슨처럼 내용이 텅 빈 형식에 지나지 않는다. 또 퀜틴처럼 추상적이고 형이상학적인 것을 지나치게 믿음으로써 의미 있는 삶을 살지 못한다. 제이슨과 마찬가지로 인도주의적인 가치관 대신에 상업주의적인 가치관을 받아들이는가 하면, 캐디처럼 쾌락에서 도피처를 찾으려고 한다. 한마디로 정신박약, 정신분열증, 알코올 중독, 편집증, 냉소주의, 자기연민, 성적 방탕 그리고 절도 따위는 콤슨 집안사람들만이 아니라 현대인들에게서도 쉽게 찾아볼 수 있는 특징이다.

3. 시간의 형이상학

『고함과 분노』는 가문의 몰락과 미국 남부의 전통 사회의 붕괴를 다룬 작품이면서 그와 동시에 시간과 관련한 문제를 다룬 형이상학적인 작품이기도 하다. 이러한 관점에서 이 작품을 처음 읽은 비평가는 프랑스의 실존주의 철학자 장 폴 사르트르였다. 그는 일찍이 연대기적 플롯 진행 방법을 무시한 이 소설의 구성이 보여주는 특징에 주목하면서 "소설의 기교는 언제나 소설가의 형이상학과 연관되어 있다."고 지적하였다. 사르트르에 따르면 포크너의 형이상학은 한마디로 '시간의 형이상학'이다. 이 점과 관련하여 그는 포크너의 세계관을 '지붕 없는 자동차를 타고 앉아서 뒤

장 폴 사르트르, 1905~1980

쪽을 바라보는 사람'에 빗댄다. 현재는 늘 혼란스럽고 미래는 과거로 지나간 뒤에서야 비로소 이렇다 할 의미가 있기 때문이다. 그런 점에서 사르트르는 포크너의 작중인물에게 미래와 그 가능성이 굳게 닫혀 있다고 결론짓는다.

실제로 『고함과 분노』에서 작중인물들의 시간관은 그들의 세계관을 이해하는 데 아주 중요한 열쇠가 된다. 그들 시간관의 성격에 따라 삶에 대한 그들의 태도를 읽을 수 있기 때문이다. 그들에게 시간관은 곧 세계관으로 통하고 세계관은 시간관으로 통한다. 그런데 콤슨 집안사람들은 저마다 시간에 대해 그릇된 태도를 취한다. 겨우 세 살 정도의 의식밖에 없는 벤지는 시

간에 대해 거의 의식이 없다. 백치인 그는 시간과는 아무런 관련이 없으며, 차라리 그에게 시간은 존재하지 않는다고 말하는 쪽이 옳을 것이다. 벤지는 도도히 흐르는 역사적 시간의 강물에서 빗겨 서 있다.

벤지가 시간을 전혀 의식하지 못한다면 퀜틴은 시간에 대한 강박관념에 사로잡혀 있다. 퀜틴은 늘 시간으로부터 도피하거나 시간을 말살하려고 애쓴다. 그것은 자살을 계획하던 날 그가 시계를 부숴버린다든지, 그림자로부터 벗어나려고 하는 등의 행위에서 잘 드러난다. 퀜틴이 마침내 찰스 강에 뛰어들어 스스로 목숨을 끊는 것도 시간으로부터 영원히 벗어나려는 몸부림이다. 그에게 현재나 미래는 없으며 존재하는 것은 오직 과거의 무거운 짐뿐이다.

시간에 대한 강박관념에 사로잡혀 있기는 제이슨도 퀜틴과 크게 다르지 않지만, 그 양태와 정도는 사뭇 다르다. 제이슨은 언제나 시간에 쫓기고 그 때문에 괴롭힘을 당하는 인물이다. 온종일 시간에 쫓기면서도 무엇 하나 제대로 얻거나 해내지 못한다. 가령 면화 주식에 돈을 투자하지만, 주가 폭락 정보를 뒤늦게 아는 바람에 돈을 날려버리는가 하면, 학교에 가지 않고 제퍼슨 주위를 쏘다니는 조카딸 미스 퀜틴의 행방을 찾아내려고 하지만, 뜻대로 되지 않는다. 마침내 돈을 훔쳐 서커스 단원과 함께 달아난 미스 퀜틴의 뒤를 쫓지만 결국 놓치고 만다. 더구나 제이슨에게 시간은 곧 돈이다. 돈을 떠난 시간은 그에게 아무런 의미가 없다. 미국을 건국한 국부 중 한 사람인 벤저민 프랭클린과 마찬가지로 그는 언제나 시간을 화폐 가치로만 환산하려고 한다. 그러나 시간에 쫓길 뿐, 그것을 제대로 쓰지 못하는 제이슨은 돈마저도 잃어버린다. 이렇게 온갖 방법으로 시간을 아끼고 돈을 모으려고 애쓰는 것을 보면 언뜻 미래에 무척 큰 희망을 거는 것처럼 보일는지도 모른다. 그러나 그가 돈을 모으려는 것은 미래에 대한 기대와는 별로 관련이 없다. 부모가 모두 사망하고 벤지를 정신병원에 보낸 뒤 그는 결혼하지 않은 채 여전히 독신으로 남아 있다. 그러므로 제이슨에게는 과거도 미래도 없고 오직 현재만이 있을 뿐이다.

콤슨 자녀와 비교할 때 오직 흑인 유모 딜지 깁슨만이 시간에 대해 올바른 태도를 보인다. 그녀에게 시간은 과거·현재·미래가 하나의 연속체를 이루며 유기적 관계를 맺는다. 어쩌면 그녀는 영원성의 시간 속에서 살고 있다고 말하는 쪽이 옳을지도 모른다. 시간에 대한 올바른 태도는 부엌의 시계를 읽는 방법에서도 잘 드러난다. 시계가 오후 다섯 시를 알리지만, 그녀는 시계를 쳐다보지 않고서도 여덟 시라는 사실을 금세 알아차린다. 시계가 고장 나서 세 시간 늦게 가기 때문이다. 딜지의 태도는 벤지를 데리고 부활절 예배에 참석하는 장면에서도 잘 드러난다. 시골 목사의 설교를 듣고 크게 감명한 그녀는 "나는 처음과 끝을 보았다." 또는 "나는 시작과 종말을 보았다."고 말한다. 이 말은 콤슨 집안의 몰락을 처음부터 지켜보았다는 뜻으로 해석할 수 있지만, 예수 그리스도의 죽음과 부활의 드라마에서 시간의 영원성을 읽었다는 뜻으로 받아들여도 크게 틀리지 않을 것 같다.

이렇듯 콤슨 집안 식구들은 과거나 현재에만 집착할 뿐, 미래에 대해서는 이렇다 할 주의를 기울이지 않는다. 그리고 지나치게 과거에 얽매여 있기에 그들에게서는 좀처럼 미래의 희망이나 가능성을 찾아보기 어렵다. 사르트르의 말대로 인간의 자유는 어떤 종류건 바로 미래에 대한 의식과 깊이 연관되어 있다. 미래가 없다는 것은 곧 자유가 없다는 것을 뜻하고, 자유가 없다는 것은 운명의 노예가 된다는 것을 뜻한다. 포크너는 콤슨 집안사람들의 삶을 통해 미래에 대한 희망이나 가능성이 없는 삶, 곧 허무주의적 인생관을 보여준다. 허무주의는 바로 삶의 시곗바늘이 더는 미래를 가리키고 있지 않을 때, 그래서 삶에서 아무런 의미를 찾을 수 없을 때 비롯한다. 덴마크의 실존주의 철학자 쇠렌 키르케고르는 "삶에 대한 이해는 과거 지향적이지만, 살아가는 것은 미래 지향적이다."라고 말한 적이 있다.

『고함과 분노』에서 시간은 또 다른 면에서 의미가 있다. 인간의 모든 노력과 수고는 '시간'이라는 거센 격류 앞에서 그 의미를 잃어버린다. 사르트르가 "인간의 비극은 시간의 쇠사슬에 얽매여 있다는 데 있다."고 말하는 까닭이 바로 여기에 있다. 제이슨 콤슨 3세는 퀜틴에게 선조에게서 대대로 물려받은 시계를 주면서 시간의 파괴성을 일깨워 준다.

"퀜틴, 나는 너에게 모든 희망과 욕망의 무덤을 준다. 네가 이 시계를 사용하며 모든 인간 경험이란 결국 무의미하다는 것을 깨닫게 되기를 바란다. (……) 내가 너에게 이 시계를 주는 것은, 시간을 기억하지 말고 잠시나마 때때로 시간을 잊고, 시간을 정복하려고 하는 데 헛되이 삶을 보내지 않도록 하기 위해서이다." 시간과 싸워 이긴 일이 없다고 그는 말씀하셨다. "더구나 그런 싸움은 일어난 적도 없다. 그 전장(戰場)은 오직 사람에게 자신의 어리석음과 절망만을 보여줄 뿐이고, 그 싸움에서 승리란 한낱 철학자와 바보의 환상에 지나지 않는다."

이 인용문에서 제이슨 콤슨 3세는 시간 앞에서 인간이 얼마나 무력한 존재인지를 새삼 일깨워 준다. 그가 퀜틴에게 가보처럼 소중히 물려 내려온 시계를 주는 것은 장자로서의 권리를 인정해주는 것을 의미한다. 미국 남부도 동양 문화권과 마찬가지로 철저한 가부장제 사회이다. 장남인 퀜틴은 앞으로 콤슨 가문을 이어갈 장손이다.

그러나 제이슨이 큰아들에게 시계를 건네주는 더 중요한 이유는 아들이 어리석게도 시간과 헛된 싸움을 벌이지 말아야 한다는 것을 일깨우기 위해서이다. 그는 인간이 시간과 싸워 이겼다는 것은 철학자나 바보의 환상에 지나지 않을 뿐, 마치 무지개를 잡으려는 것처럼 현실 세계에서는 도저히 이룰 수 없는 일에 소모하는 헛된 노력이라고 충고한다. 제이슨 콤슨 3세의 이러한 태도는 "인간은 불운의 총화이다. 어느 날 불운이 지치게 되리라고 생각하겠지만, 이번에는 시간이 너의 불운이 된다."는 말에서 단적으로 엿볼 수 있다. 심지어 그는 "그리스도는 십자가에 못 박혀 돌아가시지 않았단다. 작은 톱니바퀴의 째깍거리는 소리로 조금씩 닳아버린 것이지."라고 말한다.

4. 주제와 형식의 유기성

　『고함과 분노』의 허무주의적 주제는 그 형식과 기교에서도 엿볼 수 있다. 윌리엄 포크너의 작품 중에서 아마 이 소설만큼 주제와 기교, 내용과 형식이 잘 맞아떨어지는 작품도 찾아보기 어려울 것이다. 여기서는 형식이 곧 내용이요 기교가 곧 주제라고 해도 크게 틀리지 않다. 마이클 밀게이트는 작가가 사용하는 복수적(複數的) 관점이나 시점을 들어 '진리는 포착하기 어렵고 가변적'이라는 관점에서 이 작품의 주제를 찾는다. 이렇게 복수적 관점이나 시점을 사용한다는 점에서 『고함과 분노』는 『내 죽으며 누워 있을 때』나 『압살롬, 압살롬!』과 크게 다르지 않다. 실제로 밀게이트는 이 세 작품을 두고 '포크너의 삼부작'이라고 부르기도 한다.

　이 작품에서 포크너는 복수적 관점을 사용할 뿐 아니라 비연대기적 서술 방법을 즐겨 쓴다. 전통적인 리얼리즘 계열에 속하는 작품과 달리 이 소설에서는 사건을 연대기적으로 배열하지 않고 뒤섞어 놓는다. 이 작품을 읽노라면 마치 조각난 퍼즐 조각들을 모아서 하나의 그림을 완성하는 것과 같은 느낌이 든다. 실제로 작가 자신도 이 소설을 '조각 그림 맞추기'에 견준 적이 있다. 바로 이 점에서 이 소설은 흔히 모더니즘의 대표작으로 일컫는 T. S. 엘리엇의 「황무지」를 떠올리게 한다. 엘리엇이 "부스러진 한 줌의 이미지"로 이 시를 썼듯이 포크너도 파편 같은 조각으로 이 소설을 썼다. 그런데 이러한 서술 방법은 비극적 주제를 표현하는 데 그야말로 안성맞춤이다. 실제로 이 두 작품은 인류 역사상 일찍이 그 유례를 찾아볼 수 없었던 처절한 전쟁, 제1차 세계대전을 겪고 난 뒤 서구 사람들이 느꼈던 환멸과 비극적 절망감을 중요한 주제로 삼는다.

미국에 실존주의 철학을 소개하고 널리 알리는 데 크게 이바지한 철학자 윌리엄 배러트는 현대 예술에 관한 책『궁핍한 시대』(1972)에서 작가의 서술 방법이 세계관과 아주 깊이 연관되어 있음을 밝히면서『고함과 분노』를 좋은 예로 들었다.

일상생활의 목표와 마찬가지로 소설에서도 시간은 달력과 시계처럼 연대기에 따른다. 시간은 우리가 과거를 계산하고 미래를 할당하면서 우리의 삶에 패턴을 부여하고 우리 자신에게 어떤 의미를 설정해주는 틀이다.『고함과 분노』의 콤슨 집안사람들은 이런 종류의 시간을 제어하는 힘을 잃어버렸다. 그들의 세계에는 의미도 미래도 없다. 시간은 희미하게 박동하지만, 어느 곳도 가리키지 않기에 사실상 멈추어버린 것과 다름없다. 이런 시간관이야말로 무의미한 세계의 비전을 가장 적절하게 전달한다.

사르트르와 마찬가지로 배러트도 미래의 가능성이 모두 굳게 닫혀 있다는 점에서 허무주의의 특성을 찾는다. 콤슨 집안사람들이 허무주의의 늪에서 헤어날 수 없는 것은 바로 미래의 가능성이 닫혀 있기 때문이다. 그들은 감옥에 갇혀 있는 수인처럼 과거와 현재에 굳게 갇혀 있다. 배러트의 말대로 콤슨 집안사람들에게 시간은 희미하게 박동할 뿐, 가리키는 방향도 없이 그저 같은 자리에 멈추어 있을 뿐이다.

5. 미국 모더니즘의 꽃

『고함과 분노』는 처음 출간되었을 때부터 구성 문제로 많은 학자와 비평가로부터 큰 관심을 끌었다. 이 소설의 네 장(章)은 사건이 일어나는 순서에 따라 연대기적으로 배열되지 않고 모자이크처럼 구성되어 있다. 흔히 '벤지의 장'으로 부르는 첫 번째 장은 1928년 4월 7일(성토요일)에 일어나는 사건을 다루고 있고, '퀜틴의 장'으로 일컫는 두 번째 장은 1910년 6월 2일(세족 목요일)에 벌어지는 사건을 다룬다. '제이슨의 장'으로 부르는 세 번째 장에서는 1928년 4월 6일(수난일)에 일어나는 사건을 다루며, 마지막 장에서는 1928년 4월 8일(부활절 일요일)에 벌어지는 사건을 다룬다. 언뜻 보면 그 플롯 구성이 산만하기 짝이 없다.

몇몇 학자와 비평가는 만약 포크너가 이 네 장을 달리 배열했더라면 좀 더 효과적이었으리라고 지적하였다. 그래서 어떤 사람들은 맨 마지막 장을 첫 장으로 삼아야 했다고 주장하는가 하면, 또 다른 비평가들은 세 번째 장에서 시작해야 했다고 지적한다. 그러나 포크너는 단순히 독자들을 어리둥절하게 하려고 이렇게 네 장을 임의로 배열한 것이 아니다. 그는 아마 이러한 방법밖에 다른 가능성을 찾을 수 없었을 것이다. 만약 포크너가 이 작품의 네 장을 다른 식으로 배열했다면 지금 우리가 읽고 있는 것과 전혀 다른 작품이 되었을 것이다. 한마디로 지금의 방법으로써만 그가 말하려는 바를 가장 효과적으로 표현할 수 있었다.

『고함과 분노』에는 얼핏 보기와 달리 그 나름대로 통일성과 일관성이 있다. 가령 이 작품에서는 벤지의 장과 퀜틴의 장이, 그리고 제이슨의 장과 딜지의 장이 일종의 변증법적인 구조를 이룬다. 또한 이 소설에서 네 장은 새벽이나 아침에 시작되어 늦은 오후나 저녁에 끝난다. 좀 더 구체적으로 말해서 네 장은 주인공이 잠자리에서 일어나거나 일어난 직후부터 시작하여 잠자리에 드는 장면으로 끝을 맺는다. 이와 관련하여 여행의 모티프도 찬찬히 눈여겨보아야 한다. 네 장 모두에서 화자나 주인공은 온종일 무엇인가를 열심히 찾으며 돌아다닌다.

그리고 이 작품에 등장하는 네 화자나 등장인물이 다섯 감각 기능 가운데에서 유독 어느 한 기능에 무게를 싣는다는 점도 일관성이 있다. 예를 들어 벤지는 어떤 감각 기능보다도 후각이 유난히 발달되어 있다. 그런가 하면 퀜틴은 청각 기능에 각별히 관심을 기울인다. 아침에 잠자리에서 깨어나면서 퀜틴이 가장 먼저 의식하는 것은 바로 머리맡에 놓여 있는 시계에서 나는 소리이다. 한편 시각이 남달리 발달한 제이슨은 바쁜 일과 중에도 신문이며 전보문이며 편지 따위를 자주 읽는다. 또 딜지는 유달리 촉각이 발달하여 새벽이 밝아오는 모습을 묘사하는 맨 마지막 장의 첫 장면은 그 좋은 예가 된다. 앞으로 다가올 내세의 구원마저도 그녀에게는 손으로 만질 수 있을 만큼 아주 구체적이다.

『고함과 분노』는 구성뿐 아니라 스타일에서도 아주 뛰어난 작품이다. 포크너는 작가란 자신이 이야기하려는 바에 따라 제각기 다른 문체를 구사해야 한다고 믿었다. 그리고 그는 『고함과 분노』에서 이 원칙을 실천에 옮겼다. 즉, 그는 필요에 따라 제각기 다른 문체를 사용한다. 예를 들어 벤지의 장은 문법이나 수사에서 아주 단순하고 소박하기 이를 데 없다. 백치인 탓에 벤지는 문법에 대해서는 아무것도 모르고 오직 감각 기관을 빌려 말할 따름이다. 그런가 하면 퀜틴의 장에서는 매우 복잡하고 까다로운 문체가 자주 눈에 띈다. 하버드 대학교에 다니는 퀜틴은 사용하는 언어도 지적일 수밖에 없기 때문이다. 벤지가 구체적이고 감각적으로 생각한다면 퀜틴은 추상적이고 형이상학적으로 사고한다. 포크너가 콤슨 집안사람 가운데에서 "컬로든 전투 이후 제정신을 가진 최초의 인물"이라고 일컫는 제이슨의 장에서 문체는 앞의 두 장보다 훨씬 더 논리적이고 명확하다. 제이슨은 부모나 다른 형제 때문에 기회를 박탈당했다고 생각하기에 그들에 대해 적잖이 분노하고 적개심을 품는다. 포크너는 이러한 감정을 전달하는 데에 욕설이나 속어 또는 비어 같은 언어를 구사하기도 한다.

다 같이 의식의 흐름 수법이나 내면 독백을 사용하고 있으면서도 벤지의 장과 퀜틴의 장에서는 장면이 바뀌는 속도가 서로 다르다는 점도 주목할 만하다. 두말할 나위 없이 벤지의 연상 작용보다 퀜틴의 연상 작용이 훨씬 빠르다. 벤지의 장에서는 줄잡아 100번 정도 장면이 바뀌는 반면, 퀜틴의 장에서는 무려 200번 가까이 장면이 바뀐다. 죽음의 순간이 점점 가까워오면서 퀜틴은 점점 더 환각의 세계에 빠져들고, 그럴수록 문장은 점점 더 단편적이고 무질서해진다. 또 그는 주위에서 일어나는 사건에 대해 스스로 판단을 내릴 뿐 아니라 자기 주관에 따라 해석한다는 점에서 벤지와는 전혀 다르다.

앞의 세 독백과는 달리 맨 마지막 장에 이르러 문체는 전혀 달라진다. 작가가 직접 '대변인'으로 나서 콤슨 집안의 몰락을 전달하는 마지막 장은 좀 더 객관적이다. 지금까지 포크너는 앞의 세 장을 일인칭 화자의 의식을 통해 묘사한 반면, 마지막 장에서는 삼인칭의 전지적 시점에서 기술한다. 객관적 문체는 이러한 전지적 시점에 아주 잘 어울린다. 이러한 문체는 딜지의 균형 감각이나 질서나 안정감을 나타내는 데에도 적절하다.

    어떤 의미에서 포크너는 『고함과 분노』에서 서로 다른 문체의 가능성을 실험하고 있다고 해도 크게 틀리지 않다. 미국 소설사에서 가장 실험적인 작품으로 꼽히는 이 소설은 온갖 문체와 비평 이론 또는 문예 사조를 선보이는 문학 전시장을 방불케 한다. 그렇기에 지금까지 여러 이론가가 이 작품을 온갖 비평 이론을 시험하는 일종의 리트머스 시험지로 사용해왔다. 제임스 조이스는 일찍이 『율리시스』(1922)에서 다양한 문체를 시도한 적이 있는데 아마도 포크너는 그에게서 이 방법을 배운 듯하다.

    프랑스의 기호학자 롤랑 바르트는 리얼리즘 작품과 모더니즘 작품을 '읽을 수 있는' 텍스트와 '쓸 수 있는' 텍스트의 관점에서 살핀 적이 있다. '읽을 수 있는' 텍스트란 독자에게 친근한 세계를 보여주는 텍스트를 가리키고, '쓸 수 있는' 텍스트란 독자의 인식을 새롭게 바꾸어주는 텍스트를 말한다. 말하자면 전자의 텍스트에서 독자가 수동적으로 상품을 소비하는 소비자에 가깝다면, 후자의 텍스트에서 독자는 능동적으로 상품을 만들어내는 생산자에 가깝다. 바르트의 용어를 빌려 말한다면 포크너의 이 작품은 두말할 나위 없이 '쓸 수 있는' 텍스트에 가깝다. 적어도 이 점에서 포크너는 미국 문단에 처음으로 본격적인 모더니즘의 씨앗을 뿌리고 싹을 틔워 꽃을 활짝 피웠다고 할 수 있을 것이다.

제4장

삶과 죽음의 변주곡, 『내 죽으며 누워 있을 때』

윌리엄 포크너는 한때 미시시피 주 옥스퍼드 읍에 있는 화력 발전소에서 화부로 일한 적이 있다. 그가 맡은 일은 남들이 모두 잠든 한밤중에 손수레에 석탄을 실어다가 보일러에 쏟아붓는 일이었다. 그가 출간한 작품으로는 다섯 번째, 요크너퍼토퍼 소설로는 세 번째 작품인 『내 죽으며 누워 있을 때』(1930)는 바로 그 손수레를 뒤집어 놓고 책상 삼아 쓴 작품이다. 이 작품의 집필과 관련하여 포크너는 출판업자 해리슨 스미스에게 보낸 편지에서 "나는 이 작품을 이 세상에서 가장 훌륭한 상태에서, 즉 자정과 새벽 한 시쯤 전기 발전기 옆에서 썼습니다. 글을 쓰기에 발전기 소리는 이제껏 들어본 소리 중에서 가장 멋진 소리였습니다."라고 말하였다. 물론 포크너 특유의 반어적인 냄새가 짙게 풍기는 말이지만, 그는 이처럼 그야말로 열악한 환경에서 이 작품을 집필하였다.

포크너는 『내 죽으며 누워 있을 때』를 비교적 짧은 기간에 썼다. 1929년

『내 죽으며 누워 있을 때』 줄거리

번드런 집안은 미국 미시시피 주 북부 요크너퍼토퍼 군 남쪽에서 사는 이른바 '가난한 백인'들이다. 이 집안의 가장(家長)인 앤스 번드런은 무능한 농부다. 학교 교사인 그의 아내 애디 번드런은 학력도 지적 수준도 남편보다 더 높다. 앤스는 말만 늘어놓을 뿐, 좀처럼 말을 행동으로 옮기지 않는다. 그들 부부에게는 목수인 큰아들 캐시, 정신 이상 증세를 보이는 둘째 아들 달, 셋째 아들 주얼, 큰딸 듀이델, 그리고 막내아들 바더먼, 이렇게 다섯 자녀가 있다.

앤스와 결혼하자마자 남편에게 실망한 애디는 교회 목사인 휘트필드와 불륜 관계를 맺는다. 앤스는 모르고 있지만, 셋째 아들 주얼은 휘트필드 사이에서 낳은 사생아다. 휘트필드 목사는 애디가 죽어가고 있다는 소식을 전해 듣고 죄를 고백하려고 앤스의 집으로 말을 타고 가지만, 도중에 그녀가 이미 죽었다는 말을 듣고 말 머리를 돌린다.

애디 번드런은 임종의 자리에서 남편에게서 한 가지 약속을 받아낸다. 즉, 자기 선조가 묻혀 있는 제퍼슨 공동묘지에 자기 시신을 묻어달라는 것이다. 마침내 애디가 사망하자 앤스는 약속을 지키기 위해 마차에 시신을 싣고 자식들과 함께 한여름 뙤약볕에 제퍼슨 읍으로 향한다. 그러나 홍수로 물이 갑자기 불어나 강을 건너지 못할 뿐 아니라 시신을 보관해둔 헛간에 불이 나는 등 앤스 집안 식구들은 온갖 어려움에 부딪힌다.

역경 끝에 제퍼슨에 도착한 그들은 마침내 공동묘지에 애디의 시체를 묻는다. 그러나 아내의 유언대로 그녀를 제퍼슨 공동묘지에 묻어준다는 것은 한낱 핑계에 지나지 않는다. 앤스는 시체를 매장하자마자 곧바로 새 아내를 데려오고, 듀이델 역시 어머니의 매장보다는 시골 청년 레이프와의 사이에서 생긴 배 속의 아이를 낙태할 피임약을 구하는 일이 더 중요하다. 그동안 정신 이상 증세를 보이던 달은 마침내 미시시피의 주도(州都) 잭슨에 있는 정신병원에 갇히는 신세가 된다. 그는 형제들과 갈등을 빚을뿐더러 듀이델이 임신했다는 사실을 알고 있기 때문이다.

프랑코 제임스가 감독을 맡아 2013년 개봉 예정인 「내 죽으며 누워 있을 때」

10월 말에 쓰기 시작하여 그해 12월 중순에 탈고했으니 기껏 한 달 반 남짓 걸린 셈이다. "두 손을 등에 묶어놓고도 이런 작품을 쓸 수 있었다."고 고백할 만큼 그는 비교적 쉽게 이 작품을 썼으며 원고지 위에 첫 낱말을 적는 순간, 마지막이 어떤 낱말로 끝나며 어디에서 마지막 마침표가 찍히게 될지도 알고 있었다고 고백하기도 하였다. 물론 다른 작품과 비교하여 길이가 짧다는 점도 있지만, 그가 작품의 소재를 익히 잘 알고 있었기에 가능한 일이었다.

그러나 이 작품을 이렇게 빨리 쓸 수 있었던 것은 무엇보다도 이 무렵 포크너의 창작 에너지가 왕성했기 때문이다. 1920년대 말부터 1930년대 중반까지 그는 『고함과 분노』(1929)를 비롯하여 『내 죽으며 누워 있을 때』, 『성역』(1931), 『팔월의 빛』(1932), 『압살롬, 압살롬!』(1936)을 그야말로 일사천리로 써 내려갔다. 동시대 작가 F. 스콧 피츠제럴드나 어니스트 헤밍웨이가 평생 쓴 작품을 포크너는 불과 몇 년 안에 모두 써버렸던 것이다.

1. 여정으로서의 삶

『내 죽으며 누워 있을 때』에서 무엇보다도 시선을 사로잡는 것은 여행이나 여정의 모티프이다. 어떻게 보면 삶이란 한낱 나그넷길에 지나지 않는지도 모른다. 구름처럼 늘 어디론가 정처 없이 떠돈다는 점에서도 그러하고, 일정한 목적을 향하여 나아간다는 점에서도 그러하다. 또한, 나그넷길 곳곳에 온갖 위험이 도사리고 있다는 점에서도 삶은 나그넷길과 닮았다.

이 작품은 번드런 집안의 가장(家長) 앤스 번드런이 자식 다섯 명과 함께 죽은 아내 애디의 시체를 묻기 위해 길을 떠나는 장의(葬儀) 여행을 중심 플롯으로 삼는다. 좀 더 구체적으로 말하자면, 애디가 숨을 거두는 장면에서 장의 행렬을 거쳐 마침내 공동묘지에 시체를 묻는 것으로 끝난다. 프렌치먼스 벤드에서 제퍼슨에 이르는 65킬로미터 정도의 장의 여행 과정에서 작중인물들은 온갖 사건을 겪는다. 이 소설에서 가장 핵심적인 플롯에 해당하는 장의 행렬은 미시시피 주 요크너퍼토퍼 군에서 칠월의 뜨거운 햇살을 받으며 일주일 동안 펼쳐진다.

그런데 노상 경험을 다루는 작품이 으레 그러하듯이 『내 죽으며 누워 있을 때』에서도 작중인물들은 온갖 고통과 좌절을 겪는다. 이 작품을 출간한 지 몇십 년이 지난 뒤 포크너는 한 인터뷰에서 "나는 한 가족에게 일어날 수 있는 모든 자연재해를 생각해내어 그들에게 일어나게 했다."고 밝혔다. 또 다른 인터뷰에서는 좀 더 구체적으로 "나는 단순히 한 무리의 사람들을 생각해낸 뒤 홍수와 화재처럼 흔한 자연재해를 겪게 했다."고 밝히기도 한다.

실제로 번드런 집안사람들은 무엇보다도 요코너 강을 건너는 데 크나큰 어려움을 겪는다. 며칠 전 폭풍우가 불어닥치고 큰 홍수가 나 다리가 급류에 떠밀려 간 까닭이다. 강물이 많이 불어난 탓에 애디의 시체를 실은 마차는 말할 것도 없고 사람들조차 강을 건널 수 없다. 그들은 다른 다리를 이용하려고 12킬로미터가 넘는 길을 더 가지만, 그 다리 또한 홍수에 떠내려갔다. '암스티드'라는 농부가 사는 여울로 되돌아온 그들은 가까스로 강을 건너는 데 성공한다. 그러나 이 과정에서 캐시는 다리가 부러지고 마차를 끄는 노새는 물에 빠져 죽는다. 만약 셋째 아들 주얼이 아니었더라면 시체를 넣은 관과 마차마저도 하마터면 물에 휩쓸려 떠내려갈 뻔하였다.

번드런 집안사람들은 이번에는 불 때문에 큰 고통을 겪기도 한다. 뜨거운 여름 햇볕을 받으며 시체를 운반한다는 것은 여간 힘든 일이 아니다. 요즈음처럼 냉동 시설을 갖춘 영구차가 있는 것도 아니어서 그들은 일주일째 마차에 시체를 싣고 다닌다. 시체가 부패하기 시작하면서 악취가 코를 찌르고, 시체 냄새를 맡은 말똥가리들이 시체를 뜯어 먹으려고 하늘을 빙빙 날면서 호시탐탐 기회를 넘본다. 어느 농가에서 하룻밤을 지내는 동안 둘째 아들 달은 마침내 어머니의 시체에 불을 지른다. 이번에도 주얼이 가까스로 불 속에서 시체를 구해낸다.

그래서 몇몇 비평가는 온갖 재난과 재앙을 견뎌내는 작중인물의 행동에서 이 작품의 주제를 찾기도 한다. 가령 클렌스 브룩스는 이 소설이 고통과 시련을 겪으면서도 인간이 얼마나 영웅적으로 행동할 수 있는지를 보여준다고 지적한다. 이런 영웅적 행동을 가능하게 하는 원동력이 무엇인지, 또 영웅적 행동을 가로막는 것은 무엇인지를 탐구하는 작품이라는 것이다. 마이클

포크너가 『내 죽으며 누워 있을 때』를 쓰던 시절에 소설에 등장하는 번드런 집안사람들처럼 요크나 강 위에 걸려 있던 다리를 마차를 타고 건너는 사람들. 이 다리는 1900년대 초기에 건설된 것으로 라피에트 군에 있는 몇 안 되는, 지붕으로 덮인 다리 중 하나이다. 포크너가 창안한 상상의 공간 요크너퍼토퍼 군은 이 요크나 강의 이름에서 유래했다. 『내 죽으며 누워 있을 때』에서 번드런 집안사람들은 애디의 시체를 마차에 싣고 이 강을 건너는 데 무척 큰 어려움을 겪는다.

밀게이트도 이 작품의 주제를 비록 원시적인 형태로나마 인간의 인내심을 보여주는 우화로 해석한다.

그러나 작중인물들이 자연재해나 재앙을 이겨내는 장면은 작품 전체에서 작은 부분에 지나지 않는다. 이 에피소드는 작품의 주제로 보기에는 너무 국부적이고 피상적이다. 작중인물들이 자연재해나 재앙을 극복하는 일은 목표가 아니라 그 목표에 이르기 위한 과정이나 수단으로 보는 쪽이 더 정확하다. 바꾸어 말해서 이 작품에서 자연재해나 재앙은 작중인물들이 삶에 대한 통찰이나 인식을 얻기 위해 반드시 거쳐야 하는 통과의례일 뿐이다.

문학이나 신화에서 인물들은 흔히 험난한 과정을 겪으면서 삶의 의미를 깨닫는다. 여행길이란 따지고 보면 자기인식이나 삶에 대한 통찰을 얻기 위한 방편에 지나지 않는다. 헝가리 태생의 문학 이론가 죄르지 루카치는 이것을 "여행이 끝나자 길이 시작되었다."라는 말로 표현한 적이 있다.『내 죽으며 누워 있을 때』의 작중인물들도 온갖 고통과 좌절을 겪으면서 삶의 의미를 새롭게 깨닫는다. 바꾸어 말해서 여행의 시작과 끝 사이에서 인식의 커다란 변화가 일어난다. 그러므로 번드런 집안사람들의 장의 여행은 단순히 지리적 여행이 아니라 정신적 순례요 형이상학적 모험으로 볼 수 있다.

그렇다면 이 작품에서 작중인물들은 삶에 대해 어떤 인식이나 통찰을 얻는가? 무엇보다도 부조리한 인간 실존을 꼽을 수 있을 것 같다. 애디의 시체를 실어 나르는 과정은 어찌 보면 삶의 과정 자체를 가리키는 비유에 지나지 않을지도 모른다. 프렌치먼스 벤드가 삶의 출발점이라면, 제퍼슨 읍의 공동묘지는 삶의 종착역이다. 날이 갈수록 썩어가는 애디 번드런의 시체는 곧 인간이 이 세상에 태어나 살아가는 과정을 웅변적으로 보여준다. 애디가 땅에 묻힐 때 앤스와 결혼할 적에 입었던 웨딩드레스를 입고 있다는 사실은 이 점을 뒷받침한다. 포크너는 첫 장편소설『병사의 봉급』(1926)에서 한 작중인물의 입을 빌려 "섹스는 인생의 앞문이요, 죽음은 그 뒷문으로 이 둘은 따로 떼어놓을 수 없을 만큼 서로 뒤엉켜 있다."라고 말한다. 삶과 죽음은 별개의 세계가 아니라 동전의 앞뒤처럼 같은 것을 가리키는 다른 이름일 뿐이다.

여기에서 인간을 "죽음을 향한 존재", 인간의 삶을 "죽음을 향해 나아가는 행진"이라고 말한 독일의 현상학자요 실존주의자인 마르틴 하이데거의 말을 떠올리는 것이 좋을 것 같다. 이 세계에 태어난 인간은 죽을 수밖에 없는 존재라는 사실, 그리고 태어나는 바로 그 순간부터 죽음이 시작된다는 사실에 그 비극이 있다. 그렇다면 인간의 삶이란 아이러니하게도 죽음을 향해 한 걸음씩 앞으로 나아가는 과정에 지나지 않는 셈이다.

2. 삶의 겉모습과 참모습

『내 죽으며 누워 있을 때』에서 윌리엄 포크너가 다루는 또 다른 주제는 삶의 아이러니이다. 이미 『모기』(1927)에서 부분적으로 다룬 이 주제를 그는 이 작품에 이르러 좀 더 본격적으로 다룬다. 그런데 『내 죽으며 누워 있을 때』에서 삶의 아이러니는 크게 두 가지 방식으로 나타난다. 첫 번째 아이러니는 삶의 겉모습과 참모습, 외견과 실재, 관념과 실천, 말과 행동의 괴리나 간극에서 생겨난다. 두 번째 아이러니는 작중인물들이 삶에서 기대하거나 예상하는 것과 그 결과 사이의 차이에서 엿볼 수 있다.

번드런 집안의 가장 앤스는 행동보다는 늘 말이 앞선다. 그럴듯하게 말의 잔치를 벌이지만, 소문난 잔치에 먹을 것 없다고 그의 말에는 실속이 없다. 그는 자신이 한 말을 좀처럼 행동으로 옮기려고 하지 않는다. 말을 많이 늘어놓기만 하면 누군가가 와서 자기 대신에 문제를 해결해주리라고 믿는 듯하다. 앤스는 일사병을 구실로 게으름을 피우면서도 그럴듯한 말로 이웃사람들을 능수능란하게 부려먹는다. 이런 앤스를 두고 버넌 털은 "이곳에 사는 대부분의 사람들처럼 나도 그 사람을 너무 많이 도와준 탓에 이제 와서 손을 뗄 수가 없다."고 불평을 털어놓는다. 더구나 앤스의 말에는 빛 좋은 개살구처럼 실속이 없이 겉만 번지르르한 경우가 참으로 많다. 애디와 결혼하면서 그녀를 사랑한다고 했던 말도 거짓이었음이 드러난다. 이런 앤스에 대해 애디는 "그에게도 할 말은 있었지. 그는 그것을 두고 사랑이라고 불렀거든."

이라고 비아냥거린다.

앤스와 결혼한 애디는 두 아이를 낳자 남편에게 자기가 죽으면 제퍼슨 읍의 공동묘지에 묻어달라고 부탁한다. 또 임종의 자리에서도 남편에게 제퍼슨 읍의 공동묘지에 묻히고 싶다는 유언을 남긴다. 친정 식구들이 모두 그곳에 묻혀 있기 때문이라는 것이다. 그러나 애디가 정말 그러한 이유로 제퍼슨 읍에 묻히고 싶은 것인지는 적잖이 의심스럽다. 어쩌면 말만 일삼고 좀처럼 행동하지 않는 남편 앤스에게 복수하려고 그러는지도 모른다.

마침내 애디가 숨을 거두자 앤스는 아내의 유언을 지키려고 온갖 어려움을 무릅쓰고 그녀의 시체를 제퍼슨 공동묘지로 운반한다. 그러나 그가 제퍼슨에 애디의 시체를 묻으러 간다는 것은 한낱 구실에 지나지 않음이 곧 드러난다. 공동묘지에 아내를 묻으러 가면서 흙을 파는 데 필요한 삽도 챙기지 않은 것만 보아도 알 수 있다. 아내를 땅에 묻기가 무섭게 앤스는 어느새 듀이델한테서 빼앗은 돈으로 가게에 가서 의치를 구해 오고, 애디를 묻은 지 몇 시간도 채 되지 않아서 새 아내를 데려온다. 이렇듯 그의 말과 행동 사이에는 엄청난 괴리가 있다.

말보다는 행동, 겉모습보다는 참모습, 표현보다는 의도를 소중하게 여기는 인물은 앤스의 아내 애디 번드런이다. 그녀는 앤스처럼 공허한 말의 잔치를 벌이기보다는 몸소 행동하고 실천하는 인물이다. 말만 앞세우는 남편과는 달리 언어의 허구성을 깊이 깨닫고 있는 그녀는 말보다 행동에 훨씬 무게를 싣는다. 애디는 구체적으로, 때로는 과격할 만큼 격렬하게 삶과 맞부딪치려고 한다. 그녀에게 무엇보다도 소중한 것은 "살아 있는 것, 무시무시한 피, 땅을 통해 끓고 있는 쓰디쓴 붉은 홍수에 대한 의무"이다.

애디가 휘트필드 목사와 불륜 관계를 맺는 것도 따지고 보면 이렇게 공허한 말보다는 구체적인 행동을 중시하는 태도와 무관하지 않다. 그녀는 무엇보다도 고독의 벽을 깨뜨리고 싶어 한다. 그런데 앤스에게서는 그것을 기대할 수 없다고 판단한다. 샤를 보들레르에 관한 글에서 T. S. 엘리엇은 "역설적으로 말해서 아무 일도 하지 않는 것보다는 차라리 악을 저지르는 쪽이 더 낫다. 적어도 악을 저지르는 행위는 그가 살아 숨 쉰다는 사실을 입증한다."고 말한 적이 있다. 엘리엇의 관점에서 보면 애디가 휘트필드 목사와 불륜을 저지르는 것은 자신이 살아 있음을 입증하기 위한 몸부림에 지나지 않는다.

『내 죽으며 누워 있을 때』의 작중인물 중에서 애디만큼 말과 행동, 겉모습과 참모습의 간극이나 괴리를 깊이 깨닫는 인물도 찾아보기 어렵다. 첫아들 캐시를 임신했다는 사실을 알았을 때 그녀는 말과 행동이 서로 얼마나 다른지 절감한다.

말이란 아무 쓸모가 없다는 사실을, 그것이 말하려고 하는 것에도 잘 들어맞지 않는다는 사실을 알게 된 것은 바로 그때였다. 그 아이가 태어났을 때 나는 '모성애'와 같은 말은 그런 것을 말로 표현할 필요를 느낀 누군가가 꾸며낸 것에 지나지 않는다는 사실을 깨달았다. '두려움'이라는 말도 그것을 느껴본 적이 없는 사람이 만들어낸 말이며, '자만심'이라는 말 또한 그런 것을 느껴보지 못한 누군가가 만들어낸 것에 지나지 않는다는 사실을 깨달았다.

이렇듯 '어머니', '두려움', '자만심'과 같은 추상 개념은 애디에게는 허공의 메아리처럼 공허할 뿐이다. 그녀에게 말이란 물건을 담는 그릇에 지나지 않는다. 그런데 그 그릇마저도 제구실을 하지 못한다. 왜냐면 그녀는 말이라는 것이 어디까지나 결핍이나 부족을 메우는 형상에 지나지 않는다고 생각하기 때문이다. 그래서 애디는 내용이 없는 공허한 말에 진저리를 친다.

『내 죽으면 누워 있을 때』의 한 장면에서 애디는 언어와 행동, 이론과 실천의 괴리나 불일치를 기하학적 비유로 설명한다. 친구 코러 털에 대해 애디는 이렇게 말한다.

어떻게 언어가 가느다란 직선이 되어 빨리 그리고 아무런 해도 끼치지 않고 똑바로 올라가 버리는지, 또 어떻게 행동이 땅에 바짝 붙어서 그 위를 따라 진행하는지, 그래서 얼마 뒤에는 두 개의 직선은 서로 너무나 벌어져 있어 한 사람이 한쪽씩 올라탈 수 없게 된다고 생각하곤 했다. 또한, 죄와 사랑과 두려움이라는 말도 죄를 짓지도 사랑하지도 두려워하지도 않은 사람들이, 그들이 느껴보지도 않았고 앞으로도 그 말을 잊을 때까지 느낄 수도 없는 어떤 것 대신 만들어낸 소리일 뿐이라고, 그녀는 생각했다.

여기에서 애디가 사용하는 수평과 수직의 기하학적 비유가 썩 잘 어울린다. 언어가 수직적이라면 행동은 수평적이다. 그녀가 언어를 수직적으로 보고 행동을 수평적으로 보는 데에는 그럴 만한 까닭이 있다. 행동은 대지에 굳건히 뿌리를 박고 있지만, 언어는 마치 풍란처럼 뿌리가 뽑힌 채 공중에 떠 있기 때문이다. 애디는 공허한 말을 두고 "공중 높이 떠도는 죽은 언어의 쓸쓸한 메아리"라고 부른다.

이 점에서는 번드런 집안의 아이들도 크게 다르지 않다. 앤스가 번지르르한 말의 잔치에 탐닉해 있다면 외동딸 듀이델은 말을 두려워한다. 그녀에게 말은 진실과 깊이 관련되어 있기 때문이다. 그녀의 이런 태도에 대해 달은 "네가 그것을 말하지 않으려고 하는 까닭은, 네가 그것을 말하면 심지어 너 자신에게조차 그것이 진리라는 사실을 알게 되기 때문이지."라고 말한다. 아버지와 마찬가지로 듀이델도 겉으로는 어머니를 매장하러 제퍼슨에 가는 것처럼 보이지만, 실제로는 다른 목적이 있다. 즉, 어머니의 매장보다는 오히려 낙태 약을 구하는 일에 훨씬 더 관심이 있다. 마을 청년 레이프와 육체관계를 맺어 임신한 그녀는 가족이 눈치채기 전에 어서 태아를 낙태해야 하는 상황에 몰렸기 때문이다.

이렇게 언어와 행동, 의도와 결과가 서로 일치하지 않는 상황은 비단 번드런 집안사람들에게서만 볼 수 있는 것이 아니다. 예를 들어 휘트필드 목사도 그런 인물 중의 한 사람이다. 그는 목회자로서 애디 번드런과 육체관계를 맺어 사생아까지 두고 있기 때문이다. 번드런 집안의 주얼은 바로 휘트필드와 애디 사이에서 태어난 사생아이다. 애디가 임종의 자리에 누워 있다는 말을 듣고 자신이 지은 죄를 깨달은 그는 앤스에게 죄를 고백하고자 말을 타고 그의 집을 찾는다. 그러나 막상 앤스의 집에 도착했을 때 이미 애디가 죽었다는 사실을 알고는 곧바로 자신의 죄를 고백하려던 마음을 바꾼다.

오 주님, 저는 죄를 범했나이다. 제가 얼마나 후회하고 있는지, 제 영혼의 의지가 어떤지 당신께서는 잘 아실 겁니다. 그러나 그분은 자비로우시다. 주님께서는 행동 대신에 의도를 받아들이실 것이다. 그분은 내가 고백의 말을 준비했을 때, 그 말을 앤스에게 고백한 것으로 이미 알고 계셨다. 비록 그분은 그 자리에 계시지 않았지만 말이다.

하느님이 인간의 행동보다 오히려 의도를 더 값지게 여기리라고 생각하는 것은 궤변 중의 궤변이다. 목사로서는 좀처럼 입에 담을 수 없는 말이다. 만약 애디가 죽지 않았더라면 휘트필드 목사는 아마 그렇게 말하지 않았을 것이다. 그의 말은 공범자가 사망했기에 불륜의 비밀이 철저히 베일에 가려지리라는 확신에서 나왔을 뿐이다. 얼마 뒤에 휘트필드 목사가 우렁찬 목소리로 애디의 장례식을 집전하는 것을 보면 그는 참으로 교활한 위선자라고 아니할 수 없다.

휘트필드 목사는 여러모로 너새니얼 호손의 『주홍 글자』(1850)에 나오는 아서 딤스데일 목사를 떠올리게 한다. 목사의 신분으로 남편이 있는 아녀자와 육체관계를 맺는 것도 그러하고, 죄의식에 시달리면서도 차마 그 죄를 고백하지 못하는 것도 그러하다. 또한 두 사람 모두 사생아를 낳고, 그 이름도 상징적으로 '진주(펄)'나 '보석(주얼)'이라고 짓는다. 이런 이름에서는 기독교보다는 오히려 이교도적 냄새가 짙게 풍긴다. 그러나 위선적인 휘트필드와 달리 딤스데일 목사는 마지막에 자신의 죄를 고백하고 죽는다.

애디의 친구 코러 털도 행동보다는 말이 앞서는 인물이다. 인정 많고 선의가 있지만, 지나치다 싶을 만큼 종교적 열정에 들떠 있다. 코러에 대해 남편 버넌 털은 "때때로 나는 코러가 도를 넘어 지나치게 신중하다는 생각이 든다. 다른 사람들을 밀쳐내고 누구보다도 가까이 주님께 다가가려고 한다."고 말한다. 또한, "만약 주님이 모든 것을 다 넘겨주시고 편히 쉬고 싶으신 사람이 이 세상에 있다면, 아마 그 사람은 바로 코러가 될 것이다."라고 빈정거리기도 한다.

이렇듯 엄격한 기독교 윤리 체계에 갇혀 있는 코러는 때로 고통받고 때로 희열을 느끼는 인간적인 경험을 전혀 의식하지 못한다. 특히 그녀는 절친한 친구를 자처하면서도 애디가 겪는 고통과 절망을 이해하지 못한다. 또한, 코러는 지나칠 만큼 독선적일 뿐 아니라 위선적이기도 하다. 그녀의 위선을 누구보다도 잘 알고 있는 사람은 다름 아닌 애디이다. 코러를 두고 애디는

"죄가 다만 언어의 문제에 지나지 않는 사람들에게는 구원도 다만 언어에 지나지 않는다."고 비꼬아 말한다.

　말과 행동이 일치하지 않기로는 모츠타운 읍에서 약국을 경영하는 모슬리도 마찬가지이다. 자신을 두고 그는 "나로 말하자면 이 읍내에서 약국을 경영하고 가족을 부양했으며, 지난 56년 동안 교회에 나간 존경받는 약제사"라고 말한다. 그러나 그의 행동거지는 '존경받는' 인물과는 거리가 멀다. 예를 들어 그는 듀이델이 받는 고통이나 절망에 냉담한 태도를 보인다. 참으로 '존경받는 약제사'라면, 그리고 참다운 기독교 신자라면 어떤 식으로든 그녀를 도와주려고 애썼을 것이다. 오히려 피버디 의사는 번드런 집안사람들이 놓여 있는 상황에 남다른 관심을 기울이면서도 자신의 선행을 과시하지 않는다. 캐시의 다리를 돌보아주는 사람도, 앤스를 대신하여 호텔 비용을 내주는 사람도 피버디 의사이다.

　그런데 흥미롭게도 이 작품에 나오는 위선자 중에는 의외로 기독교인이 많다. 미국 남부 지방은 북부 지방과 비교하여 종교적 열정이 훨씬 강한 까닭에 흔히 '바이블 벨트(성서 지대)'라는 별명으로 부른다. 이런 남부 지방에서 휘트필드 목사는 애디와 불륜 관계를 맺어 사생아까지 낳고, 코러 털과 모슬리도 거의 평생 하느님을 믿어온 신앙인으로 자부하면서도 빛과 소금의 직분을 다하지 못한다. 특히 '휘트필드'라는 이름은 18세기 미국에서 종교부흥 운동 '대각성'을 불러일으켰던 그 유명한 감리교 목사 조지 휘트필드(또는 화이트필드)에게서 따온 것이다. 애디와 내통한 정부(情夫)의 이름이 '휘트필드'라는 사실에서도 간접적으로나마 포크너의 기독교에 대한 비판을 읽을 수 있다.

3. 이상과 현실

　　앤스 번드런과 휘트필드 목사 등이 언어와 행동, 겉모습과 참모습의 괴리를 통해 삶의 아이러니를 보여준다면, 듀이델 번드런을 비롯한 인물들은 기대와 결과, 이상과 현실의 간극을 통해 삶의 아이러니를 보여준다. 삶을 흔히 '아이러니'라고 부르는 것도 인생에서 기대하는 것과 막상 거기에서 얻는 결과 사이에는 엄청난 차이가 있기 때문이다. 어찌 보면 삶이란 이런 아이러니의 숲을 헤쳐나가는 여정인지도 모른다. 알베르 카뮈가 말하는 부조리도 이와 그렇게 동떨어져 있지 않다.

　　듀이델이 장의 여행을 통해 삶에서 기대하거나 예상하는 것과 그 결과 사이에는 적잖이 괴리가 있다. 그녀는 어머니의 시체를 묻기 위해 집을 떠나기 전만 해도 제퍼슨 읍으로 가는 도중에, 또는 그곳에 도착하면 틀림없이 낙태 약을 구할 수 있으리라고 기대하였다. 그러나 모슬리가 경영하는 모츠타운 약국에서도 약을 얻지 못하고, 막상 제퍼슨 읍에 도착해서도 약을 손에 넣지 못한다. 제퍼슨 읍에서는 낙태 약을 얻기는커녕 오히려 '스키츠 맥고원'이라는 약국 종업원에게 유혹을 받는다. 그리고 약을 사라고 레이프가 준 돈 10달러도 아버지한테 고스란히 빼앗기고 만다.

　　이러한 점에서는 캐시 번드런이나 바더먼 번드런도 듀이델과 크게 다르지 않다. 캐시는 축음기를 사기 위해 목수 일을 하여 푼푼히 돈을 모은다. 그에게는 어머니를 제퍼슨 공동묘지에 묻는 일 못지않게 중요한 것이 제퍼슨 읍에 가서 축음기를 사는 일이다. 그러나 이 계획은 강을 건너다가 노새가 죽는 바람에 그만 물거품이 되어버린다. 애써 모은 8달러를 마차를 끌 노새를 사는 데 모두 써버렸기 때문이다.

이렇듯 기대했던 일에 대한 예상이 빗나가기는 번드런 집안의 막내아들 바더먼도 마찬가지이다. 물론 나이가 어린 탓도 있지만, 그에게는 제퍼슨 공동묘지에 어머니를 묻는 것보다 더 중요한 일이 있다. 언젠가 그는 제퍼슨 읍내 가게에서 가게 진열장에 놓여 있는 빨간 장난감 기차를 본 적이 있다. 그래서 어머니의 장례보다도 장난감에 훨씬 더 마음이 쏠린다. 물론 그 장난감 기차를 갖고 싶다는 그의 기대 또한 어김없이 무너지고 만다.

4. 위대한 실험

윌리엄 포크너의 작품 중에서 『내 죽으며 누워 있을 때』는 기법에서도 아주 독특하다. 그는 하나 이상의 관점을 사용하는 복수적(複數的) 관점을 사용하기 때문이다. 물론 그는 이런 복수적 관점을 『고함과 분노』에서 이미 효과적으로 구사했으며, 앞으로 『압살롬, 압살롬!』에서도 구사하게 될 것이다. 그러나 이 두 작품과 비교할 때 『내 죽으며 누워 있을 때』의 기법에는 조금 색다른 구석이 있다. 또한, 같은 내면 독백이라고 해도 두 작품의 경우와는 조금 차이가 있다. 이렇듯 포크너는 하나의 기법에 안주하지 않고 새로운 땅을 찾아 계속 앞으로 나가는 개척자처럼 늘 실험 정신으로 새로운 기법을 찾으려고 애썼다.

『고함과 분노』와 『압살롬, 압살롬!』에서 화자가 네다섯 명 등장한다면, 『내 죽으며 누워 있을 때』에서는 무려 열다섯 명이나 등장한다. 200쪽이 채 안 되는 비교적 짧은 작품에 이렇게 많은 화자가 등장한다는 것은 흔한 일이 아니다. 비단 화자의 수만 많은 것이 아니라 내면 독백의 수도 무려 59개나 된다. 작품의 양을 떠나 지금까지 서구 문학사를 통틀어 한 작품에서 열다섯 명의 화자에 59개의 내면 독백을 사용한 작가는 일찍이 없었다. 모르기는 해도 앞으로도 그런 작가를 찾아보기는 쉽지 않을 것이다.

59개의 독백은 길이에서도 서로 차이가 난다. 짧게는 한 문장이나 한 쪽 남짓한 독백에서부터 길게는 무려 열 쪽이 넘는 독백도 있다. 작중인물별로 보면 좀처럼 말이 없고 실리를 추구하는 캐시 번드런의 독백이 가장 짧다. 마지막 독백을 빼면 그의 독백은 한 쪽이 채 안 될 정도로 짧다. 그의 독백을 모두 더해도 다른 작중인물의 독백 하나에도 미치지 못한다. 그런가 하면 캐시는 정확한 숫자와 측량을 사용하는 목수답게 한 독백에서 관을 비스듬히 만들어야 하는 열세 가지 이유를 조목조목 적어놓기도 한다.

한편 관념적이고 사색적이며 때로 정신분열 증세를 보이는 달 번드런의 독백은 유난히 길다. 캐시에게 목수 일이 도피처 구실을 하듯이 주얼에게는 말이, 바더먼에게는 물고기가 그런 구실을 하고, 달에게는 바로 언어가 그의 도피처가 된다. 정신 이상 증세를 보이는 그는 마지막 장면에서 일인칭과 삼인칭 관점과 시점을 번갈아 오가며 독백한다.

모두 열다섯 명의 화자 중에는 번드런 집안사람이 일곱 명, 그 밖의 화자가 여덟 명이다. 번드런 집안사람이 아닌 화자로는 이웃 농부 버넌 털과 그의 아내 코라, 또 다른 농부 헨리 암스티드와 샘슨, 루시어스 피버디 의사, 휘트필드 목사, 모츠타운에서 약국을 경영하는 모슬리와 제퍼슨 약국의 종업원 스키츠 맥고원이 있다. 번드런 집안사람들의 내면 독백은 애디의 죽음과 장의 여행이나 집안 식구 사이에서 벌어지는 문제에 초점을 맞춘다. 한편 이웃에 사는 사람들이나 낯선 사람들의 내면 독백은 주로 객관적인 정보나 사실 또는 물리적 세부 묘사에 집중된다. 즉, 그들은 자칫 주관적으로 치우칠 수 있는 번드런 집안사람들의 독백에 객관성을 부여하는 역할을 한다.

모두 59개에 이르는 내면 독백 중에서 달 번드런이 19개로 가장 많은 수를 차지하고, 그다음이 바더먼으로 10개, 세 번째로 버넌 털이 6개를 차지한다. 캐시가 5개, 듀이델이 4개, 앤스와 코라가 각각 3개씩, 그리고 루시어스 피버디 의사가 2개를 차지한다. 그 밖의 사람들에게는 오직 한 개밖에는 내면 독백을 할애하지 않는다. 다시 말해서 전체 내면 독백 중에서 번드런 집안 사람들이 43개, 그 밖의 사람들이 16개를 차지하고 있다. 무려 3분의 2에 해당하는 부분이 번드런 집안사람들의 몫이다. 그중에서도 달과 바더먼은 화자로서 가장 중요한 역할을 한다. 달은 전체 내면 독백 중에서 3분의 1 정도, 바더먼은 6분의 1 정도를 차지한다.

    그렇다면 포크너는 왜 정신적으로 불안정한 달 번드런과 정신적으로 미성숙한 바더먼 번드런에게 가장 많은 독백을 할애했을까? 그것은 비록 달이 정신적으로는 불안정해도 보통 사람이 알아차릴 수 없는 것을 꿰뚫어 보는 직관력이 출중하기 때문이다. 그가 주위 사람들로부터 정신이 조금 이상하다고 의심받는 것도 따지고 보면 누구보다도 깊이 생각하고 인간 실존의 부조리를 첨예하게 의식하고 있기 때문이다. 그는 "나는 내가 누구인지 모른다."고 말하면서 자신의 정체성에 대해 회의를 품을 뿐만 아니라, 심지어 "나는 내가 존재하는지, 아닌지 모른다."고 말하는 것을 보면 자신의 존재 자체에 대해서도 회의를 품는다. 더구나 달은 앤스와 애디의 자식 중에서 가장 실제적인 인물이다. 포크너가 이처럼 비교적 균형 감각을 잘 유지하는 달을 서사 도구로 삼은 것은 어쩌면 당연하다고 할 수 있다.

    실제로 이 작품에서 핵심적인 사건은 하나같이 달이 기술한다. 예를 들어 애디가 죽음을 기다리며 임종의 자리에 누워 있는 이야기라든지, 주얼이 얼룩말을 얻기 위해 밤을 새워가며 남의 밭일을 도와준 이야기라든지, 듀이 델이 레이프와 육체관계를 맺어 임신한 이야기 등은 오직 달의 입을 통해서만 알 수 있다. 이 밖에도 번드런 집안사람들이 요코너 강을 건너는 이야기나 애디의 시체를 잠시 보관해놓은 한 시골 농부의 헛간에 불을 지르는 방화 사건도 독자는 달의 독백이 아니고서는 알 수 없다. 물론 어떤 때에는 달의 역할이 조금 지나친 듯한 느낌이 들기도 한다. 가령 그가 옛 그리스 벽화에 대해 언급하는 것은 마치 글을 모르는 무식한 사람이 난해한 실험 시를 입에 올리는 것처럼 왠지 걸맞지 않는다.

한편 캐시와는 무려 스물두 살, 달과는 열아홉 살 차이가 나는 바더먼은 정신적으로 미숙한 상태에 있기에 오히려 화자로서 더 쓸모있다. 나이가 어려서 '순수한' 눈으로 사물을 바라볼 수 있기 때문이다. 또한 아직 사물을 판단하고 평가하는 능력이 없는 바더먼은 언어 이전의 의식 세계를 드러내는 내면 독백에 그야말로 안성맞춤이다. 내면 독백은 흔히 언어로 표현되기 이전의 의식 상태에서 나오기에 표현이 파편적이고 단속적이며 비문법적인 경우가 흔하다. 바더먼의 내면 독백이 대부분 지리멸렬하고 일관성 없고 비문법적인 것은 바로 그 때문이다. 이런 세계에 이성이나 합리성이 끼어들 자리는 아예 처음부터 없다.

이 작품의 내면 독백에서는 저자의 존재가 강하게 느껴지기에 엄밀한 뜻에서는 그저 독백에 가까운 경우가 많다. 특히 이런 현상은 달, 캐시, 그리고 버넌 털이나 헨리 암스티드처럼 이웃에 사는 농부들의 독백에서 두드러지게 드러난다. 그 독백에서마저도 화자가 기억하고 있는 대화가 들어 있어 마치 일인칭 화자가 직접 서술하는 것과 크게 다르지 않다. 포크너는 『고함과 분노』에서 제임스 조이스가 『율리시스』(1922)의 마지막 장에서 사용한 내면 독백을 시도했던 것처럼 『내 죽으며 누워 있을 때』에서는 버지니아 울프가 『댈러웨이 부인』(1925)에서 사용한 내면 독백을 시도한다.

그렇다면 포크너는 이 작품에서 왜 이렇게 다양한 화자, 다양한 관점을 사용할까? 이렇게 카메라의 앵글을 바꾸듯이 화자와 시점을 자주 바꾸는 데에는 그럴 만한 까닭이 있을 것이다. 물론 다른 작가의 경우에도 마찬가지이지만, 특히 포크너에게 형식적 기법은 그가 다루는 주제나 형이상학과 깊은 연관이 있다.

첫째, 복수적 관점은 사건이나 그 의미를 점증적으로 전개하는 데 효과적이다. 한 작중인물이 묘사하는 행동은 다른 작중인물이 다른 관점에서 바라보면 그 의미가 더 큰 중요성을 띠게 된다. 예를 들어 이 작품의 첫머리에는 애디가 임종을 맞는 장면만이 묘사되어 있을 뿐, 번드런 집안사람들의 개별적인 삶, 특히 애디와의 정서적 관계에 대해서는 별로 알려진 바가 없다. 그러나 내면 독백이 계속되면서 독자들은 그에 관해 좀 더 많은 사실과 정보를 알게 된다. 또한, 이런 사실과 정보는 내면 독백이 계속되면서 계속 수정되고 보완된다. 이 작품의 3분의 2쯤 되는 지점에서 애디가 직접 독백하는 즈음에야 비로소 독자들은 달과 주얼의 반목과 질시를 비롯하여 장의 여행의 참다운 동기, 애디의 성격 따위를 알게 된다. 이렇게 부분적으로 힌트만 주고 최종 의미를 뒤로 미룸으로써 포크너는 전통적 의미의 저자 역할에 쐐기를 박는다. 전통적으로 저자는 독자와 사건의 중재자로서의 역할을 맡았지만, 이 작품에서 저자는 그러한 권한을 행사하지 않는다.

둘째, 복수적 관점은 서사의 차원뿐 아니라 도덕적 차원에서도 자못 중요하다. 작중인물마다 오직 자신의 관점에서만 사건의 내용을 전달하기에 다른 인물의 생각이나 느낌을 전혀 알 수 없다. 말하자면 그들은 하나같이 자신의 관점이라는 감옥에 갇혀 있다. 따라서 복수적 관점은 소외와 고립의 주제를 드러내는 데 아주 효과적이다. 특히 이 소설처럼 집안 식구 사이의 반목과 갈등을 다루는 작품에서는 더욱 그러하다.

셋째, 복수적 관점은 진리의 다원성과 상대성의 주제를 드러내는 데에도 효과적이다. 오직 하나의 시각으로 이야기를 전달하는 단일 관점에서는 오직 하나의 진리만을 고집한다. 그러나 하나 이상의 시선으로 바라본 사실을 전달하는 이야기는 어떤 시각에서 보느냐에 따라 그 진리가 얼마든지 달라질 수 있다. 가령 삶의 모습을 원근법에 따라 평면적으로 바라본 사실주의 화가들과는 달리, 파블로 피카소가 입체적으로 바라본 것과 궤를 같이한다.

넷째, 복수적 관점은 풍부한 반어적 효과를 낳을 수 있다. 똑같은 사물이나 사건도 보는 사람에 따라 입장이 저마다 다르다. 반어는 이렇게 화자의 관점이 서로 차이가 날 때 생겨난다. 앤스 번드런의 독백에서 말과 행동의 차이에서 생기는 언어적 반어를 찾아볼 수 있다면, 코러 털의 독백에는 극적 반어가 있다. 또한, 다른 화자에게서도 상황에서 비롯하는 반어를 어렵지 않게 찾아볼 수 있다. 이처럼 포크너의 작품 중에서 가장 반어적인 소설이라고 할 수 있는 이 작품은 반어를 떠나서는 제대로 이해하기 어렵다.

마지막으로, 사회 현실을 좀 더 폭넓게 볼 수 있다는 것도 복수적 관점의 이점이다. 독자는 요크너퍼토퍼 군의 시골 마을 사람들은 물론이고 제퍼슨 읍의 주민이 살아가는 모습도 엿볼 수 있다. 같은 시골 마을에서 농사를 짓는 사람이라도 앤스 번드런, 버넌 털, 헨리 암스티드, 샘슨은 스놉스 집안 사람들과 생활방식이나 세계관에서 큰 차이가 난다. 이웃 농부들은 앤스의 고통을 이해하고 그를 돕지만, 이기적이고 타산적인 스놉스 사람들은 돈을 떠난 인간관계에는 별로 관심이 없다. 이와 마찬가지로 애디 번드런이나 코러 털, 레이철 샘슨 같은 여성의 삶의 태도도 남성의 태도와는 사뭇 다르다. 모슬리, 스키츠 맥고원, 그루미트, 루시어스 피버디, 앨포드 의사처럼 읍내에 사는 사람들은 시골 사람들과 또 다르다. 직업으로 보더라도 이 작품에는 농부를 비롯하여 의사, 목사, 약사, 상인 등 온갖 인물 유형이 나온다. 나이 분포도 어린아이부터 청년과 장년을 거쳐 노인에 이르기까지 무척 다양하다.

5. 희비극적 요소

　『내 죽으며 누워 있을 때』는 작품의 어조나 분위기에서도 윌리엄 포크너 문학에서 아주 독특한 위치를 차지한다. 이전 작품에서는 주로 비극적 어조나 분위기가 주조를 이루고 있었지만, 이 작품은 비극과 희극이 서로 뒤섞여 있다는 점에서 이색적이다. 말하자면 비희극 어조나 분위기가 이 작품에 관류한다. 클렌스 브룩스의 말대로 이 소설에는 그로테스크한 것과 영웅적인 것, 익살맞은 것과 비통한 것, 그리고 연민과 공포가 서로 뒤범벅되어 특별한 효과를 자아낸다. 좀 더 엄밀히 말하자면 희극에 얼마간의 비극적 요소를 덧붙인 비희극보다는 비극에 희극적 요소를 덧붙인 희비극에 더 가깝다고 할 수 있다.

　이 작품에서는 무엇보다도 인물 유형이 여러모로 희극적 인물과 닮았다. 예를 들어 등이 구부정한 데다 늘 불평만 늘어놓을 뿐, 제대로 하는 일이 없는 앤스 번드런은 전형적인 희극적 인물이다. 의사가 절대로 땀을 흘려서는 안 된다고 말했다면서 모든 일을 아들이나 이웃 사람들에게 떠맡긴다든지, "난 신앙심이 없어."라고 말하면서도 "주님께서는 땅에 떨어지는 참새를 생각하시듯이 나를 생각해주실 거야."라고 말하기도 한다. 애디가 죽었을 때 "하느님의 뜻이 이루어지기를 (⋯⋯) 이제 나는 의치(義齒)를 낄 수 있게 되었구나."라고 말할 때에는 웃음이 절로 나온다.

　두 번째로 다리가 부러졌을 때 시멘트로 접합했다가 다리를 잘라내야 할 정도로 상처가 악화되었는데도 아무 말 없이 아픔을 참는 캐시 또한 희극적 인물로 볼 수 있다. 지붕 위에서 일하다가 떨어져 다리가 부러진 사건을 언급하면서 암스티드가 얼마나 높은 곳에서 떨어졌느냐고 묻자 캐시는 "28 피트 4.5인치쯤 되는데요."라고 대답한다. 지붕과 땅 사이의 거리를 그렇게 정확하게 알고 있을 리 없는데도 이렇게 일부러 정확성을 기하는 것 또한 우스꽝스럽기는 마찬가지이다.

코러 털의 말이나 행동 역시 희극적이다. 입만 뻥긋하면 성경 구절이나 찬송가 가사가 줄줄 흘러나온다. 걸핏하면 '죄악'이니 '참회'니 '의무'니 또는 '허영'이니 하는 말을 들먹이기 일쑤이다. 심지어는 그녀가 하는 말조차도 리듬이 찬송가 투이다. 남부 기독교 인습에 속속들이 젖어 있는 코러는 동료 인간에 대한 반응도 다분히 기계적이다. 코러는 마치 입력된 정보에 따라 자동으로 움직이는 로봇과 같다. 애디 번드런에 따르면 코러는 요리조차 제대로 할 줄 모를 뿐 아니라 병아리도 제대로 고를 줄 모르는 위인이다.

앤스 번드런의 새 아내도 여러모로 희극적이라고 할 만하다. 통방울눈에다 "오리같이 생긴" 그녀는 모습부터 웃음을 자아낸다. 캐시가 그토록 사고 싶어 했던 축음기를 손에 들고 "누구라도 말을 걸려면 어디 걸어보라는 듯이" 당당하게 앤스의 식구들 앞에 나타나는 모습도 무척 우스꽝스럽다. 더구나 앤스에게 죽은 아내의 시체를 묻도록 삽을 빌려주고 그녀 대신 그의 아내가 되는 것도 희극적이라면 희극적이다.

이런 웃음이 극단적으로 치우쳐 그 결과가 불쾌하거나 역겨운 감정이나 고통을 불러올 때 흔히 그로테스크 유머로 바뀐다. 바더먼 번드런은 그로테스크 유머를 보여주는 대표적인 인물이다. 관 속에 들어 있는 어머니가 답답하여 숨이 막혀 죽게 되리라고 믿는 그는 관 뚜껑에 구멍을 몇 개 뚫어놓는다. 그런데 어이없게도 송곳이 애디 번드런의 얼굴을 뚫고 들어가 버린다.

본디 서양에서는 죽음이나 시체는 좀처럼 해학의 대상으로 삼지 않는 것이 상식이다. 정의와 형평성을 생명으로 삼는 법에서도 아무리 무거운 죄를 지은 사람이라도 일단 죽으면 그 죄를 사해주는 것이 법의 관용이다. 그러나 해학은 이렇게 죽음이나 시체마저도 그냥 넘어가는 법이 없다. 애디의 죽음과 그 시체를 둘러싼 해학과 익살은 다분히 그로테스크한 데가 없지 않다. 이렇게 죽음과 시체를 해학과 익살의 대상으로 삼는 유머를 두고 흔히 '갤로우스 유머(gallows humor)'라고 부른다.

최근 들어 그로테스크 유머는 '블랙 유머'나 '블랙 코미디'라는 용어로 더 잘 알려졌다. 1930년대 프랑스의 초현실주의 작가 앙드레 브르통이 처음 쓴 것으로 알려진 이 블랙 유머는 1960년대 초에 이르러 너새니얼 웨스트와 블라디미르 나보코프 그리고 조지프 헬러 같은 미국 작가들의 작품 경향을 가리키면서 널리 쓰이기 시작하였다. 블랙 유머나 코미디 작가는 단순히 진지한 것과 희극적인 것, 그로테스크한 것과 익살스러운 것을 뒤섞어 놓거나 과장을 통해 풍자하는 정도로 만족하지 않는다. 이보다 한 걸음 더 나아가 독자에게 웃음을 유발하면서 동시에 부조리하고 가공할 세계를 깨닫게 하는 데 그 목적이 있다. 이 용어는 또한 외젠 이오네스크의 작품을 비롯한 부조리 연극에도 적용된다. 그렇다면 포크너는 미국 문학사에서 30년이나 앞질러 블랙 유머를 시도했다고 볼 수 있다.

포크너의 블랙 유머적인 요소는 문학 전통에서 보면 남부 고딕소설에 뿌리를 두고 있다. 미국 남부 지방의 을씨년스러운 곳을 배경으로 삼고 있다든지, 결함이 많은 작중인물이 등장한다든지, 가난과 폭력에서 비롯하는 사건이 일어난다는 점에서 『내 죽으면 누워 있을 때』는 남부 고딕소설과 여러

자신의 저택 로언 오크에 딸린 마구간에 들어가는 포크너. 해진 옷을 입고 있는 모습이 거지를 방불케 한다. 이 마구간도 그가 직접 지었다. 그는 아마추어 목수이기도 했다.

모로 닮았다. 또한 반어적이고 기괴한 스타일을 구사할뿐더러 남부가 안고 있는 사회적 문제와 문화적 가치와 특성을 탐구한다는 점에서도 그러하다. 포크너가 본격적 장르로 정립한 남부 고딕소설은 뒷날 카슨 맥컬러스, 플래너리 오커너, 유도러 웰티, 테네시 윌리엄스, 그리고 하퍼 리 같은 작가들이 그 바통을 이어받는다.

한편 『내 죽으며 누워 있을 때』에서 어떤 유머나 해학은 오히려 파블리오(fableau)에 가깝다. 중세기에 프랑스에서 처음 시작되어 그 뒤 영국에서 제프리 초서가 『캔터베리 이야기』(1475)에서 유행시킨 파블리오는 여성이나 사제를 골탕 먹이는 내용을 다루는 음담패설에 가까운 해학이다. 듀이델 번드런과 스키츠 맥고원의 에피소드는 이런 유머를 보여주는 좋은 예로 꼽을 만하다. 맥고원은 그녀에게 낙태 약을 주는 대가로 그녀를 약국 지하실로 데려가서 성행위를 강요한다. 그가 주는 약이란 것도 낙태와는 아무 상관 없는 엉터리 약일뿐더러 섹스를 통해 배 속에 있는 어린아이를 없앨 수 있다는 말도 순진한 시골 처녀를 속이려는 엉터리 수작이다. 맥고원이 듀이델을 유혹하는 동안 망을 보는 '조디'라는 청년 역시 그녀에게 관심을 보이는 것도 우스꽝스럽다.

포크너는 1930년대 말과 1940년대 초를 분수령으로 점차 비극적 비전에서 희극적 비전으로 옮겨 온다. 『내 죽으며 누워 있을 때』는 바로 그 전환을 알리는 신호탄 같은 구실을 하였다. 비록 뒤끝이 씁쓸할망정 이 작품에서는 한 가닥 희망의 빛이 엿보인다. 그러나 이런 희비극적 분위기도 잠깐일 뿐, 다른 작품으로 계속 이어지지는 않는다. 포크너가 곧 발표할 『성역』과 『팔월의 빛』에서는 여전히 삶의 비극적 의미가 주조를 이룬다. 그의 작품에서 좀더 희극적 비전을 만나려면 남북전쟁을 소재로 한 작품 『정복되지 않는 사람들』(1938)과 '스놉스 삼부작'의 첫 작품 『마을』(1940)을 기다려야 할 것이다.

제5장

개인과 사회, 『팔월의 빛』

윌리엄 포크너의 『팔월의 빛』(1932)은 장편소설로서는 일곱 번째, 요크너퍼토퍼 연작소설로서는 다섯 번째 작품이다. '요크너퍼토퍼 소설'이라는 꼬리표가 붙어 있으면서도 이 소설은 앞에 나온 작품들과 비교할 때 여러모로 다르다. 무엇보다도 앞의 두 작품은 귀족이건 '가난한 백인'이건 미국 남부의 가문 이야기를 다룬 계보소설이나 가문소설 장르에 속한다. 콤슨 집안사람들이건 번드런 집안사람들이건 그들은 가족 단위에서 벗어나지 않는다. 그러나 『팔월의 빛』에서 가족이나 가문은 이렇다 할 의미가 없다. 이 작품에 이르러 작중인물은 가족이나 가문의 좁은 울타리를 벗어나 좀 더 공적이고 사회적인 영역으로 옮겨 간다. 그러므로 이 작품에서는 가족보다 '제퍼슨'이라는 공동사회가 중요하게 부각한다.

『팔월의 빛』은 스케일이 크다는 점에서도 앞의 두 작품과는 큰 차이가 있다. 이 작품에서 작중인물은 『내 죽으며 누워 있을 때』보다 줄잡아 30명이

『팔월의 빛』 줄거리

흑인이라고 할 수도 없고, 백인이라고 할 수도 없는 조 크리스마스는 미국 남부 테네시 주 멤피스에 있는 고아원에서 자란다. 그의 성이 '크리스마스'인 것은 어느 크리스마스 날 고아원 문 앞에 버려졌기 때문이다. 나중에 맥이컨 집안의 양아들로 입양된 크리스마스는 양부모와 적잖이 갈등을 겪는다. 그는 양아버지를 살해하고 나서 백인 여자 친구 보비 앨런이 배신하자 가출한다. 그 뒤로 15여 년 동안 미국 전역을 돌아다니며 자신의 인종적 정체성을 확인하려고 한다. 그러나 자신이 흑인인지 백인인지 확인할 길이 없다. 그의 갈등은 인종 문제라기보다는 심리적 이유에서 비롯하기 때문이다. 마침내 제퍼슨 읍에 도착한 그는 백인 노처녀인 조애너 버든과 3년 동안 동거 생활을 하며 제재소에서 일한다. 그러나 조애너가 자신이 지은 죄를 고백하고 흑인이라는 사실을 인정하라고 강요하자 그녀를 무참하게 살해한 뒤 집에 불을 지른다. 결국, 경찰에 붙잡힌 그는 재판을 받으러 이송되던 중에 도피하지만, 결국 백인 우월주의자에게 사형(私刑)을 당한다.

한편 임신한 십 대 소녀 리너 그로브는 앨라배마 주에서 자신을 유혹한 청년 루카스 버치를 찾아 미시시피 주 제퍼슨 읍에 온다. 그러나 그는 이미 '조 브라운'으로 이름으로 바꾸고 리너를 까맣게 잊어버린 상태다. 리너는 제재소에서 일하는 청년 바이런 번치의 도움으로 크리스마스의 할머니 오두막집에서 무사히 아이를 낳는다.

제퍼슨 읍에는 한때 장로교회 목사로 있다가 쫓겨난 게일 하이타워가 살고 있다. 과거의 환상에 사로잡힌 그는 목회자로서도, 남편으로서도 실패한 인간이다. 하이타워는 바이런 번치와 교제할 뿐, 소외와 고립 속에서 외롭게 살아간다. 그러나 번치의 도움으로 다시 삶 속으로 뛰어든다.

더 나오고, 작중인물이 많이 나오기로 유명한 『고함과 분노』보다도 더 많이 나온다. 한편 『압살롬, 압살롬!』(1936)과 비교해서는 무려 두 배나 많은 작중인물이 등장한다. 『팔월의 빛』에 등장하는 인물의 수는 무려 70여 명에 이른다. 포크너의 스무 편 남짓한 장편소설 중에서 이 작품이 가장 방대한 것도 이렇게 작중인물의 수가 많다는 사실과 무관하지 않다.

　『팔월의 빛』은 비단 등장인물뿐 아니라 시간적 배경과 공간적 배경에서도 앞의 두 작품과는 비교가 되지 않는다. 현재 사건은 1930년대 초엽에 일어나지만, 과거 사건은 멀게는 남북전쟁이 일어나기 훨씬 전, 그러니까 조애너 버든의 할아버지 캘빈 버든이 열두 살 때 가출하는 19세기 초엽까지 거슬러 올라간다. 공간적 배경도 미시시피 주 요크너퍼토퍼 군의 제퍼슨 읍과 그 주변 지역에서 그치지 않고 가깝게는 이웃에 인접한 앨라배마 주, 테네시 주와 아칸소 주, 멀게는 일리노이 주의 시카고와 미시간 주의 디트로이트, 더 멀게는 캘리포니아 주와 멕시코까지 넓어진다.

1. 소설의 집

월리엄 포크너는 자신의 삶이나 주변에서 일어난 사건에서 즐겨 작품의 소재를 찾는다. 그가 자주 쓰는 비유를 빌려 말하면 '소설'이라는 집을 짓는 데 자신이 잘 아는 경험을 재목으로 삼는다. '팔월의 빛'이라는 집을 짓기 위해 포크너가 사용한 재목은 1908년 8월, 즉 그의 나이 열한 살 때 미시시피 주 옥스퍼드 읍에서 일어난 살인 사건이다. 흔히 '넬스 패튼 사건'이라고 부르는 이 살인 사건은 옥스퍼드 읍내뿐 아니라 근처 북부 미시시피 지방에서도 한때 큰 화제가 되었다. '패튼'이라는 흑인 청년이 감옥에 갇힌 백인 남자의 심부름으로 그의 집을 방문하였다. 그는 집 안에 다른 식구들이 없는 것을 확인하고는 백인 남자의 아내를 희롱하였다. 그러나 그녀에게서 심한 꾸지람을 듣자 그는 그 백인 여자를 잔인하게 살해하였다. 보안관이 이끄는 주민에 의해 곧바로 체포된 범인은 옥스퍼드 감옥에 수감되었지만, 무려 2천여 명에 이르는 백인 주민이 몰려와 적법한 절차를 무시한 채 그를 사형(私刑)에 처하였다. 주민은 감옥을 부수고 들어가 범인에게 총을 쏘았고, 아직 숨이 끊어지지 않은 그를 밖으로 끌어내 두 귀를 자르고 머리 가죽을 벗긴 뒤 시체를 자동차에 매달아 읍내 광장 주위를 끌고 다니다가 이번에는 다시 법원 건물 앞 나뭇가지에 매달았다.

포크너가 『팔월의 빛』에서 사용하는 두 번째 재목은 1919년 9월에 일어난 또 다른 살인 사건이다. 옥스퍼드 읍에서 동쪽으로 3킬로미터쯤 떨어진

포크너가 살았던 미국 남부에서 횡행하던 흑인 린치(lynch)의 한 장면. 어린 시절 포크너는 광장 한복판에서 백인들이 이렇게 흑인들을 공개적으로 사형(私刑)에 처하는 광경을 보고 큰 충격을 받았다. 그는 이 경험을 『팔월의 빛』에서 묘사했다.

흑인 집에서 흑인 여성이 복부에 심한 상처를 입고 침대 위에서 시체로 발견되었다. 범행을 숨기기 위해 그리했는지 침대에는 불을 지른 흔적도 있었다. 사건이 일어난 지 넉 달 뒤 '레너드 비트'라는 스물네 살 난 남편이 용의자로 체포되었다. 그런데 재판을 받기 위해 감옥에서 법원으로 이송되던 중 범인은 호송 경관을 넘어뜨리고 탈출하였다. 그러나 그는 도피 도중에 경관이 쏜 총을 맞고 이튿날 병원에서 사망하였다.

    소설의 집을 짓는 데 남달리 좋은 재목이 필요했던 포크너가 이렇게 충격적인 실제 사건을 소재로 사용한 것은 당연한 일이었다. 실제로 아마추어 목수인 그는 작품의 소재를 목수의 연장에 빗대기도 하였다. 그러면서 작품을 짓는 데 도움이 된다면 어떤 연장이든 문제 되지 않는다고 잘라 말하였다.

만약 작가가 정상적이고 믿을 만하며 정직하고 진정한 인물을 창조한다면 센세이셔널리즘을 사용할 수도 있다. 그렇게 함으로써 자신의 이야기를 효과적으로 전달할 수 있다고 생각한다면 말이다. 그러나 만약 그가 단순히 센세이셔널리즘을 위해 글을 쓴다면 그는 자신의 직업을 배신하는 셈이며, 이런 행동 때문에 고통받아 마땅하다. 다시 말해서 센세이셔널리즘은 어떤 면에서는 부수적인 연장일 뿐이다. 목수가 못을 박기 위해 다른 장도리를 사용하는 것처럼 그는 센세이셔널리즘을 사용할지 모른다. (……) 목수는 단순히 못을 박기 위해 집을 짓지는 않는다. 집을 짓기 위해 못을 박는 것이다.

포크너의 말대로『팔월의 빛』에서 사용한 두 살인 사건은 그가 이 소설의 집을 짓는 데 필요한 연장이었다. 그는 연장과 집, 수단과 목적을 엄격히 구분 짓는다. 포크너가 다분히 선정적이라고 할 살인 사건을 가지고 그렇게 감동적인 문학 작품을 창조할 수 있었던 것은 이 두 가지를 혼동하지 않고 따로 떼어서 생각했기 때문이다.

『팔월의 빛』에서 포크너의 관심이 선정적인 폭력 사건에 있지 않다는 것은 작품의 플롯만 보아도 금방 알 수 있다. 그는 크리스마스가 조애너 버든을 살해하는 행위를 직접 다루지 않는다. 그것은 마치 너새니얼 호손이『주홍 글자』(1850)에서 헤스터 프린과 아서 딤스데일 목사가 간통하는 행위를 직접 묘사하지 않는 것과 같다. 호손은 간음 행위 자체에는 이렇다 할 관심이 없고 오직 간음죄가 주인공에게 어떤 영향을 미치는지, 그 결과에 관심이 있기 때문이다. 호손과 마찬가지로 포크너도 살인 행위보다는 살인의 동기나 그 결과에 훨씬 더 깊은 관심을 기울인다.

2. 개인인가 사회인가

윌리엄 포크너의 작품이 으레 그러하듯이 『팔월의 빛』도 미국 남부 사회에 깊이 뿌리를 박고 있다. 좁게는 미시시피 주, 넓게는 미국 남부 전체의 문제를 중요한 소재와 주제로 다룬다. 이 중에서도 미국인의 원죄라고 할 백인과 흑인 사이의 인종 문제는 핵심적이라고 할 만하다. 실제로 이 작품이 출간된 뒤부터 지금까지 줄곧 많은 연구가와 비평가가 바로 인종의 관점에서 이 소설을 해석해왔다. 그러나 좀 더 꼼꼼히 따져보면 이 작품은 『모세여 내려가라』(1942)나 『무덤 속의 침입자』(1948) 같은 작품과는 여러모로 큰 차이가 난다. 인종 문제를 다루면서도 이 소설에서는 지리적 한계를 뛰어넘는 좀 더 보편적인 주제를 다룬다.

이 작품의 중심 주제는 개인과 사회 사이에서 빚어지는 긴장과 갈등이다. 작중인물들은 개인적 자아와 제퍼슨 사회가 부여하는 공적 역할 사이에서 적잖이 갈등을 겪는다. 조 크리스마스와 게일 하이타워와 조애너 버든은 제퍼슨 사회와 마치 활시위처럼 팽팽한 긴장 관계 속에서 살아간다. 백인 중심적이고 남성 중심적일뿐더러 공동사회적인 특성이 강한 제퍼슨 사회는 무엇보다도 안정된 전통적 가치를 추구하며 이런 가치에 위협이 되는 인물에게는 하나같이 이단자의 낙인을 찍는다.

그렇다면 이 소설에서 개인과 사회 사이의 긴장과 갈등은 과연 어떤 모습으로 나타날까? 쇠렌 키르케고르는 개인을 억압하는 가장 무서운 적을 그가 살던 시대 덴마크 사회에 널리 퍼져 있던 위선적인 정통 기독교로 보았다. 신의 죽음을 선포하고 초인의 도래를 예언한 프리드리히 니체 역시 키르케고르와 비슷한 입장을 취하면서 도착된 기독교 윤리나 도덕에서 그 답을 찾았다. 한편 대중의 위협을 경고한 칼 야스퍼스는 현대 사회에서 개인은 하나의 작은 기계 부속품으로 전락해버렸다고 지적하였다. 그런가 하면 흔히 현대 페미니즘의 대모(大母)로 일컫는 시몬 드 보부아르는 현대 사회의 집단 윤리가 개인의 자유를 크게 억압한다고 주장하였다.

『팔월의 빛』의 주인공 조 크리스마스에게 개인의 주체성이나 자유를 제한하고 억압하는 외부 사회의 힘은 크게 세 가지 형태로 나타난다. 여성 세계와 기독교, 그리고 사회적 인습과 제도가 바로 그것이다. 이 작품 전체를 통해 여성은 포크너가 말하는 '나의 주체성'을 크게 위협하고, 크리스마스는 끊임없이 여성 세계의 싸늘한 손길에서 벗어나려고 안간힘을 쓴다. 그가 평생 품게 되는 여성 혐오증은 바로 삶의 질서를 파괴하고 자유를 억압하려는 여성들과의 경험에서 비롯한다. 물론 여성에 대한 불건전한 태도는 그의 외할아버지 유피어스 하인스에게서 유전적으로 물려받은 것으로 볼 수도 있다. 하인스가 여성에게 느끼는 증오심은 아주 남다르다. 이런 증오심은 흔히 '여성 타락' '여성 고통' '여성 육체' '여성 죄악' 같은 특유의 조어(造語)에서도 엿볼 수 있다.

크리스마스의 여성 혐오증은 어린 시절 멤피스 고아원에서 겪은 경험에서 비롯한다. 다섯 살 때 치약을 훔쳐 먹으려고 여성 영양사의 방에 들어간 그는 본의 아니게 그녀가 수습 의사와 정사(情事)를 벌이는 장면을 목격한다. 소문이 퍼져 직장에서 쫓겨날까 봐 겁을 먹은 영양사는 크리스마스에게 1달러짜리 은화를 건네주며 그의 입을 막으려고 한다. 그러나 그녀의 이런 행위는 오히려 어린 크리스마스를 몹시 당황하게 한다. 고아원 생활을 통해 일찍이 죄와 벌의 체계에 길들여진 그는 마땅히 벌을 받을 줄 알았지만, 벌은커녕 오히려 뇌물을 받았기 때문이다. 그래서 여성이란 예측할 수 없는 존재, 삶의 균형과 조화를 깨뜨리는 존재라고 생각하게 되었다.

크리스마스의 여성 혐오증은 고아원을 떠나 사이먼 맥이컨 부부의 양자로 입양되면서 더욱 심해진다. 자식이 없는 양어머니는 여러모로 양아들에게 호의를 베풀려고 하지만, 그럴 때마다 크리스마스는 호의를 고맙게 여기기는커녕 오히려 적대감을 드러낸다. 예를 들어 그가 여덟 살쯤 되던 해에 장로교 교리 문답 책을 외우지 않자 화가 난 사이먼은 그에게 심한 체벌을 가하면서 밥을 주지 않는다. 남편이 없는 틈을 타 맥이컨 부인은 그에게 몰래 음식을 가져다주지만, 그는 음식이 담긴 쟁반을 방구석으로 들고 가 마룻바닥에 내팽개쳐 버린다. 열여덟 살이 되던 해 크리스마스가 송아지를 판 돈으로 새 옷을 산 사실이 밝혀지면서 또 한바탕 소동이 벌어진다. 양어머니는 그날도 크리스마스를 두둔하면서 자신이 달걀을 팔아서 푼푼이 모은 돈으로 크리스마스에게 옷을 사주었다고 변명한다.

맥이컨 부인 못지않게 크리스마스의 자유나 주체성을 위협하는 여성으로 보비 앨런이 있다. 작은 시골 읍내 음식점의 접대부로 일하면서 때로 몸을 파는 보비는 크리스마스가 애정을 느낀 첫 번째 여성이었다. 양어머니의 돈을 훔쳐 선물을 사줄 뿐 아니라 자신이 흑인이라는 사실을 처음 고백할 만큼 그는 그녀를 믿는다. 그러나 크리스마스가 양아버지를 때려눕힌 뒤 자기 입장이 난처해지자 그녀는 완전히 태도를 바꾼다. "이 사생아 녀석! 개자식! 늘 백인처럼 대해주었는데도 나를 이런 지경으로 몰아넣다니!"라고 그에게 심한 욕설을 퍼붓는다. 보비의 행동에서 크리스마스는 여성이란 참으로 믿을 수 없으며 예측할 수 없는 존재라는 사실을 더욱 뼈저리게 느낀다.

그러나 크리스마스가 지키려는 자유를 가장 위협하는 인물은 다름 아닌 조애너 버든이다. 그 때문에 그녀는 마침내 '죽음'이라는 값비싼 대가를 치르게 된다. 크리스마스와 조애너의 관계는 세 단계로 뚜렷이 나뉜다. 그가 남성적인 조애너를 여성으로 변모시키는 첫 번째 단계에서 그녀는 아직 이렇다 할 위협이 되지 않는다. 두 번째 단계에서 마흔이 되도록 독신으로 지내던 조애너는 마침내 색광증적인 발작 증세를 보인다. 세 번째 단계에 이르러 두 사람은 훨씬 더 위협적인 관계로 접어든다. 폐경기가 된 그녀는 신체적 이상을 임신으로 착각한 나머지 크리스마스에게 결혼하자고 제안한다. 그러자 순간적으로 "안 될 것도 없지 않은가? 그렇게 되면 여생을 편안하고 안정되게 보낼 수도 있다. 너는 이제 다시는 떠돌이 생활을 하지 않아도 된다. 지금도 그녀와 결혼 생활을 하고 있는 것과 마찬가지가 아닌가."라는 생각이 그의 뇌리를 스쳐간다. 그러나 곧 "아니야. 만약 내가 지금 여기서 항복하고 만다면, 내가 선택한 지난 30년의 삶을 포기하는 것이 되는 거야."라고 되뇐다.

이렇게 여성 세계로부터 온갖 위협을 받는 크리스마스는 여성에게 혐오를 느낄 뿐 아니라 여성과 관련된 것이라면 무엇이든 싫어한다. 예를 들어 여성과의 섹스를 불결하고 병적인 것으로 여기며 여성적인 것보다는 오히려 남성적인 것에 더 큰 매력을 느낀다. 조애너를 살해하던 날 밤 그는 마구간에 가서 잠을 자면서 "도대체 왜 내가 말 냄새를 맡고 싶은 거지? (······) 말은 여자가 아니기 때문이지. 심지어 암말조차도 일종의 사내거든."이라고 혼잣말한다. 그는 '축축한' 것보다는 '메마른' 것, '차가운' 것보다는 '뜨거운' 것, 그리고 '부드러운' 것보다는 '딱딱한' 것을 좋아하기에 때로는 동성연애자나 그런 성향을 지닌 인물로 오해받기도 한다.

『팔월의 빛』에서 개인의 자유를 억압하고 위협하는 또 다른 사회적 힘은 제도화된 종교, 좀 더 구체적으로 말해서 기독교이다. 포크너는 이 소설에서 기독교의 광신주의를 날카롭게 비판한다. 크리스마스의 외할아버지 유피어스 하인스를 비롯하여 그의 양아버지 사이먼 맥이컨, 조애너 버든과 그녀의 선조, 그리고 게일 하이타워 등은 한결같이 기독교의 참다운 진리를 왜곡한 채 속이 텅 빈 형식만을 굳게 믿는다.

크리스마스는 어린 시절을 보낸 멤피스의 고아원에서 기독교를 처음 경험하였다. 지방자치단체의 재정적 뒷받침으로 어느 교회 재단에서 운영하는 이 고아원은 일요일만 되면 모든 원아에게 주일학교에 참석하도록 강요하였다. 그러나 아직 나이 어린 크리스마스에게 하느님은 귀찮고 부담스러운 짐일 뿐이다. 만약 그가 일요일을 좋아한다면 그것은 오직 주일학교에 참석하기 위해 새로 갈아입는 옷과 예배 중 그의 귀를 즐겁게 해주는 감미로운 찬송가가 있기 때문이다.

이런 사정은 맥이컨 부부의 양자가 된 뒤에도 크게 달라지지 않는다. 오히려 양부모와 함께 사는 동안 기독교에 대한 그의 반감은 훨씬 더 커진다. 사이먼 맥이컨은 '사랑과 관용'의 하느님이 아니라 '분노와 복수'의 여호와 하느님을 섬기는 극단적인 칼뱅주의자이다. 앞에서 이미 밝혔듯이 교리 문답 사건에서 현기증으로 정신을 잃고 쓰러질 때까지 그는 끝까지 그것을 외우지 않는다. 크리스마스는 이 교리 문답 사건이 있은 지 20년쯤 지난 뒤 그 날을 두고 "바로 이날 나는 어른이 되었다."고 회고한다. 이렇게 크리스마스에게 기독교는 따뜻한 사랑과 관용을 전하는 종교라기보다는 오히려 인간의 영혼을 짓밟는 비인간적인 폭력이다.

크리스마스는 이제 앞으로 자신의 자유나 주체성을 조금이라도 위협하는 종교적 압력에 대해 극도로 난폭하게 반응하게 된다. 맥이컨 농장을 떠난 뒤 15년에 걸친 방황과 모색 끝에 그는 우연히 조애너 버든을 만난다. 사이먼처럼 칼뱅주의자인 조애너는 그에게 양아버지 같은 역할을 맡는다. 두 사람의 관계가 세 번째 단계에 이를 때 그녀는 예전의 칼뱅주의를 되찾으면서 종교를 통해 크리스마스를 자신이 원하는 사람으로 바꾸어놓으려고 한다. 그러나 크리스마스는 그녀 못지않게 자신의 자유와 주체성을 지키려고 안간힘을 쓰고 있어 두 사람 사이에는 마치 활시위처럼 팽팽한 긴장이 감돈다.

크리스마스가 기독교에 얼마나 큰 반감과 혐오감을 느끼는지는 어느 날 밤 조애너의 침실에 들어갔을 때 보여준 그의 행동에서 뚜렷이 드러난다. 침대 옆 방바닥에서 그녀가 기도하기 위해 무릎을 꿇었던 자국을 발견하자 그는 "마치 죽음이라도 본 것처럼 황급히" 눈을 돌린다. "나를 위한 기도를 시작하지 말았어야 했는데. 만약 나를 위해 기도를 시작하지만 않았더라도 좋았을 텐데."라고 그는 자주 되뇐다. 이날 밤도 조애너는 그에게 그동안 저지른 죄를 뉘우치고 함께 기도하여 하느님의 용서를 빌자고 강요한다. 그러나 크리스마스가 끝내 자신의 요구를 받아들이지 않자 조애너는 권총을 뽑아 방아쇠를 당긴다. 총에 녹이 슬어 불발했기 망정이지 만약 총알이 제대로 발사되었더라면 크리스마스는 그 자리에서 사망했을 것이다. 화가 난 크리스마스는 면도칼을 꺼내 무자비하게 그녀를 살해한다. 어떤 의미에서는 그녀를 죽인 것이 자신의 목숨을 지키기 위한 정당방위였다고 말할 수도 있을 것이다. 한마디로 조애너는 크리스마스가 그토록 끔찍하게 싫어하는 여성과 기독교 그리고 인종 문제를 한 몸에 안고 있는 인물이다. 따라서 그녀의 죽음은 피할 수 없는 운명 같은 것이었다.

『팔월의 빛』에서 여성 세계와 제도화된 종교와 함께 개인의 자유나 주체성을 위협하는 세 번째 사회적 힘은 사회 제도와 인습이다. 여기에서 사회적 제도와 인습은 미국 남부 사회 특유의 백인과 흑인의 인종 문제를 말한다. 흑백 인종 문제는 『압살롬, 압살롬!』이나 『모세여 내려가라』 또는 『무덤 속의 침입자』에서 그러했듯이 이 작품에서도 가장 핵심적인 요소이다. 요크너퍼토퍼 군의 제퍼슨 사람들은 인종 문제에 관해 과거의 인습과 전통을 그대로 물려받는다. 이 인습과 전통에 따라 이곳에 사는 사람은 반드시 피부색을 기준으로 백인이나 흑인으로 분류되어야 한다. 일단 어느 한쪽으로 분류되면 반드시 그에 따른 사회적 규범대로 행동해야 한다.

그런데 크리스마스는 이처럼 비인간적이고 추상적인 전통과 인습에 따라 행동하기를 완강히 거부한다. 조애나 버든을 살해한 뒤 모츠타운에서 체포되었을 때 그의 행동은 그의 생각을 잘 드러낸다.

"그는 자신이 크리스마스라는 사실을 결코 부인하지 않았습니다. 그는 아무 일도 하지 않았지요. 흑인처럼 행동하는 것도, 그렇다고 백인처럼도 행동하는 것도 아니었습니다. 바로 그 점이었습니다. 사람들을 화나게 만든 것 말입니다. 살인자인데도 어디 한번 손을 대려면 대보라는 듯이 옷을 말끔히 차려입고 읍내를 활보하고 다니는 겁니다. 지금쯤 진흙이 뒤범벅된 채 숲 속에 숨어 다니면서 도망치고 있어야 마땅할 텐데 말이지요. 흑인이라는 사실은 물론 살인범이라는 사실도 모르고 있는 것 같았습니다."

모츠타운 읍내 사람들이 분노한 것은 이렇게 크리스마스가 백인처럼 행동하지도 않고 흑인처럼 행동하지도 않았기 때문이다. 그는 백인이나 흑인 가운데 어느 한쪽을 택하여 그것에 걸맞게 행동해야 한다는 남부 인습과 전통을 정면으로 거부한다. 흑인이나 백인으로 분류되기를 거부한 채 그는 오직 인격이 있는 하나의 인간으로서 대접받고 싶을 뿐이다. 만약 그가 백인과 흑인 중에서 어느 한쪽을 택한다면 그는 다른 쪽을 부정하게 되며, 그것은 곧 인간성 자체를 저버리는 셈이 될 것이다.

크리스마스에게 인종적 편견은 여성이나 기독교 못지않게 위협적인 사회적 힘이다. 삼십삼 년에 이르는 그의 생애는 한마디로 인간으로서의 존엄성을 부정하는 인종적 편견에 대항하여 벌이는 끊임없는 투쟁의 연속이라고 할 수 있다. 그가 주위 사람들과 무엇인가 다르다는 점을 처음 깨닫게 된 것은 멤피스 고아원에 머물 때였다. 그의 외할아버지 하인스의 선동으로 그는 어느 날 다른 원아들로부터 '검둥이'라고 조롱당하기 시작한다. 마치 "커피콩이 가득 담겨 있는 그릇 속에 콩 하나가 섞여 있는 것"처럼 그는 외톨박이 신세가 된다. 이런 상황에서 그가 다른 아이들과 어떤 의미 있는 관계를 맺는다는 것은 불가능할 것이다. 더욱이 다섯 살 때 치약 사건으로 그는 영양사로부터 "이 쥐새끼 같은 녀석! 나를 엿보다니! 검둥이 사생아 녀석!"이라는 욕설을 듣고 나서 더욱 자신의 인종적 신분과 정체성에 의구심을 품는다. 그 뒤 맥이컨 농장에서 양자로 지내는 동안 그는 보비 앨런에게서도 '검둥이'라는 심한 욕설을 듣는다.

크리스마스는 자신이 흑인인지 백인인지를 알아내기 위해 무려 15년에 걸친 기나긴 방랑의 여정을 떠난다. 이렇게 긴 세월을 방황하는 동안 그는 잠자리를 같이하는 백인 창녀에게 자신이 흑인임을 밝혔고, 그럴 때마다 백인 창녀는 그가 흑인의 몸으로 백인 여성과 관계를 맺으려고 한다는 사실에 몹시 화를 낸다. 그러나 언젠가 한번은 어느 백인 창녀가 그의 고백에 조금도 놀라는 기색을 보이지 않자 그녀를 무자비하게 두들겨 팬다. 지금까지 그가 겪은 인종적 인습에 비추어 볼 때 그녀는 전혀 예상 밖의 반응을 보였기 때문이다. 또한 크리스마스는 자신을 흑인으로 여기는 백인들과 싸움을 벌이는가 하면, 자신을 백인으로 대접하는 흑인들과도 싸움을 벌인다. 어찌 되었든 새 편에도 쥐 편에도 들지 못하는 박쥐처럼 그는 어느 쪽에서도 마음의 평화를 찾지 못한다.

크리스마스가 느끼는 이런 갈등은 조애너 버든을 만나면서 더욱 깊어진다. 마지막 단계에 이르러 뉴잉글랜드 선조의 칼뱅주의를 되찾은 그녀는 크리스마스에게 더는 인종적 갈등으로 방황하지 말고 흑인 신분을 받아들이라고 요구한다. 흑인 변호사가 되어 자기와 함께 흑인의 인권을 위해 일하자는 것이다. 그런데 그로서는 이 요구가 도저히 참을 수 없는 굴욕일 뿐 아니라 이제까지 자신이 지켜온 개인적 자유나 주체성에 대한 크나큰 위협이 아닐 수 없다. 그는 조애너의 제안에 대해 "하지만 흑인 대학에다 흑인 변호사라. (……) 흑인들에게 나도 흑인이라고 밝히라는 말이지?"라고 생각한다.

마침내 크리스마스는 자신의 자유와 정체성을 지키기 위해 조애너를 살해하기로 마음먹는다. 그녀는 이제까지 그의 자유와 주체성을 위협해온 모든 사회적 힘, 즉 여성 세계와 제도화된 기독교와 인종적 편견을 한 몸에 담고 있는 인물이다. 다시 말해서 크리스마스는 그녀에게서 자신이 그토록 끔찍하게 싫어하는 세 가지 위협을 한꺼번에 발견한 셈이다. 그러므로 그가 그녀를 살해하는 것은 앞서 밝힌 것처럼 정당방위에 해당할 뿐 아니라, 어떤 의미에서는 '창조적 행위'로도 볼 수 있다. 크리스마스가 저지르는 살인은 어디까지나 자신의 삶을 좀 더 의미 있는 것으로 만들기 위해 어쩔 수 없이 저지른 행위이기 때문이다.

3. 정체성을 찾아서

『팔월의 빛』에서 윌리엄 포크너는 개인이 사회와 빚는 갈등과 긴장을 다룰 뿐 아니라 한 걸음 더 나아가 '정체성의 탐구'라는 또 다른 주제를 다룬다. 그런데 엄밀히 따져보면 이 두 주제는 동전의 양면처럼 같은 문제에 지나지 않는다. 작중인물이 사회와 갈등을 일으키는 것은 자신의 정체성을 지키려고 하기 때문이고, 정체성을 지키다 보면 그 과정에서 어쩔 수 없이 사회와 맞부딪치게 마련이다. 이 작품에 좀 더 보편적인 의미가 있는 이유는 작중인물이 자신의 정체성을 추구함으로써 보편적 인간으로서의 존엄성과 위엄을 지키려고 하기 때문이다.

백인도 흑인도 아닌 조 크리스마스는 정체성에 회의를 품는다. "나는 과연 누구인가?"라는 물음은 동서고금을 통해 수많은 철학자와 문학가가 끈질기게 던져왔다. 말하자면 그것은 철학과 문학이 다루어온 가장 고전적인 주제라고 할 만하다. 예를 들어 서양 문학의 대부 격인 윌리엄 셰익스피어는 일찍이 『리어 왕』(1608)에서 "내가 누구인지 말할 수 있는 자는 누구인가?"라는 수사적 의문을 제기한 적이 있다. 두말할 나위 없이 자신이 누구인지를 정확히 말할 수 있는 사람은 이 세상에 아무도 없다는 것이다. 크리스마스도 리어 왕처럼 자신의 정체성에 깊은 의문을 품고 늘 이에 대한 답을 찾으려고 애쓴다. 그 답을 찾는 데 크리스마스는 온갖 희생을 무릅쓰고 마침내 '죽음'이라는 값비싼 대가를 치르게 된다.

크리스마스의 자기 정체성과 관련하여 그가 고아원에 있을 때 그곳에서 일하는 한 일꾼과 대화하는 장면을 눈여겨볼 필요가 있다. 크리스마스는 고아원 마당에서 일하는 흑인 일꾼 뒤를 졸졸 따라다니며 그 모습을 지켜본다. 흑인이 그에게 "도대체 왜 나를 자꾸만 쳐다보는 거냐?"라고 묻자 크리스마스는 "어떻게 해서 아저씨는 검둥이가 됐어요?"라고 되묻는다. "내가 검둥이라고 누가 그러더냐, 이 쓰레기 같은 백인 사생아 녀석아?"라고 다시 묻자 크리스마스는 자신은 흑인이 아니라고 대답한다. 그러자 흑인 일꾼은 그에게 이렇게 내뱉는다.

"너는 그보다도 더 나쁘지. 너는 네가 누구인지를 알지 못하고 있으니까. 어디 그뿐이냐, 너는 앞으로도 결코 그것을 알지 못할 거야. 너는 이 세상을 다 살다 죽어도 영영 알 수 없단 말이다. (……) 너는 하느님이 어떤 분이신지 알아야 하겠지. 하느님 말고는 네가 과연 누구인지 알 수 없으니까 말이야."

여기서 흑인 일꾼은 크리스마스의 인종적 정체성을 이야기한다. 그도 고아원에서 일하면서 원생들이 크리스마스를 두고 '검둥이'라고 놀려대는 소리를 들었을 것이다. 그러나 적어도 겉모습을 볼 때 크리스마스는 흑인처럼 보이지 않는다. 지금 그가 일하고 있는 고아원은 흑인 고아가 아니라 백인 고아들만이 수용되어 있는 기관이다. 그가 크리스마스에게 "이 쓰레기 같은 백인 사생아 녀석"이라고 말하는 것은 바로 그 때문이다. 그러나 정체성 문제와 관련지어 생각할수록 흑인 일꾼의 말은 의미심장하다. 그의 말처럼 하느님이 아니고서는 아무도 크리스마스의 정체성을 알 수 없기 때문이다.

그렇다면 크리스마스에게 흑백의 인종 문제는 겉으로 보이는 것처럼

1616년 네덜란드 선원들이 오늘날 미국 버지니아 주 제임스타운에 처음으로 흑인 노예를 데려온 이래 그들은 남녀 구별 없이 열악한 환경에서 중노동에 시달렸다. 사진은 노예 상인들에 의해 배에 실려 미국으로 팔려 오는 아프리카 흑인들.

그리 중요하지 않을지도 모른다. 실제로 그가 느끼는 인종적 갈등은 포크너의 다른 작품에 등장하는 작중인물들과 비교할 때 성격이 조금 다르다. 크리스마스는 이를테면 『모세여 내려가라』와 『무덤 속의 침입자』에 등장하는 거만하기 짝이 없는 혼혈 흑인 루커스 뷰챔프와는 여러모로 차이가 난다. 크리스마스는 얼마든지 백인으로 행세할 수 있지만, 그렇게 하려고 들지 않는다. 가령 사이먼 맥이컨 부부의 양자가 되었을 때 양부모는 그의 인종적 신분에 대해 아무것도 모르고 있었다. 적어도 인종적으로 그는 맥이컨 농장에서 백인으로 대접받았기에 만약 원하기만 했다면 전혀 의심받지 않은 채 백인으로서 편안하게 일생을 살아갈 수도 있었을 것이다. 양부모는 말할 것도 없고 주위 사람들도 그를 흑인이라고 생각하지 않는다. 그의 피부는 "양피지 색깔"을 띠고 있을 뿐, 겉모습이 흑인처럼 보이지 않기 때문이다. 다만 그의 이런 피부색을 보고 주위 사람들은 혹시 그가 이탈리아 같은 외국에서 이민한 사람이 아닌지 추측할 뿐이다. 그래서 작중인물 중에는 크리스마스가 흑인이라는 사실을 알고 나서 적잖이 놀라는 사람이 많다. 예를 들어 멤피스 고아원의 원장은 영양사에게서 이 사실을 전해 듣고는 "도저히 믿을 수 없어!"라는 말을 무려 세 차례나 되풀이한다. 이와 마찬가지로 보비 앨런도 크리스마스가 자신이 흑인임을 고백하자 그에게 "지금 넌 거짓말을 하고 있는 거야. (……) 도저히 믿을 수 없어."라고 말하면서 좀처럼 그의 말을 믿으려고 하지 않는다. 마침내 그가 조애너 버든을 살해하고 도망치던 중 모츠타운에서 체포될 때 구경꾼 중의 한 사람도 "내가 검둥이처럼 보이지 않는 것처럼 그도 검둥이처럼 보이지 않는다."고 말하며 그가 흑인이라는 사실을 믿지 못한다.

그런데도 크리스마스는 백인에게는 자신이 흑인이라고 밝히고, 흑인에게는 백인이라고 말한다. 이런 행동을 단순히 자기연민이나 마조히즘처럼 자기학대 심리에서 비롯한 병적인 증후로 설명할 수도 있을 것이다. 그러나 크리스마스의 행동은 그것만으로는 단정할 수 없는 어떤 것이 있다. 그는 자신을 백인이나 흑인으로 가르지 않고 오직 한 인격체로 취급받기를 바란다. 참다운 '인간'으로 대접받기를 원할 뿐, 결코 어떤 추상적 개념이나 '사물'로 간주되기를 원하지 않는 것이다. 다시 말해서 그는 마르크스주의자들이 흔히 '물화(物化)'라고 부르는 현상에 남다른 혐오를 느낀다. 이 점에서 볼 때 크리스마스의 갈등은 생물학적 측면보다는 오히려 형이상학적 측면에서 좀 더 잘 이해할 수 있다. 비록 그의 내적 갈등은 자신의 몸속에 흑인 피가 흐르고 있다는 확신에 뿌리를 두고 있지만, 피나 피부색을 훨씬 뛰어넘기 때문이다. 바로 이 점에서 포크너는 인간의 모든 행위를 오직 유전적 요인이나 사회·경제적

환경의 결과로 간주하는 자연주의 작가와는 근본적으로 다르다.

포크너는 이처럼 특수한 크리스마스의 상황을 표현하는 데 무척 세심한 주의를 기울인다. 이 작품을 쓰는 동안 그는 크리스마스의 부모에 관해 처음에는 "그중 한 사람은 흑인이었다."라고 썼다가 막상 집필을 끝내고 타자 원고를 만들 때에는 "그중 한 사람은 흑인 피가 섞여 있었다."라고 고쳤다. 이렇게 함으로써 포크너는 크리스마스의 인종적 신분을 좀 더 모호하게 만들어버렸다. 여기에서 "그중 한 사람"이란 두말할 나위 없이 그의 어머니 밀리 하인스를 유혹한 서커스 단원, 즉 크리스마스의 생부를 말한다.

더구나 크리스마스의 아버지에게 "흑인 피가 섞여 있었다."는 사실조차 액면 그대로 받아들일 것은 못 된다. 밀리는 크리스마스를 낳다가 사망할 때까지 그 서커스 단원을 멕시코 사람으로 알고 있었다. 실제로 크리스마스 아버지가 "흑인 피가 섞여 있는" 사람이었다는 사실을 뒷받침할 만한 객관적 증거는 없다. 다만 서커스단의 단장이 "그 사람은 멕시코 사람이 아니라 실제로 부분적으로 흑인이었다."라고 증언했기에 그렇게 미루어 짐작할 따름이다. 그가 이 사건에 공연히 연루되고 싶지도 않고, 또 공연 일정에 쫓겨 거짓으로 증언했을 가능성도 배제할 수 없다.

4. 형식과 기교와 스타일

『팔월의 빛』은 형식이나 기교에서 언뜻 전통적인 소설 기법의 테두리에서 크게 벗어나지 않는 것 같다. 실제로 이 작품은 윌리엄 포크너의 장편소설 중에서 비교적 접근하기 쉬운 작품에 속한다. 그러나 작가가 그 나름대로 여러 가지 서술 기법을 시도하기에 이 소설은 그리 만만한 작품이 아니다. 그리고 무엇보다도 먼저 눈길을 끄는 것은 구성이나 플롯이다. 지금까지 적지 않은 비평가가 이 작품의 구성을 못마땅하게 여겨왔다. 즉, 이 소설은 통일된 하나의 이야기로 구성되지 않고 서로 다른 세 가닥의 이야기가 뒤엉켜 있다는 것이다.

여기에서 '세 가닥'이란 두말할 나위 없이 조 크리스마스, 리너 그로브, 그리고 게일 하이타워의 이야기를 말한다. 물론 이 밖에도 조애너 버든의 이야기라든지, 바이런 번치의 이야기라든지, 유피어스 하인스 부부의 이야기가 있지만, 그것들은 어디까지나 이 세 가닥의 플롯에 포섭되는 하위 플롯에 지나지 않는다. 그러므로 크리스마스와 리너와 하이타워의 이야기는 말하자면 『팔월의 빛』이라는 집을 떠받들고 있는 세 기둥이라고 할 만하다.

언뜻 보기에 이 세 가지 이야기는 이렇다 할 관련이 없는 것 같지만, 자세히 들여다보면 서로 깊이 연관되어 있음을 알 수 있다. 이 소설은 포크너가 창작 의도에 따라 치밀하게 계획한 작품일 뿐 아니라 새로운 형식을 추구한 첫 작품이다. 세 가닥의 플롯은 마치 세 폭의 그림으로 이루어진 병풍에 빗댈 수 있을 것이다. 맬컴 카울리는 『포터블 포크너』(1946)를 편집하면서 처음에는 이 책에 크리스마스에 관한 부분을 수록하려고 했다가 나중에 생각을 바꾸었다. 그는 포크너에게 보낸 편지에서 "이 책의 편집자는 크리스마스의 고기 살점을 하이타워와 리너에게 남겨두지 않고서는 그를 따로 떼어낼 수 없습니다."라고 어려움을 털어놓는다. 세 이야기는 서로 유기적으로 결합되어 있어 어느 하나를 따로 떼어내기가 쉽지 않다는 말이다. 결국, 카울리는 크리스마스에 관한 부분을 포기하고 그 대신 퍼시 그림에 관한 부분을 수록했다.

이 점과 관련하여 벤 왓슨에게 보낸 편지에서 포크너가 했던 말을 떠올리는 것이 좋을 것 같다. 교정쇄를 읽고 나서 그는 "이 작품에서 잘못된 점이라고는 찾을 수 없습니다. 현재 상태 그대로 두십시오. 이것은 소설이지 일화가 아닙니다. 어쩌면 바로 그 때문에 불안정하게 보이는지도 모르지요."라고 자기 생각을 밝힌다. 이 말은 언뜻 모순적으로 들릴지도 모른다. 한편으로는 '일화'가 아니라 '소설'이라고 말하면서 다른 한 편으로는 소설이기 때문에 불안정하게 보인다고 말하는 것은 일반적인 소설 장르의 개념에 잘 맞아떨어지지 않기 때문이다. 그러나 이 말에서 소설 장르에 대한 포크너의 태도를 엿볼 수 있다.

러시아의 문학 이론가 미하일 바흐친은 일찍이 소설이 일정한 형식이 없는 장르로서 다른 장르를 흡수하고 병합하는 잡종적인 성격이 강할 뿐 아니라 형식도 매우 자유스럽다는 점을 지적하였다. 이론가들이 소설을 '초(超)장르' '반(反)장르'라고 부르는 까닭이 바로 여기에 있다. 이렇게 소설을 자유분방한 장르로 보았다는 점에서 포크너도 러시아 문학 이론가와 크게 다르지 않다. 그가 여기에서 『팔월의 빛』을 두고 '일화'가 아니라 '소설'이라고 말했듯이 이 작품은 소설로서 갖추어야 할 구성 요소를 두루 갖추고 있되,

전통적 의미의 잘 짜인 소설과는 사뭇 다르기 때문이다.

포크너가 소설가로서의 첫걸음을 내딛는 데 직접 또는 간접으로 크게 도와준 셔우드 앤더슨은 '삶은 느슨하고 유동적이기 때문에 거기에 잘 짜인 플롯이란 있을 수 없다'고 말한 적이 있다. 그런데도 미국 작가들은 이렇게 유동적이고 느슨한 삶을 마치 백화점의 보기 좋은 선물 꾸러미처럼 가지런 하게 포장함으로써 결과적으로 삶을 배신한다는 것이다. 그는 소설 장르가 유럽에서 유입되었을 뿐, 미국에서 태어난 것이 아니기에 미국 작가들에게 는 그들에게 걸맞은 새로운 소설 양식이 필요하다고 역설한다. 앤더슨은 이런 새로운 소설 양식을 '새로운 느슨함'이라고 불렀다. 그런데 이 '새로운 느슨함'의 형식은 포크너의 『팔월의 빛』에도 비교적 잘 들어맞는다. 앤더슨과 마찬가지로 포크너 역시 삶에 인위적인 형체를 부여하다 보면 삶의 모습을 왜곡하게 된다고 생각했던 것이다.

그렇다면 『팔월의 빛』은 어디에서 일관성이나 통일성을 찾을 수 있을까? 무엇보다도 리너의 이야기는 크리스마스와 하이타워의 이야기를 앞뒤에서 감싸고 있다. 좀 더 구체적으로 말하자면 플롯은 리너 → 하이타워 → 크리스마스 → 하이타워 → 리너의 순서로 진행한다. 리너는 임신한 몸으로 루커스 버치/조 브라운을 찾아 앨라배마 주에서 미시시피 주 제퍼슨 읍으로, 그리고 한 달 뒤 제퍼슨에서 다시 테네시 주 솔스베리로 길을 떠난다. 제퍼슨에 머무는 동안 하이타워의 도움으로 사내아이를 낳고 바이런의 도움으로 버치/브라운을 만난다. 그녀의 이런 직선적인 여정은 이 소설의 여러 가닥을 하나로 수렴하는 구실을 한다. 제퍼슨에 머무는 동안 그녀는 크리스마스를 직접 만나지는 않지만, 그가 버치/브라운과 함께 머물던 오두막집에서 아이를 분만함으로써 비록 간접적이나마 그와 관련을 맺는다. 더구나 크리스마스의 외할머니는 아이를 낳은 리너를 친딸 밀리로 착각한 나머지 크리스마스를 리너의 아이로 혼동하기도 한다.

작중인물이 도착하고 떠나는 것도 작품의 구성에 통일성과 일관성을 준다. 작품의 첫 세 장은 세 중심인물이 제퍼슨 읍에 도착하는 내용으로 되어 있다. 좀 더 구체적으로 말해서 리너가 맨 먼저 앨라배마 주에서 버치/브라운을 찾아 제퍼슨에 도착하고, 이보다 3년 앞서 크리스마스가 우연히 제퍼슨에 도착하며, 리너가 도착하기 25년 전에 하이타워 역시 제퍼슨에 도착한다. 이 밖에도 바이런은 7년 전에 제퍼슨에 도착하고, 버치/브라운이 리너보다 몇 달 전에 도착하는 것으로 되어 있다. 그런가 하면 작품의 끝 부분에서는 적지 않은 작중인물이 제퍼슨 읍을 떠나 다른 곳으로 옮겨 간다. 예를 들어 리너는 다시 버치/브라운을 찾아 테네시 주로 떠나고, 비록 나중에 마음을 바꾸지만 바이런도 그녀와 함께 제퍼슨을 떠난다.

더구나 바이런 번치도 언뜻 산만해 보이는 세 갈래의 플롯을 서로 엮어주는 구실을 한다. 그는 제퍼슨의 제재소에서 크리스마스와 함께 일할 뿐 아니라 유일하게 하이타워와 접촉하는 인물이다. 또한, 리너를 처음 본 순간 사랑하게 되어 그녀가 안전하게 아이를 낳을 수 있게 도와준다. 말하자면 바이런은 크리스마스와 하이타워, 리너 사이를 오가며 일종의 징검다리 역할을 한다. 작품 첫 머리에서 그는 크리스마스와 버치/브라운이 제퍼슨 읍에 도착하여 일자리를 찾는 모습이나 하이타워가 살아가는 모습 등 작중인물과 사건을 지켜보는 목격자로 나온다. 그리고 나중에 그는 하이타워에게 크리스마스와 조애너, 리너와 관련된 이야기를 들려주는 서술자로 등장한다. 그런가 하면 마지막 부분에서는 목격자, 서술자로서의 역할을 버리고 사건에 직접 참여하는 행위자로 등장한다. 이처럼 그는 목격자-서술자-행위자로서 세 가지 역할을 함께 맡는다.

포크너는 플롯과 플롯을 서로 연결하는 모티프를 사용하여 언뜻 산만해 보이는 이 작품의 구성에 일관성이나 통일성을 부여하기도 한다. 여러 작중인물이 이러저러한 이유로 구토를 한다든가, 창가에 앉아 있다든가, 창을 통해 밖으로 달아난다는 등이 바로 그것이다. 또 리너나 크리스마스처럼 길을 자주 걷는 것도 이 작품에서 중요한 모티프로 쓰인다. 예를 들어서 리너는 흔히 시골길과 연관되어 있다. 집 안에 가만히 앉아 있는 그녀의 모습은 좀처럼 상상하기 어렵다. 실제로 포크너는 임신한 시골 처녀가 시골길을 따라 걸어가는 모습에서 이 작품의 실마리를 찾았다. 이렇게 리너가 주로 시골 진흙길과 관련되어 있다면, 크리스마스는 흔히 도회의 아스팔트 길과 연관되어 있다. 한편 조애너 버든은 길보다는 오히려 집과 더 깊이 연관되어 있다. 그녀가 사는 집은 남북전쟁이 일어나기 전에 지은 낡은 저택으로 포크너가 한때 제목으로 생각했던 '어두운 집'이다.

『팔월의 빛』은 구성뿐 아니라 시간을 사용하는 방법에서도 매우 특이한 작품이다. 『고함과 분노』나 『압살롬, 압살롬!』처럼 시간을 복잡하게 사용하지는 않지만, 이 작품에서도 그 나름대로 교묘하게 시간을 구사한다. 이 작품에서 포크너는 크게 세 겹의 시간을 사용한다. 첫째는 조애너 버든의 살인 사건을 중심으로 한 '현재' 시간이고, 둘째는 조 크리스마스가 조애너를 살해하기 이전의 비교적 '현재에 가까운 과거'이며, 셋째는 이 작품에 등장하는 세 주인공의 현재 행위 관점(perspective)에서 바라보는 '먼 과거'이다. 이 중에서 아흐레 남짓한 기간에 펼쳐지는 현재 사건은 이 소설의 제4장을 비롯하여 범행의 수사와 범인의 체포, 그리고 살해를 다루는 제13~제19장에 걸쳐 전개된다. 제1장부터 제5장, 이 작품이 끝나는 마지막 제21장도 현재에 속한다.

포크너가 살던 저택 로언 오크의 서재. 포크너는 이 서재에서 작품을 집필하다가 피곤해지면 침대에 누워 잠시 휴식했다. 책상 위에는 그가 즐겨 사용하던 스미스-코로나 타자기가 놓여 있다.

과거 사건은 크리스마스와 버치/브라운의 관계를 다루는 제2장의 일부와 제5장, 그리고 주로 크리스마스와 조애너와의 관계를 다루는 제10장, 제11장, 제12장에서 전개된다. 그리고 먼 과거는 하이타워의 과거를 다루는 제3장과 제20장, 크리스마스의 어린 시절을 묘사하는 제6장부터 제9장까지, 조애너의 선조들의 이야기가 기록된 제11장의 일부, 그리고 유피어스 하인스 부부 이야기를 다루는 제15장과 제16장에서 각각 전개된다.

『팔월의 빛』은 구성이나 기교뿐 아니라 스타일에서도 매우 독특한 작품이다. 포크너는 자신이 문체에 관해 아무것도 아는 바가 없으며, 쓰지 않고서는 못 배길 만큼 쓸 것이 많은 작가는 문체에 관심을 기울일 시간적 여유가 없다고 말한 적이 있다. 그런데도 그는 이 작품에서 문체에 꼼꼼하게 주의를 기울이고 있다. 『고함과 분노』에서도 그러했듯이 그는 이 작품에서 다루는 주제나 작중인물의 성격에 따라 서로 다른 문체를 보여준다. 예를 들어서 이 작품 전체에 걸쳐 이렇다 할 내적 갈등을 겪지 않고 자연의 리듬에 따라 살아가는 리너 그로브를 다루는 장면에서는 가장 단순하고 소박한 문체를 구사한다. 특히 포크너는 미국 남부 지방의 구수한 사투리를 구사하여 제대로 교육받지 않은 시골 처녀의 성격을 더욱 실감 나게 표현한다.

    리너와 달리 게일 하이타워의 성격은 매우 복잡하다. 또한 과거에 대한 강박 관념에 사로잡혀 있어 그의 의식은 단속적이고 파편적이다. 지나온 자신의 과거를 되돌아보며 되새기는 제20장의 문체는 이 작품에서 가장 이해하기 어려운 부분 중의 하나로 꼽힌다. 포크너는 여기에서 일종의 '의식의 흐름' 수법을 사용하고 있는데 무려 50여 년 동안 지나온 하이타워의 과거 인생이 아무런 논리적 연관 없이 마치 강물이 흐르듯이 펼쳐진다.

    한편 크리스마스가 등장하는 장면에서 포크너는 그때그때 상황에 따라 각기 다른 문체를 사용한다. 예를 들어 그의 평범한 일상생활을 다루는 장면에서는 리너의 경우처럼 비교적 단순하고 소박한 문체를 사용하는 반면, 현재 시점에서 과거를 회상하는 장면에서는 그가 겪어온 파란만장한 삶을 반영하듯이 복잡한 문체를 구사한다. 작가로서 포크너의 위대함은 이처럼 자신이 다루는 주제에 걸맞게 자유자재로 문체를 구사하는 능력에서도 뚜렷이 드러난다.

제6장

야망과 절망, 『압살롬, 압살롬!』

　미국 남부의 역사는 한마디로 흑인 노예의 역사이며 그것이 낳은 저주의 역사이다. 기계에 의존하여 일찍이 산업화와 공업화를 이룩한 북부와는 다르게 남부에서는 여전히 흑인 노예의 노동력을 바탕으로 하는 농업에 기대고 있었다. 남북전쟁이 일어난 원인도 바로 흑인 노예제도를 둘러싼 갈등이었다. 미합중국을 세운 국부(國父)들은 헌법에 "인간은 평등하게 창조되었다."고 명시하였다. 그러나 그것은 빛 좋은 개살구처럼 겉모습만 그럴듯할 뿐, 현실과는 거리가 멀었다. 17세기 중엽 북아메리카 대륙에 처음 발을 들여놓은 청교도들이 인디언 원주민들을 '악마'로 여긴 것처럼, 남부 백인들은 흑인들을 '짐승'으로 간주하였다. 백인들은 그들의 육체는 말할 것도 없고 그들의 영혼마저도 소유물로 삼았다.

　포크너는 『압살롬, 압살롬!』(1936)에서 남부인들이 어떻게 흑인 노예를 주춧돌로 삼아 '남부'라는 집을 세웠는지, 그리고 그 집이 어떻게 무너져 내

『압살롬, 압살롬!』 줄거리

오늘날의 웨스트버지니아 주 소작인 농부의 아들인 토머스 섯펜은 어느 날 대농장 저택에 심부름을 간다. 그런데 그곳에서 일하는 흑인 하인에게서 심한 모욕을 받자 자신도 나중에 농장주처럼 부자가 되겠다는 야심을 품는다. 그리고 이 '위대한 계획'을 실현하기 위해 가출하여 서인도 제도로 건너간다. 그는 그곳 사탕수수 농장에서 일하던 중 노동자들의 폭동을 진압한 공로로 농장 주인에게서 신임을 얻는다. 그는 농장주의 딸 율레일리아 본과 결혼하지만, 그녀의 몸에 흑인의 피가 흐르고 있다는 사실을 알게 되자 아들과 아내를 버리고 그곳을 떠난다.

미시시피 주 북부 지방에 도착한 토머스 섯펜은 이곳에서 다시 '위대한 계획'을 실천에 옮긴다. 인디언들에게서 100에이커에 이르는 넓은 토지를 사들여 그곳에 '섯펜스 헌드리드'라는 대농장을 건설하고, 저택을 짓고, 제퍼슨에 사는 엘렌 콜드필드와 결혼한다. 그리고 딸 주디스와 아들 헨리를 낳는다. 이렇게 섯펜의 원대한 꿈이 거의 완성 단계에 이를 무렵, 대학에 다니던 그의 아들 헨리가 '찰스 본'이라는 친구를 집에 데려오고, 찰스는 곧 주디스와 사랑에 빠진다. 그런데 찰스는 다름 아닌 토머스 섯펜의 아들이다.

토머스 섯펜이 두 사람의 결혼을 말리자 헨리는 아버지와 의절하다시피 하고 찰스와 함께 집을 나간다. 이런 와중에 남북전쟁이 일어나고, 아버지와 두 아들은 전쟁에 참가한다. 섯펜은 찰스와 주디스의 결혼을 막기 위해 마지막 비장의 무기를 사용한다. 즉, 헨리에게 찰스가 흑인이라는 사실을 밝힌 것이다. 그러자 헨리는 찰스에게 "근친상간은 허용할 수 있을지언정 이종결혼(異種結婚)은 허용할 수 없다."며 결혼에 반대한다. 결국, 헨리는 찰스를 살해하고 자취를 감춘다.

전쟁에 끝난 뒤 섯펜스 헌드리드로 돌아온 토머스 섯펜은 왕국을 다시 세우려고 하지만, 역부족임을 깨닫는다. 만년에 집에 돌아와 숨어 살던 헨리는 섯펜이 여자 노예와의 사이에서 낳은 사생아 딸 클라이티가 조카를 구하러 온 이모 로저 콜드필드 일행을 경찰로 오인하여 집에 불을 지르는 바람에 그녀와 함께 목숨을 잃는다. 이로써 토머스 섯펜의 원대한 꿈은 한 줌의 잿더미로 변하고 만다.

렸는지를 상징적으로 보여준다. 좁은 의미에서 주인공 토머스 섯펜은 옛 남부를 대변하는 인물이다. 그의 성공과 실패는 곧 남부의 발흥과 몰락을 상징한다. 섯펜은 '섯펜스 헌드리드'라는 자신의 왕조를 건설하는 데 흑인 노예 제도를 주춧돌로 삼는다. 섯펜처럼 남부의 경제도 비인간적인 흑인 노예제도에 기반을 두고 있었다. 마침내 섯펜의 '위대한 계획'도, 남부의 전통 사회도 흑인 노예제도 때문에 붕괴한다. 이렇듯 섯펜의 왕조와 남부는 처음부터 흑인 노예와는 떼려야 뗄 수 없을 만큼 아주 깊이 연관되어 있다.

「압살롬의 죽음을 슬퍼하는 다윗 왕」, G. 도레 『구약성서』「사무엘 하편」에 따르면 압살롬은 다윗 왕의 셋째 아들로 이복형 암논이 누이동생 다말을 욕보이자 그를 죽이고 달아났다. 나중에 다윗의 왕권에 도전하여 반란을 일으켰다가 살해되자, 아버지 다윗은 '내 아들 압살롬아, 압살롬아!' 하고 애통해했다고 전해진다.

그러나 『압살롬, 압살롬!』이 미국 남부에 국한된 이야기만을 다룬다면 아마도 미국 문학, 아니 세계 문학에서 지금처럼 고전의 반열에 오르지 못하고 엘렌 글래스고의 『불모의 땅』(1925)처럼 지방색 문학의 위치로 떨어졌거나 마거릿 미첼의 『바람과 함께 사라지다』(1936)처럼 대중문학으로 홀대받을 것이다. 포크너의 문학은 미시시피 주의 요크너퍼토퍼 군과 제퍼슨 읍에 굳게 뿌리를 내리되, 가장 환한 빛을 내뿜을 때에는 지리적 한계와 공간적 제약을 훌쩍 뛰어넘는다. 이 작품에서 궁극적으로 포크너가 다루는 주제는 보편적인 인간 문제, 야망과 좌절, 그리고 성공과 실패를 둘러싼 인간의 비극적 드라마이다.

1. 미국 남부 역사의 비극적 우화

미국에서 흑인 노예의 역사는 17세기 초엽으로 거슬러 올라간다. 미국 땅에 흑인 노예가 처음 도착한 것은 1619년, 그러니까 흔히 '순례자'로 일컫는 청교도들이 메이플라워호를 타고 대서양을 건너 보스턴 근교 플리머스에 도착하기 일 년 전이었다. 스무 명 남짓한 노예가 네덜란드 상선에 실려 오늘날 버지니아 주 제임스타운 근처에 상륙하였다. 그들은 네덜란드 상인들이 스페인의 노예선에서 탈취한 흑인들이었다.

그 뒤 미국에서 흑인 노예의 수는 기하급수적으로 늘어났고, 농업에 기반을 둔 남부는 흑인 노예의 노동력에 의존하여 농업 경제를 구축할 수밖에 없었다. 남부의 백인 농장주들은 온갖 구실로 노예제도를 합리화하였다. 남부의 종교 지도자들 역시 흑인 노예제도에 대해 아예 입을 다물거나 간접적으로 두둔하는 태도를 보였다. 심지어 개신교 목사 중에는 "종의 멍에를 메고 있는 사람은 자기 주인을 아주 존경할 분으로 여겨야 합니다. 그렇게 하여야 하나님의 이름과 우리의 가르침에 욕이 돌아가지 않을 것입니다."(「디모데전서」 6장 1절)라는 성경 구절을 인용하며 노예제도의 손을 들어주는 사람마저 있었다.

『압살롬, 압살롬!』에 등장하는 인물들도 노예제도를 당연하게 받아들인다. 그들은 대부분 노예제도를 자연스럽게 내면화한 나머지 흑인 노예를 마치 집에서 키우는 짐승처럼 여긴다. 물론 이 작품의 작중인물 중에는 이런 비인간적인 흑인 노예제도를 비판하는 사람도 있다. 엘렌의 아버지이며 토머스 섯펜의 장인인 굿휴 콜드필드도 그중 한 사람이다.

"아버지 말에 따르면, 콜드필드는 북군에 가담했을 테지만 군인이 아니어서 그럴 수는 없었고, 그 대신 그는 살해되거나 고난으로 죽으리라는 것을 알고 있었고, 그래서 그는 남부가 엄격한 도덕성의 반석 위에 그 경제의 집을 세운 것이 아니라 기회주의와 도덕적 약탈 행위라는 흐르는 모래 위에 그 집을 세운 것에 대해 대가를 치르고 있다는 사실을 깨달은 그날 그 자리에 없었던 거야."

굿휴 콜드필드의 말대로 흑인 노예제도를 발판으로 삼은 남부 경제는 그야말로 모래 위에 지은 집이나 다름없다. 바람만 조금 불어도 쉽게 허물어져 내리는 사상누각처럼 남부 경제 또한 작은 시련이나 역경에도 쉽게 무너져버릴 수밖에 없었다. 남북전쟁은 노예제도에 바탕을 둔 남부 경제의 사상누각에 치명적인 일격을 가한 역사적 사건이었다.

이렇게 남부의 도덕적 한계를 깨달은 작중인물은 비단 콜드필드 한 사람만이 아니다. 섯펜을 신처럼 여기며 그의 농장 근처에서 살아온 '가난한 백인' 워시 존스도 남부의 "기회주의와 도덕적 약탈 행위"를 예리하게 자각하고 있다. 특히 퀜틴 콤슨에 따르면 워시는 섯펜의 비인간성과 남부 사회의 비인간성을 똑같은 차원에서 생각한다.

"그리고 아버지 말씀으로는, [워시]는 아마 난생처음 북군이나 어떤 다른 군대들이 어떻게 남부군을 — 씩씩하고 자신감에 넘치고 용감하다고 명성을 떨친 그들을 — 무찌를 수 있었는지 그 이유를 깨닫기 시작한 것 같았어. 용기와 명예와 자존심을 두

어깨에 짊어진 정예 중의 정예라고 일컫던 바로 그들을 말이야."

이 인용문의 화자는 퀜틴이고, 그 첫 구절의 '아버지'는 바로 퀜틴의 아버지 제이슨 콤슨이다. 제이슨은 비단 북부 군대만이 아니라 어떤 군대라도 남부를 쉽게 무찌를 수 있었다고 말한다. 그렇다면 남부가 이토록 무력해진 까닭은 과연 무엇일까? 두말할 나위 없이 그것은 콜드필드가 말하는 그 "기회주의와 도덕적 약탈 행위" 때문이다. 이런 약탈 행위는 바로 남부 경제는 말할 것도 없고 남부 사회 전체를 몰락시키는 동인이 되었다.

그래서 지금까지 몇몇 비평가는 토머스 섯펜의 개인사와 미국 남부의 역사를 같은 차원에서 보아왔다. 그들에 따르면 이 두 역사 사이에는 등식 관계가 성립한다. 이런 주장을 펴는 가장 대표적인 비평가는 올거 W. 비커리이다. 그녀는 섯펜을 남부를 비추는 거울에 빗댄다. 비록 정도의 차이는 있지만, 맬컴 카울리도 『압살롬, 압살롬!』을 "남부 역사의 비극적 우화"로 읽는다.

2. 목적인가, 수단인가

윌리엄 포크너는 『압살롬, 압살롬!』에서 수단이나 방법이 과연 목적을 정당화할 수 있느냐는 문제를 다룬다. 적어도 이 점에서 이 작품은 사회경제학적 관점보다는 윤리적·철학적인 관점에서 접근해야 할 것이다. 가난한 소작농 출신 토머스 섯펜은 제퍼슨 근처에 왕조를 건설하려는 '위대한 계획'을 실행에 옮기는 데 온갖 노력과 수고를 아끼지 않는다. 그는 이 계획을 실천에 옮기는 데 조금이라도 걸림돌이 되는 것이 있으면 가차 없이 제거해버린다. 그는 심지어 목숨까지도 기꺼이 바칠 각오가 되어 있다.

좁게는 미국 문학사에서, 넓게는 서구 문학사를 통틀어 섯펜처럼 정해놓은 목표에 도달하고자 그토록 끈질긴 집념으로 노력을 기울이는 인물도 찾아보기 어려울 것 같다. 허먼 멜빌의 『모비 딕』(1851)에 나오는 주인공 에이햅 선장 정도가 떠오를 뿐이다. 이 소설을 두고 포크너는 자신이 쓰고 싶었던 작품을 멜빌이 먼저 썼다고 무척이나 애석하게 생각하였다. 포크너는 평소 에이햅 선장의 판화 그림을 서재 벽에 걸어놓을 만큼 온갖 역경을 무릅쓰고 흰 고래를 쫓던 에이햅 선장에게 깊은 애정과 관심을 보였다. 그래서 그런지는 몰라도 에이햅 선장과 섯펜은 같은 핏줄에서 태어난 혈육처럼 보인다.

토머스 섯펜의 비인간성은 첫 번째 아내 율레일리아 본에 대한 태도에서 엿볼 수 있다. 그 '위대한 계획'을 실행에 옮기기 위해 그가 집에서 도망 나와 맨 처음 도착한 곳이 바로 서인도 제도의 아이티 섬이다. 이곳에서 그는 농장주의 딸을 아내로 맞아 첫아들을 낳은 지 얼마 되지 않았을 때 아내에게 흑인의 피가 흐른다는 사실을 알게 된다. 결혼할 무렵에는 스페인 선조의 혈통을 이어받은 여성으로 알고 있었는데 그녀가 흑인 혼혈이었음이 뒤늦게 밝혀진 것이다. 이 무렵 순수 백인 혈통을 소중하게 생각하는 남부 인습이나 전통에 따르면, 백인과 흑인 사이에서 태어난 혼혈은 말할 것도 없고 몸속에 흑인의 피가 한 방울만 흐르고 있어도 흑인으로 여겼다. 섯펜은 처자에게 흑인의 피가 섞였다면 자신의 '위대한 계획'이 물거품이 되리라는 것을 잘 알고 있다. 그래서 아무런 양심의 가책도 없이 아내와 이혼한다. 양심의 가책을 느끼기는커녕 오히려 아이티에서 헛되이 보낸 십여 년의 세월을 못내 안타깝게 생각할 따름이다. 그만큼 자신의 '위대한 계획'을 실천에 옮기는 데 필요한 시간을 빼앗겼기 때문이다. 섯펜은 율레일리아에게 자신의 모든 재산을 물려주는 것으로 그녀와의 관계를 청산한다.

토머스 섯펜의 비인간적 특성은 첫아들 찰스 본에 대한 태도에서도 드러난다. 왕조를 세우기 위해 그가 두 번째로 도착한 곳은 미시시피 주 요크너퍼토퍼 군의 제퍼슨 읍이다. 치커소 인디언에게서 빼앗다시피 한 비옥한 땅에 두 해에 걸쳐 '섯펜스 헌드리드'를 짓고, 그 저택이 완성되자 대농장을 건설하고 씨앗을 빌려 농사를 짓는다. 이번에는 저택과 농장에 걸맞은 안주인을 구해 오는 일만이 남아 있다. 그래서 그가 택한 안주인이 바로 제퍼슨에서 가장 경건하고 강직하기로 이름난 굿휴 콜드필드의 딸 엘렌이다. 엘렌과의 사이에서 그는 아들 헨리와 딸 주디스를 두게 된다. 여기까지는 섯펜 왕조의 건설이 그의 '위대한 계획'에 따라 순조롭게 진행되는 것처럼 보인다.

그러나 아이티에서처럼 제퍼슨에서도 섯펜의 왕조에 결함이 있다는 사실이 점차 드러난다. 헨리 섯펜이 미시시피 대학교에 들어갔을 때 뜻밖에도 그곳에서 이복형 찰스 본을 만나면서 섯펜의 왕조에는 조금씩 금이 가기 시작한다. 찰스가 이복형인 줄을 모르는 헨리는 그와 친해지고, 크리스마스 휴가 때 섯펜스 헌드리드를 방문한 찰스 본은 주디스와 사랑에 빠져 곧 결혼 이야기가 나오기에 이른다. 섯펜은 찰스와 주디스의 결혼을 막으려고 하지만, 뜻대로 되지 않는다. 결국, 섯펜은 헨리에게 찰스가 그의 이복형이라는 사실을 알려주지만, 헨리는 오히려 찰스를 따라 집을 나간다.

그 와중에 남북전쟁이 일어나고, 아버지와 두 아들은 남부군에 자원하여 싸움터로 나간다. 전쟁 중에도 주디스와 결혼하려는 찰스의 생각은 달라지지 않고, 헨리도 여전히 찰스 편을 든다. 전쟁이 막바지에 접어들 무렵 섯펜은 마침내 비장의 무기를 꺼낸다. 즉, 그는 헨리에게 찰스의 몸속에 흑인의 피가 흐르고 있다는 사실을 폭로한 것이다. 이 무기는 섯펜이 예상했던 대로 놀라운 효과를 발휘한다. 이 사실을 알고부터 헨리의 태도가 달라진다. 그는 찰스에게 주디스와 결혼하지 말라고 강요한다. 만약 주디스가 찰스와 결합한다면 근친상간을 저지를 뿐 아니라 흑인과 결혼하는 일이 벌어지기 때문이다. 그런데 헨리는 근친상간은 받아들일 수 있어도 흑인과의 결혼은 절대로 받아들일 수 없다고 생각한다. 찰스가 끝내 생각을 바꾸지 않자, 헨리는 이복형을 총으로 쏘아 죽이고 어디론가 자취를 감춘다.

토머스 섯펜의 비인간적 성격은 처제 로저 콜드필드와의 관계에서도 엿볼 수 있다. 남북전쟁이 끝나고 '섯펜스 헌드리드'에 돌아왔을 때 흑인 노예들은 뿔뿔이 흩어졌고 애써 일군 농장은 황무지로 변해버렸다. 더구나 아내는 죽은 지 3년이 넘었고, 찰스 본을 죽인 헨리는 어디론가 사라져버렸으며, 주디스는 결혼도 하지 못한 채 노처녀로 늙어가고 있었다. 한마디로 왕조의 건설은 어쩌면 이룰 수 없는 꿈처럼 보였다. 인생의 황혼기로 접어들면서 섯펜은 더욱 초조해지지 않을 수 없었다. 아들을 얻으려는 나머지 그는 전쟁 중 주디스와 함께 섯펜스 헌드리드에 머물고 있던 처제 로저에게 청혼한다. 그러나 놀랍게도 그 청혼에는 먼저 아들을 낳아야 한다는 단서가 붙어 있다. 섯펜에게 결혼은 애정에 기반을 둔 결합이 아니라 짐승처럼 새끼를 낳기 위한 교접에 지나지 않는다.

토머스 섯펜의 비인간성은 워시 존스의 손녀딸 밀리와의 관계에서 가장 적나라하게 드러난다. 로저에게서 청혼을 거절당한 섯펜은 워시 존스의 손녀인 15세 소녀 밀리에게 접근한다. 밀리는 결국 섯펜의 아이를 임신하지만, 막상 그녀가 낳은 자식은 아들이 아니라 딸이었다. 아이를 낳고 누워 있는 그녀에게 섯펜은 암말이라면 거적이라도 덮어줄 터인데 그것마저도 가져다줄 수 없다고 투덜거린다. 이 말을 달리 표현하면 딸아이를 낳은 밀리는 마구간의 암말보다도 못한 존재라는 뜻이 된다. 이에 격분한 워시 존스는 낫을 들어 그를 찍어 죽이고, 마침내 섯펜의 그 '위대한 계획'도 그의 죽음과 함께 막을 내린다.

왕조를 세우려는 섯펜의 꿈은 한낱 물거품으로 돌아간다. 그가 죽은 뒤 1백 에이커에 이르는 농장은 폐허가 되어가는 저택만 남기고 메이저 드 스페인에게 팔리고, 드 스페인은 그 땅을 사냥터로 삼으로써 원래의 모습대로 다시 돌려놓는다. 섯펜의 증손자이자 찰스의 아들로서 집안의 대를 이을 유일한 남자 후예라고 할 짐 본드는 흑인 혼혈아인 데다 거의 백치에 가깝다. 노년에 섯펜스 헌드리드로 돌아와 숨어 있는 헨리를 병원으로 옮기려고 로저 콜드필드가 앰뷸런스를 타고 찾아오자 클라이티는 헨리를 구하러 온 이모 일행을 경찰로 오인하여 집에 불을 지르고 이 화재로 두 사람은 목숨을 잃는다. 섯펜 왕조의 상징이었던 저택은 한 줌의 잿더미로 변하고, 짐은 집 근처에서 신음하며 울부짖다가 어디론가 자취를 감춘다.

이렇듯 토머스 섯펜은 동료 인간의 감정이나 존엄성에 대해서는 그야말로 눈곱만큼도 개의치 않는 비인간적인 인물이다. 그에게 동료 인간은 왕조를 건설하는 데 필요한 수단이나 도구일 뿐이다. 말하자면 섯펜은 동료 인간의 내재적 가치나 본질적 가치를 전혀 인정하지 않고 오로지 효용 가치의 잣대로만 저울질할 따름이다. 한 장면에서 로저는 "그 계획을 위해 그는 연민과 부드러움과 사랑과 그 밖의 모든 미덕을 희생했다."고 말한다.

토머스 섯펜은 어릴 적에 자신이 당한 비인간적 대우를 남에게 그대로 되풀이한다는 점에서 자기모순을 저지른다. 단지 흑인의 피가 흐른다는 이유로 율레일리아 본과 찰스 본을 아내나 아들로 인정하지 않으려는 것이나 로저 콜드필드나 밀리 존스를 자신에게 아들을 낳아주는 자궁으로만 보려는 것은 어렸을 적에 백인 농장주의 하인이 자신을 뒷문으로 돌려보냈던 것과 조금도 다르지 않다. 어릴 적에 겪은 치욕을 씻기 위해 다른 동료 인간에 치욕을 안겨준다는 것은 참으로 아이러니가 아닐 수 없다.

심리학적으로 볼 때 토머스 섯펜은 정신적으로 발육이 멈춘 심리적 미숙아라고 할 수 있다. 심리학자에 따르면 이런 심리적 미숙은 인격이 제대로 형성되지 않았을 때 겪는 크나큰 정신적 외상 때문에 생긴다. 버지니아 주에서 백인 농장주에게서 모욕을 받은 바로 그날 오후 그는 말하자면 정신적으로 성장을 멈춘 것과 다름없다. 마치 신체적 발육이 정지되는 소아마비처럼 그의 정신은 이 순간부터 성장을 멈춘 상태로 남아 있다. 그래서 의지나 용기 면에서 그가 실물보다 큰 거인처럼 보인다면, 정신적인 면에서는 키 작은 난쟁이처럼 보이기도 한다. 그는 비도덕적 인물이라기보다 아예 도덕에 대한 관념조차 없는 무도덕(無道德)한 인물이라고 할 수 있다.

3. 꿈과 이상을 좇아서

윌리엄 포크너는 『압살롬, 압살롬!』에서 지나친 꿈이나 이상이 때로는 위험할 수 있다고 경고한다. 이 주제는 앞서 말한 비인간성의 주제와 서로 깊이 연관되어 있다. 토머스 섯펜이 동료 인간의 인간성이나 존엄성을 부정하는 이유는 그가 구체적인 현실에서 눈을 돌린 채 지나치게 꿈이나 이상만을 좇기 때문이다. 포크너는 이미 1929년 '사토리스'라는 제목으로 출간한 『흙 속의 깃발』(1973)과 『고함과 분노』(1929)에서 이런 태도가 인간에게 얼마나 무서운 결과를 낳는지를 부분적으로나마 설득력 있게 보여준 적이 있다.

토머스 섯펜에게는 왕조 건설의 꿈이나 이상을 실현한다는 한 가지 목표 말고는 이 세상에 가치 있는 일은 없다. 모든 길이 로마로 통하듯이 그의 삶에서는 모든 길이 왕조의 건설로 통한다. 대농장을 소유하고 많은 흑인 노예를 거느리며 사회적 지위를 얻고 또한 아들을 통해 그의 왕국을 세습하려는 '위대한 계획'은 그에게 절체절명의 사명이요 어떠한 위험을 무릅쓰고라도 반드시 실현해야 할 이상이었다. 어찌 보면 섯펜에게는 '꿈'이나 '이상'이라는 표현보다는 오히려 '야망'이나 '야심'이라고 부르는 쪽이 더 어울릴지 모른다.

섯펜은 이런 야망이나 야심을 그야말로 미친 듯이, 맹목적으로 좇는다. 이 작품의 화자는 그를 흔히 '박쥐'나 '자칼' 같은 동물에 빗댄다. 주로 어둠 속에서 생활하는 박쥐는 밝은 빛을 싫어하는 악의 상징으로 자주 묘사된다.

"박쥐처럼 눈이 멀어 있다."라는 영어 표현은 눈먼 장님처럼 사리를 제대로 살피지 못하는 상태를 이르는 말이다. 한편 여우와 늑대의 중간쯤 되는 자칼은 날렵하고 교활한 맹수로 꼽힌다. 이 두 상징이나 이미지는 무자비하게 꿈과 이상을 좇는 섯펜에게 썩 잘 어울린다.

그런데 꿈이나 이상이 공동선을 염두에 두지 않고 개인 차원에 머물러 있을 때 그 피해는 아주 크다. 토머스 섯펜의 꿈과 이상은 좁게는 미시시피 주 요크너퍼토퍼 군의 제퍼슨, 넓게는 미국 남부 지방, 그리고 더 넓게는 미국 전체와 아무런 관련이 없다. 오직 한 개인의 삶과 관련지을 때에만 비로소 어떤 의미나 가치가 있을 따름이다.

이 점에서 섯펜은 같은 시대 같은 지역에 살았던 존 사토리스 대령과는 여러모로 큰 차이가 난다. 남북전쟁이 일어나자 이 두 사람은 전쟁에 참가하여 큰 공을 세운다. 처음 출전할 때에는 사토리스가 미시시피 보병 연대의 지휘관이 되지만, 그다음 해에는 섯펜이 대령으로 뽑혀 사토리스의 자리를 물려받는다. 전쟁이 끝난 뒤 사토리스 대령은 철도를 건설하고 지방 정치에 참여하는 등 그야말로 눈부시게 활약한다. 비록 한 개인이나 가문의 명예와 영광의 차원에서 완전히 벗어나는 것은 아니지만, 그래도 지역 사회의 공동선을 위해 애쓴다. 한편 섯펜은 기껏해야 자신의 야망을 실현하는 일에만 혈안이 되어 있을 뿐이다. 두 사람 모두 남부의 대의명분을 위해 싸웠고 대령의 지위에까지 올랐지만 포크너는 섯펜에게 '대령'이라는 칭호를 좀처럼 붙이지 않는다. 아마 이 칭호가 단순히 군인 계급만을 뜻하지 않고 그 이상의 어떤 도덕적 의미를 내포하고 있기 때문일 것이다.

사토리스와 섯펜의 차이는 『정복되지 않는 사람들』(1938)을 보면 훨씬 뚜렷하게 드러난다. 이 작품은 존 사토리스 대령의 아들 베이어드가 청년 시절 남북전쟁을 겪는 이야기를 다룬다.『흙 속의 깃발』에서 '늙은 베이어드'로 나오는 인물이 바로 그 사람이다. 그는 도저히 같은 인물이라고 믿기 어려울 만큼 두 작품에서 큰 차이가 난다. 이 소설의 맨 마지막 작품「마편초 향기」에서 베이어드 사토리스는 그의 양어머니 드루실러에게 "어느 누구도 섯펜 대령보다 더 많은 꿈을 간직할 수는 없었을 겁니다."라고 말한다. 그러자 드루실러는 그에게 섯펜의 꿈과 사토리스 대령의 꿈은 근본적으로 다르다고 말한다.

"그래 맞아. 하지만 그의 꿈은 바로 섯펜의 꿈에 지나지 않았어. 그러나 존의 꿈은 달라. 그는 이 지역 전체를 생각하고, 이 지역을 뿌리부터 뜯어고치려고 하는 거야. 그래서 흑인이건 백인이건 이곳에 사는 모든 사람이, 비단 자기 족속이나 옛날 연대 대원들뿐 아니라, 신발도 제대로 신지 못하는 저 산골의 여자들과 애들에 이르기까지 모든 사람을 말이야. ― 알겠지?"

드루실러의 말대로 지역 사회를 늘 염두에 두고 있는 사토리스 대령의 꿈과는 달리, 섯펜의 꿈은 개인적인 차원에서 좀처럼 벗어나지 못한다. 다시 말해서 섯펜의 꿈은 오직 왕조를 세우려는 그 '위대한 계획'의 맥락 안에서만 의미가 있을 뿐, 그것을 벗어나서는 아무런 의미도 가치도 없다. 그러나 사토리스 대령은 동업자이자 정적(政敵)이 쏜 총에 맞아 목숨을 거두는 날까지 개인의 이익이나 영달보다는 오히려 미시시피 주 요크너퍼토퍼 군을 위해 온갖 노력을 아끼지 않는다. 특히 그는 헐벗고 가난한 사람들의 복지에 깊은 관심을 쏟는다.

이렇게 드루실러는 똑같은 꿈이라고 하더라도 누가 간직하느냐에 따라 큰 차이가 있다고 지적한다. 즉, 꿈에도 '좋은' 꿈과 '나쁜' 꿈, '훌륭한' 꿈과 '위험한' 꿈이 있다는 것이다. 사토리스의 꿈이 앞의 경우에 해당하는 반면, 섯펜의 꿈은 뒤의 경우에 해당함은 두말할 나위가 없다. 더구나 드루실러는 나쁜 꿈은 주위 사람을 해친다고 경고한다.

"베이어드, 꿈이란 가까이 두기에는 전혀 안전하지 않아. 나는 알고 있지. 나도 한때 그러한 꿈을 가지고 있었으니까 말이야. 꿈이란 마치 조금만 눌러도 발사되는 털 모양의 방아쇠를 장전한 피스톨과 같은 거야. 만약 그 총이 그런 상태로 너무 오랫동안 놓여 있게 된다면, 누군가가 부상을 입게 돼 있거든. 그러나 만약 그 꿈이 훌륭한 꿈이라면 품을 만한 값어치가 있지."

드루실러의 말대로 섯펜의 꿈 때문에 희생된 사람이 한둘이 아니다. 장전한 권총을 옆에 두고 있는 사람처럼 그는 여러 사람을 불행하게 하거나 파멸로 이끌었다. 주위 사람뿐 아니라 심지어 자신마저도 죽음으로 내몰았다. 자칫 그의 무쇠 같은 용기에 가려 보이지 않을지 모르지만, 그는 괴물과 같은 인간이다. 로저 콜드필드가 자주 그를 '악마'나 '도깨비'라고 부르는 까닭이 바로 여기에 있다.

4. 토머스 섯펜의 순진성

토머스 섯펜이 왕조를 건설하려는 이상은 어찌 보면 무지개를 좇는 것처럼 한낱 헛된 꿈에 지나지 않을지도 모른다. 그렇다면 섯펜의 꿈과 이상을 가로막는 것은 무엇인가? 퀜틴의 할아버지 콤슨 장군은 "섯펜의 비극은 바로 순진성에 있다."라고 말한다. 그렇다면 과연 어떤 면에서 섯펜은 순진한가? 사실 이 물음에 대한 답에 이 작품의 주제를 캐는 열쇠가 들어 있다고 해도 틀린 말은 아닐 것이다.

섯펜은 무엇보다 삶의 본질에 대해 순진하다. 여기서 '순진하다'는 말은 때로 '무지하다'는 말과 거의 같은 뜻이다. 가령 그는 사회적 가치와 인간적 가치를 따로 떼어서 생각하지 못한다. 사회의 인습과 전통에서 비롯하는 사회적 가치는 흔히 인간의 존엄성을 중시하는 인간적 가치와는 서로 어긋나게 마련이다. 그런데도 섯펜은 사회적 가치를 받아들이는 것을 인간적 가치를 받아들이는 것으로 착각한다. 논리와 합리성, 용기와 민첩성에만 지나치게 무게를 싣는 나머지 그는 인간에 대한 정서적 의무를 저버리는 잘못을 저지른다.

섯펜은 삶을 오로지 논리와 합리성의 잣대로만 재려고 하지만, 세상에는 그럴 수 없는 것들이 얼마든지 있다. 그는 자신의 그 '위대한 계획'이 어디서부터 잘못되었는지조차 깨닫지 못한다. 콤슨 장군은 섯펜이 도덕성을 논리나 합리성과 혼동하는 것을 파이나 케이크를 만드는 과정에 빗댄다.

도덕의 요소란 파이나 케이크의 성분과 마찬가지여서 그것을 되로 재고 저울에 달아 뒤섞어 오븐 안에 집어넣으면 모든 일이 다 끝나고 오븐에서는 오직 파이나 케이크만이 나올 수 있다고 믿고 있던 그 순진성…….

말하자면 섯펜은 그 '위대한 계획'의 오븐에서 파이나 케이크가 나와야 하는데 엉뚱하게 다른 것이 나온 탓에 자못 어리둥절하다. 콤슨 장군은 섯펜의 이런 태도야말로 순진하기 이를 데 없다고 생각한다. 더구나 섯펜은 개인의 성실성을 한 줌의 사회적 관념이나 인습과 맞바꾼다. 첫 아내 율레일리아 본과 첫아들 찰스 본에 대한 행동은 섯펜의 이런 태도를 보여주는 예이다.

그러나 토머스 섯펜의 꿈과 이상이 실패할 수밖에 없는 가장 큰 이유는 역시 좀 더 본질적인 데 있다. 어떤 의미에서 그는 시간의 파괴적 힘에 대해 무지하다. 섯펜의 왕조를 가로막는 가장 큰 장애물은 무엇보다도 시간이다. 시간은 섯펜은 물론이고 모든 인간의 노력을 한낱 물거품으로 만들어버린다. 이 세계에서 시간만큼 파괴적인 속성을 지니는 것도 없을 것 같다. 형이상학적으로 보면 섯펜은 결국 시간의 희생자에 지나지 않는다. 옛 그리스의 철학자 헤라클레이토스는 인간이 똑같은 강물에 두 번 다시 발을 담글 수 없다고 말했지만, 인간은 시간의 강물에서 도저히 헤어날 수 없다. 폐허가 된 농장을 다시 일으켜 세우려고 안간힘을 쓰는 섯펜을 두고 로저 콜드필드는 "그는 마치 맨손바닥과 널빤지 한 장으로 강물을 막으려는 것과 같았다."고 말한다.

그러고 보니 섯펜이 마침내 워시 존스가 휘두르는 낫에 찔려 죽는다는 것은 자못 상징적이다. 전통적으로 서양에서는 시간을 흔히 노인의 모습으로 의인화한다. 그런데 이 노인은 한 손에는 모래시계를 들고 다른 손에는 풀

「낫을 들고 있는 크로노스」(18세기)
의인화한 죽음이 낫을 들고 있는 형상은 그리스의 신 크로노스로 거슬러 올라간다. 고대 그리스의 역사가 헤시오도스에 따르면 어머니 가이아의 사주를 받은 크로노스는 아버지 우라누스의 성기를 낫으로 잘라 바다에 던졌다. 시간의 신 크로노스는 이후 로마 시대 농경의 신 사투르누스와 같은 신으로 간주되었다. 크로노스는 이처럼 모든 것을 죽음으로 몰아가는 시간과 낫으로 베어 수확하는 농작물에 대한 상상계가 결합한 형태의 신이다.

을 베는 낫을 들고 있다. 두말할 나위 없이 모래시계는 삶의 유한성을 보여 주는 좋은 상징이다. 모래시계의 모래 알이 하나씩 아래로 떨어지면서 유한한 인간의 삶도 그만큼 짧아지기 때문이다.

또한 사용하기에 편리하도록 긴 자루가 달린 낫은 풀을 베는 데 쓰는 연장으로 인간이라는 풀도 결국 낫이라는 시간에 의하여 베어지고 만다. 윌리엄 셰익스피어는 일찍이 여러 편의 소네트에서 시간을 자주 낫에 견준 적이 있다. 예를 들어 그는 한 소네트에서 "시간의 낫에 의하여 베어지지 않는 것 하나도 없으리."라고 노래한다. 그렇다면 워시가 섯펜을 향하여 휘두르는 낫은 시간이 낫이라는 구체적인 모습으로 구현된 것에 지나지 않는다.

따지고 보면 섯펜의 순진성은 시간의 파괴력을 미처 깨닫지 못하고 자신의 야망을 실현시킬 수 있다고 굳게 믿는 데 있다. 유한한 시간 속에서 그가 '위대한 계획'에 따라 왕조를 건설할 수 있다는 믿음은 순진하다 못해 무지하다. 이렇듯 포크너의 전성기를 마감하는 『압살롬, 압살롬!』에도 그 이전에 쓰인 작품에 나타나는 포크너 특유의 세계관이 짙게 배어 있다. 좀 더 구체적으로 말해서 전반기의 작품과 마찬가지로 이 작품에서도 삶의 비극적 의미가 잘 드러나 있다. 인간의 모든 노력은 결국 그 엄청난 시간의 파괴력 앞에서 무력할 수밖에 없다는 신념은 초기 작품에서 『압살롬, 압살롬!』에 이르기까지 포크너의 거의 모든 작품에 두루 나타난다.

이처럼 무모하리만큼 꿈과 이상에 매달리는 것은 동서양을 가르지 않고 비극적 주인공한테서 두루 나타나는 특성이다. 토머스 섯펜은 비극 작품에서 흔히 볼 수 있는 인물과 많이 닮았다. 그야말로 물과 불을 가리지 않고 일단 정해놓은 목표를 끝내 이룩하려는 강한 의지를 보인다는 점에서 그러하다. 퀜틴 콤슨의 아버지 제이슨 콤슨은 바로 이런 관점에서 섯펜의 이야기를 재구성한다. 실제로 몇몇 비평가는 섯펜을 아예 비극의 주인공으로 간주한다. 섯펜을 그리스 비극의 주인공에 견주는 비평가가 있는가 하면, 섯펜의 발흥과 몰락이 그리스 비극의 패턴에 따른다고 지적하는 비평도 있다. 특히 비극의 주인공에게서 볼 수 있는 지나친 교만심 '후브리스' 또는 '히브리스'를 보인다는 점에서도 그러하고, 가문의 운명적 파국을 다룬다는 점에서도 그러하다는 것이다.

그러나 섯펜에게서 비극적 삶의 태도를 읽어낼 수는 있지만, 그를 비극의 주인공으로 보려는 데에는 적잖이 무리가 따른다. 비극의 주인공과 달리 섯펜은 죽을 때까지 자기인식에 이르지 못하기 때문이다. 그는 자신의 계획이 어디에서 어긋나기 시작하는지, 그리고 무엇 때문에 실패하게 되는지를 전혀 깨닫지 못한다. 만약 섯펜이 오이디푸스 왕처럼 참다운 비극의 주인공이라면 그는 비록 막연하게나마 자신의 잘못을 깨달았을 것이다. 이런 자기인식이야말로 비극의 주인공과 그 밖의 다른 작중인물을 구별 짓는 핵심적인 징표이기 때문이다.

5. 복수적 관점

'검은 새를 바라보는 데에는 모두 열세 가지 방법이 있다.'는 서양 속담이 있다. 어떠한 시각에서 사물을 바라보느냐에 따라 그 의미가 저마다 달라질 수밖에 없다는 뜻이다. 버지니아 대학교에서 진행된 일련의 세미나에서 한 질문자가 윌리엄 포크너에게 『압살롬, 압살롬!』과 관련하여 이 속담을 인용하며 물은 적이 있었다. 그러자 포크너는 바로 그 속담처럼 "어떠한 개인도 진리를 완벽하게 바라볼 수 없다."고 대답하였다. 또 화자로서의 퀜틴 콤슨의 역할에 대해 그는 "그에게는 검은 새를 바라보는 열네 번째 이미지가 있을 뿐이다."라고 밝혔다. 포크너는 독자의 역할에 대해서도 이와 똑같은 말을 하였다. 독자는 섯펜의 이야기에서 열네 번째의 이미지를 보게 된다는 것이다. 이 작품에서 포크너가 사용한 서술 전략을 일러준 대목이다.

포크너는 『고함과 분노』나 『내 죽으며 누워 있을 때』(1930)와 마찬가지로 『압살롬, 압살롬!』에서도 복수적 관점을 사용한다. 다시 말해서 서로 다른 화자를 등장시켜 토머스 섯펜의 이야기를 재구성한다. 그의 말대로 각 화자의 관점은 이야기를 재구성하는 하나의 방법일 뿐, 결코 그것만이 유일한 방법일 수는 없다. 섯펜처럼 성격이 복잡하고 과거에 살았던 인물은 아마 이런 방법으로밖에는 달리 묘사할 방법이 없을 것이다. 이 점과 관련하여 포크너는 "섯펜은 퀜틴이나 미스 로저 콜드필드나 콤슨 씨 정도 규모의 사람이 그의 모습 전체를 한꺼번에 헤아리기에는 조금 크다."라고 밝힌 적이 있다. 이렇게 실물보다 큰 주인공의 이야기를 서술하는 데에는 복수적 관점보다 더 적합한 방법도 없을 것이다.

복수적 관점을 살피기에 앞서 작품의 구성을 먼저 살펴보는 것이 좋을 것 같다. 모두 아홉 장으로 되어 있는 『압살롬, 압살롬!』은 구성에서 크게 전반부(제1장~제5장)와 후반부(제6장~제9장)로 나뉜다. 전반부는 1909년 9월 어느 일요일 오후 미시시피 주 요크너퍼토퍼 군 제퍼슨 읍 로저의 집안과 콤슨 저택의 현관에서 펼쳐지고 후반부는 이로부터 몇 달이 지난 1910년 1월 매사추세츠 주 케임브리지에 있는 하버드 대학교 기숙사에서 펼쳐진다. 전반부의 배경이 남부 오지의 뜨거운 늦여름 날이라면, 후반부는 추위가 매서운 뉴잉글랜드의 겨울밤이다. 전반부에 등장하는 화자와 후반부에 등장하는 화자가 다르지만, 퀜틴 콤슨이 전반부와 후반부를 넘나들며 이 둘을 이어주는 징검다리 구실을 한다.

이 작품에는 적어도 네 명의 화자가 등장한다. 즉 1) 섯펜의 처제 로저 콜드필드, 2) 흔히 '콤슨 씨'로 언급하는 제이슨 콤슨, 3) 제이슨 콤슨의 아들 퀜틴 콤슨, 그리고 4) 캐나다 출신으로 퀜틴의 하버드 대학교 기숙사 룸메이트 시리브 맥캐넌이 그들이다. 그러나 첫 장에서 장면을 설정하고 화자를 등장시키는 역할을 맡은 삼인칭 전지적(全知的) 화자도 있고, 또 퀜틴의 할아버지 콤슨 장군도 어떤 의미에서는 화자로 볼 수 있다. 여기에 이 작품을 읽는 독자까지 계산에 넣는다면 화자의 수는 더 늘어난다.

이 네 명의 화자는 상상력이나 알고 있는 정보의 정도가 저마다 다르고 개성이나 성격, 세계관도 서로 다를 뿐 아니라 섯펜에 대해서도 저마다 다른 편견과 선입관을 가지고 있다. "제 눈에 안경"이라는 우리말 속담도 있듯이 각각의 화자는 오직 자신의 관점과 자신이 알고 있는 정보에 따라서 섯펜의 이야기를 재구성한다. 그러므로 네 화자의 이야기는 섯펜의 이야기를 전달하는 과정에서 어쩔 수 없이 굴절되고 왜곡될 수밖에 없다.

그런데 여기에서 한 가지 새겨둘 점은 바로 이것이 포크너가 노리고 있는 서술 전략이라는 사실이다. 삼인칭이건 일인칭이건 그는 하나의 일관된 관점이나 시점을 통해 섯펜의 이야기를 전달하려고 하지 않는다. 오히려 서로 다른 네 가지 관점이라는 렌즈를 통해 이야기를 전개한다. 그렇게 함으로써 포크너는 독자가 다양한 관점에서 입체적으로 섯펜을 바라볼 수 있게 한다. 다시 말해서 검은 새를 바라보는 열세 가지 방법이 있는 것처럼 섯펜을 바라보는 방법에도 여러 가지가 있음을 보여주는 것이다. 독자는 마치 그림 퍼즐을 짜 맞추듯이 네 화자의 관점을 재구성하여 나름대로 섯펜의 이야기를 구성하게 된다.

로저 콜드필드가 재구성하는 섯펜의 이야기는 좌절과 분노와 적개심으로 가득 차 있다. 그녀는 섯펜을 몹시 부정적 이미지로 그린다. 말을 타고 지옥에서 갓 돌아온 '악마' 또는 평화롭던 집안을 그야말로 풍비박산 내는 '도깨비'라고 부른다. 그런데 문제는 그녀가 그를 직접 만나보기도 전에 이런 판단을 내린다는 데 있다. 그녀는 엘렌이 일찍 죽은 것도, 헨리가 집을 떠나는 것도, 주디스가 결혼도 못 한 채 노처녀로 늙어가는 것도 모두 섯펜의 탓으로 돌린다.

네 화자 중에서 로저의 서술은 가장 신뢰도가 모자란다. 섯펜에 대한 편견과 선입관 때문에 그의 이야기를 객관적으로 전달하지 못하는 것이다. 바람에 물결치는 호수가 주위에 서 있는 나무의 모습을 제대로 보여줄 수 없듯이 사심 없이 섯펜의 이야기를 객관적으로 전달하기에는 그녀의 마음이 너무 격앙되어 있다. 더구나 로저에게는 섯펜에 관해 충분한 정보가 없다는 한

계가 있다. 소문으로밖에는 그에 대해 아는 것이 없을뿐더러 그 소문마저도 어릴 적에 전해 들은 것이 대부분이어서 적잖이 부정확하다. 섯펜과 함께한 개인적 경험도 비교적 짧다. 늦둥이로 세상에 태어난 로저는 엘렌과는 무려 스물여덟 살이나 차이가 날 만큼 엘렌이나 섯펜의 세대와는 시간적으로 동떨어져 있다. 그녀의 비뚤어진 성격과 과대망상도 섯펜의 이야기를 왜곡하는 데 한몫한다. 그녀의 이야기를 듣다 보면 마치 고딕소설을 읽는 것 같다.

 그런데도 로저의 서술은 몇 가지 점에서 중요한 의미가 있다. 무엇보다도 섯펜에 관한 거의 모든 이야기가 축약되어 나온다. 그녀가 전달하는 섯펜의 이야기는 이 작품의 플롯에서 아주 중요한 뼈대를 이룬다. 어떻게 보면 다른 화자는 로저의 이야기를 좀 더 자세히 늘려놓거나 덧붙여놓은 것이라고 할 수 있다. 특히 로저의 서술은 섯펜의 여자관계에 초점을 맞춘다. 또한 그녀의 서술은 이른바 '시적 진실'을 담고 있다. 비록 역사적 사실이나 진실과는 거리가 있을지 모르지만, 때로는 역사가 전할 수 없는 진실을 담아낸다. 로저는 비록 정식으로 문단에 데뷔하지는 않았어도 가끔 제퍼슨 지방 신문에 작품을 발표하는 시인이라는 점을 떠올리는 것이 좋을 것이다. 그녀가 사용하는 언어는 퇴폐적인 냄새가 짙게 풍기는 자코비언(Jacobean) 극작품이나, 지옥의 유황불 냄새가 나는 칼뱅주의적 감리교 교리에서 빌려 온다.

 한편 섯펜에 관한 제이슨 콤슨의 서술은 로저의 서술보다 훨씬 객관적이다. 그녀와 달리 감정적으로 연루되지 않았을 뿐 아니라 기질적으로도 무관심한 태도를 보이기 때문이다. 그의 눈에 비친 섯펜은 악마도, 도깨비도, 무자비한 약탈자도 아니다. 제이슨 콤슨이 바라보는 섯펜은 평범한 사람이며 그가 저지르는 악도 보통 사람이 흔히 저지를 수 있는 정도의 것이다.

 그러나 제이슨 콤슨의 서술은 그의 염세주의와 냉소주의 탓에 적잖이 왜곡되어 있다. 『고함과 분노』에서 그가 보여준 인생관이나 세계관이 이 작품에서도 여지없이 드러난다. 법을 다루는 변호사답게 때로 합리적이고 몰개성적으로 섯펜의 이야기를 재구성하면서도 그는 허무주의적이고 냉소주의적인 태도에서 좀처럼 벗어나지 못한다. 특히 그는 왕조를 세우려는 섯펜의 '위대한 계획'이 옛 그리스 시대의 고전 비극에서처럼 몰락이 이미 예견되어 있다고 생각한다. 그 계획을 실현하려고 아무리 발버둥 쳐도 결말은 불을 보듯 뻔하다는 것이다. 그러므로 제이슨 콤슨의 관점에서 보면 섯펜의 온갖 행동은 한낱 부질없는 헛수고에 지나지 않는다. 또한 콤슨의 서술에는 때로 불가지론적 경향도 엿보인다. 그는 합리와 논리로는 섯펜의 행동을 도저히 이해할 수 없다고 털어놓기도 한다.

    제이슨 콤슨은 아버지 콤슨 장군으로부터 직접 전해 들은 내용을 토대로 섯펜의 이야기를 재구성한다. 그래서 그가 전달하는 이야기는 시간적으로 멀리 떨어져 있는 로저의 서술보다 훨씬 더 사실에 가깝다. 또한 섯펜이 제퍼슨에 도착할 때와 그 뒤의 생활을 다루는 그의 이야기는 좁게는 제퍼슨 사회, 넓게는 미국 남부 사회와 맺고 있는 관계에 초점을 맞춘다. 이렇듯 주로 집안과 가족에 무게를 싣고 있는 로저의 서술과 비교해 볼 때 그의 서술은 사회적 스펙트럼이 훨씬 넓다. 제이슨 콤슨의 언어에서도 퇴폐적인 냄새가 짙게 풍기지만, 자코비언 극작품보다는 19세기 말엽 유럽을 한바탕 휩쓴 세기말 운동의 퇴폐주의 언어를 떠올리게 한다. 또한 지옥의 유황불 냄새보다는 이교도적인 옛 그리스 비극의 분위기를 풍기기도 한다.

    세 번째 화자인 퀜틴 콤슨은 젊은이답게 섯펜의 왕조 창설보다는 오히려 찰스 본과 주디스 섯펜의 애정 관계에 훨씬 더 무게를 싣는다. 퀜틴에게는 이 두 사람이 어떻게 만나는지, 약혼까지 하고도 왜 결혼에 이르지 못하는지,

그리고 결혼을 앞두고 헨리가 왜 갑자기 찰스를 살해하는지 따위의 문제가 가장 큰 관심사이다. 이렇듯 퀜틴의 서술에서는 섯펜보다는 자식 세대의 낭만적 사랑이 주류를 이룬다. 더구나 이 무렵 누이동생 캐디의 문제로 몹시 고민하던 퀜틴은 주디스에 대한 관심이 이만저만이 아니다. 물론 주디스는 성적으로 문란한 캐디와 달리 요조숙녀에 가깝다. 그러나 누이동생에게 마음을 쓰기는 퀜틴이나 헨리나 다르지 않다. 헨리가 찰스를 살해하고 나서 주디스를 만나서 "이제 너는 그와 결혼할 수 없다. 그는 죽었으니까. 내가 그를 죽였지."라고 했던 말은 『고함과 분노』에서 그가 캐디를 유혹한 달턴 에임스에게 하고 싶었던 말이라고 해도 크게 틀리지 않는다. 퀜틴은 달턴을 죽이려고 마음먹지만, 그를 만나자 수치스럽게도 기절해버린다. 그러나 섯펜의 이야기를 재구성하는 자리에서 퀜틴은 상상 속에서나마 달턴 에임스를 죽일 수 있었다. 또한 캐디와의 근친상간으로 고민하는 퀜틴은 헨리 섯펜과 주디스의 '이상한' 관계에도 깊은 관심을 기울인다. 헨리와 주디스 사이에 단순히 오누이 관계를 벗어나는 어떤 것이 있음을 은근히 암시하는 대목이다. 『고함과 분노』에서 퀜틴이 스스로 목숨을 끊기로 결심하는 데에는 아마 헨리의 영향이 작용했을 것이다.

퀜틴이 토머스 섯펜에게 그렇게 깊은 관심을 보이는 이유는 섯펜이 전형적인 남부인이기 때문이다. 그의 관점에서 본 섯펜은 남부를 그대로 축소해놓은 인물이다. 탐욕스러울 뿐 아니라 전통과 영광에 맹목적으로 매달린다는 점에서 섯펜은 미국 남부와 아주 비슷하다. 작품의 끝 장면에서 퀜틴은 시리브에게 "너는 남부를 이해할 수 없어. 그곳에서 태어나야 하거든."이라고 부르짖는다. 이 말에서는 섯펜을 남부와 같은 차원에서 보려는 퀜틴의 의도를 읽을 수 있다. 그렇다면 퀜틴이 섯펜의 이야기를 재구성하는 것은 남부의 유산을 물려받은 한 젊은이가 그 유산의 의미를 곰곰이 되새겨 보는 행위가 된다. 작품의 앞 장면에서 전지적 화자는 퀜틴을 두고 "그의 몸은 패배자의 여러 이름이 낭랑히 울려 퍼지는 텅 빈 홀이었다. 그는 하나의 존재, 하나의 실체가 아니라 연방국이었다. 그는 완강히도 뒤를 돌아보는 망령들로 가득 차 있는 막사였다."고 말하는 까닭이 바로 여기에 있다. 또한 작품 끝 장면에서 퀜틴은 "나는 나이가 겨우 스무 살밖에 되지 않는데도 이미 사망한 많은 사람보다도 더 늙었다."고 생각하기도 한다.

제이슨 콤슨의 서술에서 19세기 세기말의 퇴폐적 언어나 옛 그리스 시대의 비극 냄새가 풍긴다면, 퀜틴 콤슨의 서술에서는 여러모로 기사도적 로망스가 떠오른다. 중세기에 크게 유행한 이 로망스는 기사도의 관습과 이상을 반영하는 작품이다. 온갖 역경과 시련을 이겨내고 끝까지 한 여성을 차지하려는 것도 그러하고, 궁정에서 흔히 볼 수 있는 세련된 태도와 공손함을 보여주는 것도 그러하다. 중세기의 로망스에서 주인공이 아름다운 여성을 차지하려 할 때 흔히 걸림돌이 되는 괴물이 등장하듯이 포크너의 작품에서는 섯펜이 그 괴물의 역할을 한다. 이처럼 주디스와 찰스의 사랑 이야기를 재구성하면서 퀜틴은 바로 기사도적 로망스의 패턴을 따른다.

시리브 맥캐넌의 서술은 한편으로 퀜틴의 그것과 아주 비슷하면서도 다른 한편으로는 큰 차이가 난다. 퀜틴과 마찬가지로 그는 섯펜보다는 헨리와 주디스와 찰스에게 깊은 관심을 기울인다. 감수성이 예민하고 혈기왕성한 시리브에게 젊은 연인들의 사랑 이야기보다 더 중요한 것은 아마도 없을 것이다. 시리브는 퀜틴처럼 그의 부모 세대에서는 결코 실현될 수 없는 낭만적인 러브 스토리를 만들어낸다.

그러나 시리브한테서는 젊은 대학생에게서 흔히 볼 수 있는 경솔함을 엿볼 수 있다. 남부 출신인 퀜틴만 해도 섯펜의 이야기에 자못 진지하다. 그에게 섯펜의 이야기를 재구성하는 것은 마치 자신의 슬픈 과거를 되새기는 것처럼 고통스러운 일이다. 그러나 퀜틴과 달리 시리브는 때로 진지함을 보인다. 좀처럼 보기 드문 한 인간의 삶에 깊은 관심을 기울이고 있다고는 하지만, 따지고 보면 그는 결국 미국인이 아니며 남부인은 더더욱 아니다. 한마디로 시리브는 어디까지나 국외자일 뿐이다. 물론 '국외자'라는 사실이 약점일 수도 있지만, 때로 장점이 되기도 한다. 아무런 이해관계가 없기에 퀜틴처럼 감정적으로 깊이 연루되지 않고 비교적 객관적으로 사태를 파악할 수 있기 때문이다. 그러나 시리브처럼 구체적인 맥락에서 벗어나 있는 국외자에게서 섯펜에 관한 어떤 진솔한 이야기를 기대한다는 것은 아예 처음부터 불가능하다. 그에게 섯펜의 이야기는 한낱 무료한 시간을 달래기 위한 심심풀이 놀이에 지나지 않기 때문이다.

참고문헌

I. 포크너의 주요 작품

1. 장편소설

『병사의 봉급』(*Soldiers' Pay*, 1926)
『모기』(*Mosquitoes*, 1927)
『사토리스』(*Sartoris*, 1929)
『흙 속의 깃발』(*Flags in the Dust*, 1973)
『고함과 분노』(*The Sound and the Fury*, 1929)
『내 죽으며 누워 있을 때』(*As I Lay Dying*, 1930)
『성역』(*Sanctuary*, 1931)
『팔월의 빛』(*Light in August*, 1932)
『비행장 목표탑』(*Pylon*, 1935)
『압살롬, 압살롬!』(*Absalm, Absalom!*, 1936)
『정복되지 않는 사람들』(*The Unvanquished*, 1938)
『야성의 종려』(*The Wild Palms*, 1939)
『예루살렘이여, 내가 너를 잊을 수만 있다면』(*If I Forget Thee, Jerusalem*, 1995)
『마을』(*The Hamlet*, 1940)
『모세여 내려가라』(*Go Down, Moses*, 1942)
『무덤 속의 침입자』(*Intruder in the Dust*, 1948)
『어느 수녀를 위한 진혼곡』(*Requiem for a Nun*, 1951)
『우화』(*A Fable*, 1954)
『읍내』(*The Town*, 1957)
『저택』(*The Mansion*, 1959)
『회상』(*The Reivers, a Reminicence*, 1962)
『엘머』(*Elmer*, 1984)

2. 단편집, 산문집 및 기타 선집

『이 13편』(These Thirteen, 1931)
『사막의 목가』(Idyll in the Desert, 1931)
『미스 질피어 갠트』(Miss Zilphia Gant, 1932)
『마티노 의사 및 기타 단편』(Dr. Martino and Other Stories, 1934)
『포더블 포크너』(맬컴 카울리 편, The Portable Faulkner, 1946)
『기사의 선수』(Knight's Gambit, 1949)
『윌리엄 포크너 단편집』(Collected Stories of William Faulkner, 1950)
『말 도둑에 관한 노트』(Notes on a Horsethief, 1951)
『포크너 독본』(The Faulkner Reader, 1954)
『거대한 숲』(The Big Woods, 1955)
『윌리엄 포크너의 세 유명한 짧은 장편소설』(Three Famous Short Stries of William Faulkner, 1958)
『윌리엄 포크너 단편선』(Selected Stories of William Faulkner, 1962)
『초기 산문과 시』(카블 콜린스 편, Faulkner: Early Prose and Poetry, 1962)
『소원을 비는 나무』(The Wishing Tree, 1967)
『뉴올리언스 스케치』(카블 콜린스 편, New Orleans Sketches, 1968)
『꼭두각시』(노엘 포크 편, Marionettes, 1977)
『오월제』(카블 콜린스 편, Mayday, 1978)
『미수록 단편집』(조지프 블로트너 편, Uncollected Stories of William Faulkner, 1979)
『아버지 에이브러햄』(제임스 메리웨더 편, Father Abraham, 1983)

3. 시집

『대리석 목신』(The Marble Faun, 1924)
『이 대지』(This Earth, 1932)
『초록 나뭇가지』(A Green Bough, 1933)
『헬렌: 구애 및 미시시피 시』(Helen: A Courtship and Mississippi Poems, 1981)
『봄의 꿈』(Vision in Spring, 1984)

II. 포크너에 관한 주요 연구서

Abadie, Ann J., and Doreen Fowler, eds. *Faulkner and the Southern Renaissance.* Jackson: University Press of Mississippi, 1982.
Adam, Richard P. *Faulkner: Myth and Motion.* Princeton: Princeton University Press, 1968.
Backman, Melvin. *Faulkner: The Major Years.* Bloomington: Indiana University Press, 1966.
Bassett, John, ed. *William Faulkner: The Critical Heritage.* London: Routledge & Kegan Paul, 1975.
Beck, Warren. *Man in Motion: Faulkner's Trilogy.* Madison: University of Wisconsin Press, 1961.
Bloom, Harold, ed. *William Faulkner: Modern Critical Views.* Philadelphia: Chelsea House, 1986.
Blotner, Joseph. *Faulkner: A Biography.* 2 Vols. New York: Random House, 1974.
_____. *Faulkner: A Biography.* Rev. ed. New York: Random House, 1984.
_____, ed. *Selected Letters of William Faulkner.* New York: Random House, 1977.
Brodhead, Richard H. *Faulkner: A Collection of Critical Essays.* Englewood Cliffs: Prentice-Hall, 1983.
Brooks, Cleanth. *William Faulkner: The Yoknapatawpha Country.* New Haven: Yale University Press, 1963.
_____. *William Faulkner: Toward Yoknapatawpha and Beyond.* New Haven: Yale University Press, 1978.
_____. *William Faulkner: First Encounters.* New Haven: Yale University Press, 1983.
Broughton, Panthea Reid. *William Faulkner: The Abstract and the Actual.* Baton Rouge: Louisiana State University Press, 1974.
Brylowsky, Walter. *Faulkner's Olympian Laugh: Myth in the Novels.* Detroit: Wayne State University Press, 1968.
Carothers, James B. *William Faulkner's Short Stories.* Ann Arbor: UMI Research Press, 1984.
Coughlan, Robert. *The Private World of William Faulkner.* New York: Harper & Brothers, 1954.
Fagnoli, A. Nicholas, and Michael Golary. *William Faulkner A to Z: The Essential Reference to His Life and Work.* New York: Checkmark Books, 2001.

Falkner, Murry C. *The Falkners of Mississippi: A Memoir.* Baton Rouge: Louisiana State University Press, 1967.

Fant, Joseph L., and Robert Ashley, eds. *Faulkner at West Point.* New York: Random House, 1964.

Faulkner, John. *My Brother Bill: An Affectionate Reminiscence.* New York: Trident Press, 1963.

Fowler, Doreen. *Faulkner's Changing Vision: From Outrage to Affirmation.* Ann Arbor: UMI Research Press, 1983.

Gold, Joseph. *William Faulkner: A Study in Humanism from Metaphor to Discourse.* Norman: University of Oklahoma Press, 1966.

Grimwood, Michael. *Heart in Conflict: Faulkner's Struggles with Vocation.* Athens: University of Georgia Press, 1987.

Gwin, Minrose C. *The Feminine and Faulkner: Reading (Beyond) Sexual Difference.* Knoxville: University of Tennessee Press, 1990.

Gwynn, Frederick L., and Joseph L. Blotner, eds. *Faulkner in the University: Class Conferences at the University of Virginia, 1957~1958.* Charlottesville: University of Virginia Press, 1959.

Hamblin, Robert W., and Charles Peek. *A William Faulkner Encyclopedia.* Westport, Greenwood Press, 1999.

Hoffman, Daniel. *Faulkner's Country Matters: Folklore and Fable in Yoknapatawpha.* Baton Rouge: Louisiana State University Press, 1989.

Hoffman, Frederick. *William Faulkner.* New York: Twayne, 1961.

Hönnighausen, Lothar. *Faulkner: Masks and Metaphors.* Jackson: University Press of Mississippi 2006.

Howe, Irving. *William Faulkner: A Critical Study.* 3rd ed. Chicago: University of Chicago Press, 1975.

Hunter, Edwin R. *William Faulkner: Narrative Practice and Prose Style.* Washington: Windhover Press, 1973.

Irwin, John. *Doubling and Incest/Repetition and Revenge: A Speculative Reading.* Baltimore: Johns Hopkins University Press, 1975.

Jehlen, Myra. *Class and Character in Faulkner's South.* New York: Columbia University Press, 1976.

Jenkens, Lee. *Faulkner and Black-White Relations: A Psychological Approach.* New York: Columbia University Press, 1981.

Jelliffe, Robert A., ed. *Faulkner at Nagano.* Tokyo: Kenkyusha, 1956.

Kartiganer, Donald M. *The Fragile Thread: The Meaning of Form in Faulkner's Novels.* Amherst: University of Massachusetts Press, 1979.

Karl, Frederick. *William Faulkner: American Writer.* Boston: Faber, 1989.

Kerr, Margaret Elizabeth, and Michael M. Kerr. *William Faulkner's Yoknapatawpha: A Kind of Keystone in the Universe.* New York: Fordam University Press, 1985.

Kim, Wook Dong. *The Edge of Nothing: An Existentialist Reading of William Faulkner.* Seoul: Seoul National University American Studies Center, 1986.

Kinney, Arthur F. *Faulkner's Narrative Poetics: Style as Vision.* Amherst: University of Massachusetts Press, 1978.

Kreiswirth, Martin. *William Faulkner: The Making of a Novelist.* Athens: University of Georgia Press, 1983.

Levins, Lynn Gartell. *Faulkner's Heroic Design: The Yoknapatawpha Novels.* Athens: University of George Press, 1976.

Locker, Judith. *Ordered by Words: Language and Narration in the Novels of William Faulkner.* Carbondale: Southern Illinois University Press, 1991.

Longley, John Lewis, Jr. *The Tragic Mask: A Study of Faulkner's Heroes.* Chapel Hill: University of North Carolina Press, 1963.

Matthews, John T. *The Play of Faulkner's Language.* Ithaca: Cornell University Press, 1982.

McHaney, Thomas L., ed. *William Faulkner: A Reference Guide.* Boston: G. K. Hall, 1976.

Meriwether, James B., ed. *Essays, Speeches & Public Letters.* New York: Random House, 1966.

Meriwether, James B., and Michael Millgate, eds. *Lion in the Garden: Interviews with William Faulkner, 1926~1962.* New York: Random House, 1968.

Millgate, Michael. *The Achievement of William Faulkner.* London: Constable, 1966.

Miner, Minter L. *The World of William Faulkner.* Durham: Duke University Press, 1952.

Minter, David. *William Faulkner: His Life and Work.* Baltimore: Johns Hopkins University Press, 1980.

Moreland, Richard. *Faulkner and Modernism: Rereading and Rewriting.* Madison: University of Wisconsin Press, 1990.

Oates, Stephen B. *William Faulkner: The Man and the Artist.* New York: Harper & Row, 1987.

Parker, Robert. *William Faulkner and the Novelistic Imagination.* Champaign-Urbana: University of Illinois Press, 1985.

Peek, Charles, and Robert W. Hamblin. *A Companion to Faulkner Studies*. Westport: Greenwood Press, 2004.

Peters, Erskine. *William Faulkner: The Yoknapatawpha World and Black Being*. Norwood, Pa.: Norwood Press, 1983.

Pikoulis, John. *The Art of William Faulkner*. London: Macmillan, 1982.

Pilkington, John. *The Heart of Yoknapatawpha*. Jackson: University Press of Mississippi, 1981.

Porter, Carolyn. *William Faulkner*. New York: Oxford University Press, 2007.

Powers, Lyall G. *Faulkner's Yoknapatawpha Comedy*. Ann Arbor: University of Michigan Press, 1980.

Putzel, Max. *Genius of Place: William Faulkner's Triumphant Beginnings*. Baton Rouge: Louisiana State University Press, 1985.

Reed, Joseph W., Jr. *Faulkner's Narrative*. New Haven: Yale University Press, 1973.

Roberts, Diane. *Faulkner and Southern Womanhood*. Athens: University of Georgia Press, 1994.

Ruppersburg, Hugh M. *Voice and Eye in Faulkner's Fiction*. Athens: University of Georgia Press, 1983.

Sensibar, Judith L. *The Origins of William Faulkner's Art*. Austin: University of Texas Press, 1984.

———. *Faulkner and Love: The Women Who Shaped His Art*. New Haven: Yale University Press, 2010.

Slatoff, Walter J. *Quest for Failure: A Study of William Faulkner*. Ithaca: Cornell University Press, 1960.

Snead, James A. *Figures of Division: William Faulkner's Major Novels*. New York: Methuen, 1986.

Stonum, Gary Lee. *Faulkner's Career: An Internal Literary History*. Ithaca: Cornell University Press, 1979.

Sundquist, Eric J. *Faulkner: The House Divided*. Baltimore: Johns Hopkins University Press, 1983.

Swiggart, Peter. *The Art of Faulkner's Novels*. Austin: University of Texas Press, 1962.

Taylor, Walter. *Faulkner's Search for a South*. Urbana: University of Illinois Press, 1983.

Thompson, Lawrance. *William Faulkner: An Introduction and Interpretation*. New York: Holt, Rinehart, & Winston, 1967.

Vickery, Olga W. *The Novels of William Faulkner: A Critical Interpretation*. Rev. ed. Baton Rouge: Louisiana State University Press, 1964.

Volpe, Edmond L. *A Reader's Guide to William Faulkner.* New York: Farrar, Straus, & Giroux, 1964.

Wadlington, Warwick. *Reading Faulknerian Tragedy.* Ithaca: Cornell University Press, 1987.

Waggoner, Hyatt. *William Faulkner: From Jefferson to the World.* Lexington: University of Kentucky Press, 1959.

Wagner, Linda W. *Hemingway and Faulkner: inventors/masters.* Methuen: Scarecrow, 1975.

Wagner-Martin, Linda W. *William Faulkner: Six Decades of Criticism.* Lasing: Michigan State University Press, 2002.

Warren, Robert P., ed. *Faulkner: A Collection of Critical Essays.* Englewood Cliffs: Prentice-Hall, 1966.

Watson, James Gary. *The Snopes Dilemma: Faulkner's Trilogy.* Coral Gables: University of Miami Press, 1968.

_____. *William Faulkner: Self-Presentation and Performance.* Austin: University of Texas Press, 2002.

Webb, James W., and A. Wigfall Green, eds. *William Faulkner of Oxford.* Baton Rouge: Louisiana State University Press, 1965.

Weinstein, Philip M., ed. *The Cambridge Companion to William Faulkner.* New York: Cambridge University Press, 1995.

Wilde, Meter Carpenter, and Orin Borsten. *A Loving Gentleman: The Love Story of William Faulkner and Meter Carpenter.* New York: Simon & Shuster, 1976.

Williams, David. *Faulkner's Women: The Myth and the Muse.* Montreal: McGill-Queens University Press, 1977.

William, Joel. *William Faulkner and Southern History.* New York: Oxford University Press, 1993.

Wittenberg, Judith Bryant. *Faulkner: The Transformation of Biography.* Lincoln: University of Nebraska Press, 1979.

Zender, Karl F. *The Crossing of the Ways: William Faulkner, the South and the Modern World.* New Brunswick: Rutgers University Press, 1989.

포크너를 위하여

1판 1쇄 발행일 2013년 3월 10일
지은이 | 김욱동
펴낸이 | 임왕준
편집인 | 김문영
교정·교열 | 양은희
펴낸곳 | 이숲
등록 | 2008년 3월 28일 제301-2008-086호
주소 | 서울시 중구 장충단로 8가길 2-1(장충동 1가 38-70)
전화 | 2235-5580
팩스 | 6442-5581
홈페이지 | http://www.esoope.com
블로그 | http://blog.naver.com/esoope
Email | esoope@naver.com
ISBN | 978-89-94228-60-0 03840
ⓒ 이숲, 2013, printed in Korea.

♦ 이 책은 환경보호를 위해 재생종이를 사용하여 제작하였으며 한국간행물윤리위원회가 인증하는 녹색출판마크를 사용하였습니다.